Helga Keiser-Hayne **Beteiligt euch, es geht um eure Erde**

Helga Keiser-Hayne

Beteiligt euch, es geht um eure Erde

Erika Mann und ihr
politisches Kabarett die »Pfeffermühle«
1933–1937

edition spangenberg

Umschlaggestaltung: Cornelia von Seidlein, München.
Herstellung und Gestaltung: Manfred Lüer, Gräfelfing.
Der Druck wurde von der Münchner Rückversicherung unterstützt.
Printed in Germany.
ISBN 3-89409-044-8

Inhalt

»Familie Mann wird zu einem Münchner Skandal«

Auftakt zur »Pfeffermühle«

»Das Exil begann in München. Preußen und andere Teile des Reiches standen schon unter dem Nazi-Terror; aber Bayern trotzte noch. [...] Leute, die man in Berlin schon eingesperrt und mißhandelt hätte, erfreuten sich in München noch vollkommener Freiheit...«
In dieser »Trotz-Phase«, einer von Klaus Mann im »Wendepunkt« beschriebenen bayerischen Melange aus Halsstarrigkeit und Liberalität, beginnt in München die Geschichte des Exil-Kabaretts. Am 1. Januar 1933, 29 Tage vor Hitlers Ernennung zum Reichskanzler, hatte Erika Mann ihr »literarisches Cabarett ›Die Pfeffermühle‹« gegründet. Die »Pfeffermühle« war von Anfang an als *politisches* Kabarett gedacht, als Protestbewegung gegen den Nationalsozialismus. Sie wurde zum »wirkungsvollsten und erfolgreichsten theatralischen Unternehmen der Emigration.«
Die Geschichte der »Pfeffermühle« nahm ihren Anfang jedoch ein knappes Jahr früher. Sie liegt begründet in einem Ereignis, in dem Erika Mann später immer wieder den Auftakt sah zu ihrem persönlichen Politisierungsprozeß, dem Einstieg der *Schauspielerin* Erika Mann in die *politische* Arbeit.
Als Schauspielerin beteiligte sie sich an der Internationalen Frauenversammlung für Frieden und Abrüstung in München am 13. Januar 1932. Es war ihr erster Auftritt auf der *politischen* Bühne.
Seit 1926 hatte sie beachtliche Erfolge an verschiedenen deutschen Theatern; es kamen Filmangebote; es gab erste Erfolge als Schriftstellerin und als Kinderbuchautorin. Aber da gab es auch den Abscheu vor den sich immer brutaler gebärdenden Nationalsozialisten und vor Adolf Hitler. »...noch ehe er da war, hatte ich keinerlei Lust mehr am bloßen Theaterspielen, sondern wünschte, mich gegen ihn zu betätigen«, so Erika Mann in der Rückerinnerung.

Die Wahlen vom 14. September 1930 hatten den Nationalsozialisten den Durchbruch gebracht: über sechs Millionen Stimmen, 107 Sitze im Reichstag (es waren zwölf gewesen).
Es war zu wenig, was von seiten der Intellektuellen, der bürgerlichen Kreise gegen Hitler und für die junge Demokratie getan wurde. Klaus Mann räumt das in seinem »Wendepunkt« auch ein. »The Turning Point« erschien 1942 im amerikanischen Exil. Der Autor verlegt darin das erste politische Engagement seiner so sehr bewunderten Schwester *vor:* in das Jahr 1931. Mag ihm – mit dem Wissen der Jahre 1941/42 – das Jahr 1932 als erstes öffentlich demonstriertes Aufbäumen gegen Hitler doch ein wenig spät vorgekommen sein?

Große öffentl. Frauenversammlung
Mittwoch den 13. Januar, abends 8 Uhr
im großen Saal des Hotels Union, Barerstr.
Weltabrüstung oder Weltuntergang
Referentin: Marcelle Capy – Paris
(Der französische Vortrag wird ins Deutsche übertragen)
Erika Mann spricht aus „Die deutsche Zukunft“ zur Abrüstung.
Internationale Frauenliga für Frieden und Freiheit – München
Frauenweltbund für Internationale Eintracht – München
Weltfriedensbund der Mütter und Erzieherinnen – München
Frauen aller Richtungen und Parteien – aller Konfessionen und Klassen! Auf jede Einzelne kommt es an! Erscheint in Massen!
Konstanze Hallgarten
Paula Noris
Edith Hoereth-Menge
Eintritt: 20 Pfg. zur Unkostendeckung, Mitglieder 10 Pfg.
Erwerbslose haben freien Eintritt
G. Birk & Co. m. b. H., München

Flugblatt der Münchner Frauenverbände zum 13.1.1932

Im »Wendepunkt« heißt es, es habe im Jahr 1931 eine Friedensveranstaltung stattgefunden. Erika habe ein »Antikriegsgedicht rezitiert. Ein Gedicht für Frieden und Versöhnung«. Nazi-Rowdies hätten den Saal gestürmt und sich erst bei Erikas Auftreten bemerkbar gemacht, da bis dahin eine französische Delegierte den Gruß der französischen Frauen überbrachte, wovon die Nazis nichts verstanden hätten. Am nächsten Tag habe der »Völkische Beobachter« Erika als »plattfüßige Friedenshyäne« beschimpft.

Durch die Angabe des Wochentages auf einem kleinen Flugblatt, das sich bis heute erhalten hat, und durch Klaus Manns erst jetzt veröffentlichte Tagebücher ist nunmehr bekannt, daß die Veranstaltung am Mittwoch, den 13. Januar 1932 stattfand. Die Einmischung der »über den ganzen Saal verteilten Nationalsozialisten« ist auch anders und offenbar weniger handgreiflich ausgefallen, als im Rückblick gesehen.

Tagebuch-Eintragung Klaus Manns vom 13. 1. 32:

»Abends mit kranker E in den Unionssaal, zur pazifistischen Frauenversammlung [...] sehr gute, scharfe, mutige und routinierte französische Rednerin, die freilich so schandbar übersetzt wurde [...] Ein aufregender Störversuch von Nazi-Buben, die eindringen wollten; kurze Panik. E's Schlußrede – ihr weißes Gesicht – sehr rührend-eindrucksvoll, wird stark applaudiert...«

Der »Völkische Beobachter« nannte Erika Mann auch nicht am nächsten Tag eine »plattfüßige Friedenshyäne«. Das hätte noch vergleichsweise harmlos geklungen gegen das, womit sich das Blatt am 16. Januar 1932 dann tatsächlich zu Wort meldete. Das öffentliche Eintreten der Dichtertochter für Frieden und Abrüstung war dem Parteiorgan der Nazis sogar einen Teil der Seite 1 wert. Da hieß es: »Pazifistische Frechheiten der Internationalen Frauenliga – Kultur- und Erziehungsblüten aus dem Hause Mann...

Das Kapitel ›Familie Mann‹ erweitert sich nachgerade zu einem Münchener Skandal, der auch zu gegebener Zeit seine Liquidierung finden muß.«

Da war klar und deutlich formuliert, welcher Umgangsformen man sich in der Auseinandersetzung mit politisch Andersdenkenden zu bedienen beabsichtigte.

Der unerbittlichste Gegner der Nationalsozialisten war Heinrich Mann. Seit dem Waffenstillstand von 1918, seit in Deutschland die Monarchie abdanken mußte und die Demokratie ausgerufen worden war, stritt er unermüdlich für die »Diktatur der Vernunft«. Er war Pazifist. Er liebte Frankreich. Und deutlich sah er die Gefahren, die der Demokratie und dem Frieden in Europa durch übertriebenen Nationalismus drohten. Am 15. Februar 1933 – zwei Wochen vor dem Reichstagsbrand – wird Heinrich Mann aus der Akademie der Künste ausgeschlossen, er ist einer der ersten deutschen Schriftsteller, die in die Emigration gehen.

Auch Thomas Mann hatte sich mittlerweile zum Gegner der nationalen Bewegung gewandelt. Gelegentlich

---

Pazifistische Frechheiten
der Internationalen Frauenliga:

»Es gibt keine Verteidigung der Heimat mehr«

»Kultur«- und Erziehungsblüten aus dem Hause Thomas Mann
Hetzrede einer Französin mitten in Deutschland

München, 14. Januar

Die »Kundgebung« der Internationalen pazifistischen Frauenverbände am Mittwoch im »Union«-Saal darf München als eine Schmach verzeichnen, die einen Rückfall in die landesverräterischen Umtriebe von 1918 bedeutet. Vereinigt hatten sich zu dieser bemerkenswerten Veranstaltung die »*Internationale Frauenliga für Frieden und Freiheit*«, der »Frauenweltbund für internationale Eintracht«, und der »Weltfriedensbund der Mütter und Erzieherinnen«. Alle zusammengenommen sind an sich schon ein Skandal, den unser Volk, wie wir hoffen, nicht mehr lange auf seiner Ehre zu dulden brauchen wird...

Ein besonders widerliches Kapitel stellte das Auftreten *Erika Manns* dar, die als Schauspielerin, wie sie sagte, ihre »Kunst« dem Heil des Friedens widmete. In Haltung und Gebärde ein blasierter Lebejüngling, brachte sie ihren blühenden Unsinn über die »deutsche Zukunft« vor. *Als eine deutsche Frau den unglaublichen Satz aus dieser »deutschen Zukunft«: »Es gibt keine Verteidigung der Heimat mehr«, mit einem Pfuiruf quittierte, wurde sie aus dem Saal gewiesen.*

Das Kapitel »Familie Mann« erweitert sich nachgerade zu einem Münchener Skandal, der auch zu gegebener Zeit seine Liquidierung finden muß.

Völkischer Beobachter, 16. 1. 1932

waren die ehemals verfeindeten Brüder sogar gemeinsam aufgetreten; so bei der kulturpolitischen Kundgebung zum Kampf um München als Kulturstadt am 30. November 1926 in der Münchner Tonhalle. Die Veranstaltung wollte warnen vor der ungeistigen, kulturfeindlichen Atmosphäre in dieser schönen Stadt, vor den reaktionären Verdummungstendenzen, die sich nach und nach im Lande breit machten. München dürfe nicht eine »patriotische Provinzstadt« werden, mit einem »Dolchstoßprozeß«, aber »ohne jede Bedeutung [...] für den deutschen Geist.« Wer Spuren von Gescheitheit an den Tag lege, werde sogleich für einen Juden gehalten und sei damit erledigt, hatte Thomas Mann gesagt; übrigens vor einem Riesenpublikum« und »unter frenetischem Beifall«.

Klaus Mann hatte 1927 in seinem Essay »Heute und Morgen« geschrieben: »Fallen wir also auf keinen Edelfaschismus herein, den irgendein Ästhetizismus als den dernier cri empfiehlt.« Nach dem aufrüttelnden Ergebnis der Reichstagswahlen vom September 1930 äußerte er offen seine »Angst vor der Hitler-Diktatur«. In verschiedenen Publikationen setzte er sich mit den Gefahren auseinander, die der »pseudosoziale Pseudonationalismus« für ein »friedliches, geeinigtes, geistig regiertes Europa« bedeutete. In seiner Ablehnung des Faschismus stand Klaus Mann seinem Onkel näher als seinem Vater.

Nun hatte sich auch noch Erika Mann durch ihr Engagement für Frieden und Abrüstung der Protestbewegung innerhalb ihrer Familie angeschlossen. Und die Nazis prügelten verbal auf sie ein.

Heinrich Mann wurde am 23. 8. 1933 die deutsche Staatsbürgerschaft aberkannt, Klaus Mann am 1. 11. 1934, Erika Mann stand auf der 4. der Ausbürgerungslisten und verlor ihre Staatsangehörigkeit am 8. 6. 1935, und Thomas Mann wurde schließlich – der Einfachheit halber mit dem Rest der Familie – am 2. 12. 1936 ausgebürgert. Er hatte lange gezögert, ehe er sich öffentlich vom faschistischen Deutschland distanzierte. So verlief die »Liquidierung«, die der »Völkische Beobachter« sich im Januar 1932 für die Familie Mann gewünscht hatte, für diese verhältnismäßig glimpflich.

Am 17. Januar 1932 verfaßte Klaus Mann eine Erwiderung auf die »phantastischen Pöbeleien« im »Völkischen Beobachter« für das »8-Uhr-Abendblatt« in Berlin. Er arbeitete gelegentlich als Theaterkritiker für diese Zeitung. In seinem Tagebuch notierte er am 6. 2.: »Meine ›Beobachter‹-Polemik groß im 8-Uhr: ›K.M. verteidigt seine Schwester‹.«

Die Reaktion der nationalistischen Presse auf Erika Manns politische Betätigung gehört deshalb zur Gründungsgeschichte der »Pfeffermühle«, weil sich schnell zeigte, daß sie den Beruf der Schauspielerin nicht mehr unangefochten ausüben konnte.

Der Intendant des Bergwaldtheaters in Weißenburg/Bayern hatte Erika Mann für den Sommer 1932 engagiert, »in Unkenntnis davon, daß sie politisch stark umkämpft war.« »Nationale Kreise«, auf deren Unterstützung man nicht verzichten wollte, protestierten, lehnten den Besuch ab. Erika Manns Vertrag wurde gelöst. Sie sollte eine Abfindung in Höhe der Gage plus Schmerzensgeld erhalten, zahlbar nach Ende der Spielzeit. Es kam zu einem Vergleich. Der Träger des Theaters, der »politisch neutrale« Verkehrsverein Weißenburgs, konnte wohl wegen eines noch ungedeckten Defizits nicht pünktlich zahlen, und Erika Mann erreichte die Pfändung der Bühnengarderobe.

DR. MAX HIRSCHBERG
DR. PHILIPP LOEWENFELD
DR. LUDWIG REGENSTEINER
RECHTSANWÄLTE
FERNSPRECHER 56682, 56683
POSTSCHECKKONTO NR. 3134

MÜNCHEN 2 NW 24.Dez.1932
BRIENNERSTRASSE 9/II (ZÜRICHHAUS)
ECKE OTTO-BRIENNER-STRASSE

BEI ANTWORT BITTE NR. 673/32 ANGEBEN
DIKTAT 1F
BETRIFFT:

Frau
Erika M a n n
München
Poschingerstr.1

SPRECHZEIT: ½4–½7 (AUSSER SAMSTAG), SONST NACH VEREINBARUNG

Sehr geehrte gnädige Frau!

Als kleine Weihnachtsfreude übersende ich Ihnen das Protokoll der Gerichtsvollzieherei vom 17. Dez.32, aus dem Sie ersehen wollen, was für Sie aus dem "Kulturunternehmen" alles Schönes gepfändet worden ist. Ich werde, Ihr Einverständnis vorausgesetzt, zunächst nun einmal den Versteigerungstermin, je nach dem Weitergang der Sache, sistieren. Sollten Sie nicht in nächster zu Geld kommen, dann würde ich erwägen, einen Antrag auf freihändige Verwertung der Sachen zu stellen, da in Weissenburg selbstverständlich niemand dieses Zeug einsteigert.

Den anliegenden Schriftsatz wollen Sie an Herrn Riedmüller unmittelbar zurückleiten. Die abschriftlich anliegende Antwort habe ich Herrn Riedmüller bereits zur Einreichung übermittelt.

Mit besten Empfehlungen
Jhr sehr ergebener
[signature]
Rechtsanwalt.

P.S. Das Pfändungsprotokoll erbitte ich zum Akt zurück.

Schreiben der Rechtsanwälte Erika Manns zur Pfändung der Bühnengarderobe

Schließlich wurde der Vergleich von Weißenburger Seite angefochten, wegen »arglistischer Täuschung«. Und genau betrachtet hatte sich Erika Mann so ganz fair nicht verhalten: es war kein Geheimnis geblieben, daß sie im Juli – zu der Zeit, als der Vergleich mit dem Provinztheater geschlossen worden war – dreimal auf der Bühne des Staatstheaters gestanden hatte. Am 7. und 9. Juli 1932 spielte sie eine kleine Rolle im »Raub der Sabinerinnen«, und am 10. Juli gab man »Don Carlos«, mit Erika Mann als Elisabeth, Albert Fischel als Carlos und Albert Bassermann als Philip II.

Auch das Schauspielhaus beschäftigte Erika Mann noch im Herbst 1932. Trotz massiver Polemik gegen sie und »die jüdischen Kammerspiele« – so der »Völkische Beobachter« – trat sie im September in »Die Kritik der Schule der Frauen« auf. Molières satirisches Salongespräch wurde im Anschluß an seine »Schule der Frauen« das erste Mal auf einer deutschen Bühne in Szene gesetzt. »Erika Mann präsidierte klug dem Salon der Torheit«, schreibt Wolfgang Petzet, Chronist der Münchner Kammerspiele.

Es gab also keinen »Boykott der deutschen Bühnen« gegen Erika Mann, wie sie in den 50er und 60er Jahren in Interviews selbst erzählte. Das Beispiel Weißenburg zeigt jedoch, wie früh, wie bereitwillig den Forderungen der Nationalsozialisten nachgegeben worden ist, lange bevor sie wirklich an der Macht waren und sich ihre eigenen Gesetze schufen.

Ein halbes Jahr später war es dann soweit. Erika Mann hätte sicher kein Engagement an einer deutschen Bühne mehr bekommen. Am 13. März 1933 notierte Klaus Mann in seinem Tagebuch: »Am münchner Rundfunk werden keine Juden mehr beschäftigt.« Da war Erika Mann bereits nach Arosa abgereist, und Klaus verließ die Stadt noch in derselben Nacht in Richtung Paris.

Im Sommer 1932 reisen Klaus und Erika Mann durch Nordeuropa. Ein Blick in Klaus Manns Tagebuchnotizen legt den Schluß nahe, daß diese Reise eine Flucht vor Deutschland war: »24. IV. Zum Wählen mit E (gewohntes Sonntagsvergnügen.) (– Sozialdemokratisch.) [...] Etwas bedrückt wegen der Wahlergebnisse, die vernichtend scheinen. (Was für ein Volk!)« Die Landtagswahlen hatten starke Gewinne für die Nationalsozialisten gebracht.

»25. IV. Recht ernsthaft über die Notwendigkeit des Emigrierens. Erschreckender Sieg der Narretei. Böse Lage.« Im Juni heißt es einmal: »Wieder ziemliche Katastrophenstimmung: Trennung Bayerns vom Reich?« Und »Bayern sehr gut halsstarrig. Reich fällt hoffentlich auseinander.«

Am 17. Juli startet das Geschwisterpaar zur Nordlandreise und fährt im Auto durch das schöne Bayern: »...die Landschaft krank von Hakenkreuzfahnen. Verzerrung Deutschlands.« Die Wahl vom 31. Juli 1932 bringt den Nationalsozialisten schließlich über 37 % der Stimmen (13 732 779) und 230 Sitze im Reichstag; bei einer Wahlbeteiligung von 83 %. Aus Skagen in Dänemark schrieb Erika Mann am 27. August an ihre Freundin, die Zeichnerin und Karikaturistin Eva Herrmann: »Es ist gut, daß Du eine friedliche Bretagne gefunden

Völkischer Beobachter
Mittwoch, 28. September 1932

Bühnen-Beobachter:

»Die Schule der Frauen« – Neueinstudierung im Schauspielhaus von Molière

...Unter dem Druck des durch Deutschland gehenden Erwachens beginnen sich endlich die Verhältnisse zu wandeln.

Notgedrungen suchen die Herren Direktoren wieder Zeitbezogenheit, da sonst ihre leergewordenen Häuser überhaupt niemand mehr besuchen würde. In gewisser Beziehung ist auch diese Neueinstudierung des frühesten Molièreschen Charakterlustspiels ›Die Schule der Frauen‹ ein Zugeständnis, das die jüdischen Kammerspiele an die allgemeine Zeitstimmung machen. Man will der Atmosphäre, die nach lebensechter, satirischer Menschen- und Weltschau verlangt, entgegenkommen. Selbstverständlich geht es bei den Kammerspielen, auch wenn sie einmal kulturelles Niveau anstreben, nicht ohne jüdische Beimischung ab. Wenn das Werk selbst nicht jüdischen Ursprungs ist, muß wenigstens der Übersetzer Jude – hier Ludwig Fulda – sein. Um dem im Parkett versammelten jüdischen Publikum zu gefallen, mußte man trotz ihres erwiesenen darstellerischen Unvermögens, wenigstens im Nachspiel *Erika Mann* – gewissermaßen als Demonstration – herausstellen. Abgesehen davon stand aber die von Révy inszenierte Aufführung im ganzen unter einem glücklichen Stern...

Dr. Walter Stang

hast und zudem soll jeder froh sein, der *allein* arbeiten kann und nicht auf Zuschauer angewiesen ist, wie der Theaterverhexte. Ich weiß noch gar nicht, wie der Winter aussehen wird. Natürlich ist es *grauenhaft* in Deutschland, uns graut vor der Rückkehr in dieses Wahnsinnsland, in dem man *uns* zum Überfluß täglich Bomben und Gummiknüppel androht in sämtlichen Hitler-Blättern, die doch bald allein die Öffentlichkeit darstellen werden. –«

Sie hatte nicht miterlebt, wie der Wahlkampf zum 31. Juli »die rücksichtsloseste Form eines blutigen Bürgerkrieges angenommen hatte«, wie es Oskar Maria Graf beschreibt in seiner Biographie, mit Straßenschlachten, mit Verletzten und Toten. Und sie hatte nicht miterlebt, was – als makabres Vorspiel zur Bücherverbrennung, die im Mai 1933 folgen sollte – ihrem Vater im August 1932 in seiner Sommeridylle Nidden widerfahren war: er hatte öffentlich Stellung genommen zu nationalsozialistischen Ausschreitungen in Königsberg; dort waren in der Nacht vom 31. 7. auf den 1. 8. mehrere Attentate auf linksgerichtete Politiker verübt, Schaufenster jüdischer Geschäfte eingeschlagen und Brände gelegt worden. Scharf hatte sich Thomas Mann über die »wahre Natur dieser Volkskrankheit« geäußert, »dieses Mischmasch aus Hysterie und vermuffter Romantik«. Als Reaktion darauf erhielt er von einem Zeitgenossen ein Paket zugeschickt, »aus dem mir, als ich es öffnete, schwarze Asche, verkohltes Papier entgegenfiel. Der Inhalt bestand aus einem verbrannten, nur gerade noch erkennbaren Exemplar eines Buches von mir, des Romans ›Buddenbrooks‹ – mir übersandt vom Besitzer zur Strafe dafür, daß ich meinem Grauen vor dem heraufkommenden Nazi-Verhängnis öffentlich Ausdruck gegeben hatte.« (Thomas Mann: »Deutsche Hörer« 25. 5. 1943)

Kurz vor ihrer Abreise in die Sommerferien hatten die Geschwister Gelegenheit gehabt, Hitler aus nächster Nähe zu studieren. Klaus Mann beschreibt es in seinem »Wendepunkt«: Hitler saß in der Carlton-Teestube, eines von seinen Münchner Stammlokalen, »umgeben von ein paar bevorzugten Spießgesellen, und ließ sich sein Erdbeertörtchen schmecken.« Mit bürgerlicher Arroganz macht Klaus Mann sich lustig über das ordinäre Gesicht dieser »Kreatur«. Sein »schlagrahmschmatzender Nachbar« erschien ihm »von höchst unedler Substanz und Beschaffenheit, ein bösartiger Spießer mit hysterisch getrübtem Blick in der bleich gedunsenen Visage [...] ich konnte mich nicht sattsehen an der widrigen Fresse [...] ich sah ihn an und dachte: Du wirst nicht siegen, Schicklgruber, und wenn du dir die Seele aus dem Leibe brüllst. Du willst Deutschland beherrschen? Diktator willst du sein – mit *der* Nase [...] Du bist derartig mies, daß du einem beinah leid tun könntest [...] Du kommst nie zur Macht!«

Im Herbst des Jahres 1932, als die »Mann-Twins« von ihrer Flucht in den Norden nach Deutschland zurückkehrten, wird ihnen beklommen zumute gewesen sein: dem so sehr verachteten, so sträflich verkannten »bösartigen Spießer« war ein erschreckend großer Schritt in Richtung Macht gelungen.

Warum hatte man nicht längst etwas gegen ihn unternommen und gegen seine prügelnden und mordenden Spießgesellen? Was taten zum Beispiel die Intellektuellen? »Was tat ich selber zur Besserung und zum Schutz der so sehr schutz- und besserungsbedürftigen Republik? Welcher kämpferischen Tat oder sozialen Leistung konnte ich mich rühmen?« fragt sich Klaus Mann. »Unbestreitbar – ich war gegen Hitler...«, doch »unser Haß wird wohl nur dort aktiv, wo wir eine gewisse Affinität zum Gegner spüren. Man bekämpft nicht – oder doch nicht mit vollem Einsatz –, was man durchaus verachtet. Lohnt es sich, den offenbaren Unsinn und frechen Aberwitz logisch zu widerlegen? Man begnügt sich mit einem angewiderten Achselzucken.« Gefühlsmäßig durchaus Antifaschisten, mangelte es ihm und seinesgleichen an der notwendigen Bereitschaft, die politischen, gesellschaftlichen und sozialen Verhältnisse zu analysieren, in denen die Nazis zu so mächtigen Erfolgen gelangen konnten.

Sich mit einem »angewiderten Achselzucken« zu begnügen, lag Erika Mann nicht. Klaus Mann schildert in seinen Kindheitserinnerungen die geliebte, um ein knappes Jahr ältere Schwester als rauflustig und kämpferisch. Zur Zeit der Münchner Räteregierung war sie mit der ganzen wachen Neugier der Heranwachsenden durch die aufgewühlten Münchner Straßen gelaufen, hatte Straßenkämpfe gesehen und später die Schlangen hungernder, arbeitsloser Menschen. Aus den Tagebucheintragungen ihres Vaters geht hervor, daß Erika das Bedürfnis hatte, sich einzumischen, teilzunehmen am Geschehen. Immer wieder, zwischen den oft verständnislosen, ja haßerfüllten Anmerkungen Thomas Manns zu der in Bayern besonders komplizierten, politischen Situation notierte er das wache Interesse seiner Ältesten: »Erika berichtet über Straßenkämpfe [...] Erika bringt Flugblätter heim...« Und sicher nicht ohne väterlichen Stolz vermerkte er am 5. Juni 1921: »Heute große Straßensammlung für die armen Kinder.

Erika Mann 1923

Erika mit umgehängtem Pappschild und Verkaufskorb den ganzen Tag unterwegs.«

Auch einer Schulkameradin stand Erika auf ihre humorvolle, zupackend-originelle Weise bei. Lili Burger, ein armes Mädchen, mußte barfuß in die Schule gehen. Es war die St.-Anna-Schule im Münchner Stadtteil Lehel. Sie litt sehr unter ihrer Armut, und sie wurde ihrer bloßen Füße wegen von den Mitschülern verachtet und geschnitten. Eines Tages verabredete sich Erika Mann mit ihr und bat sie, am nächsten Morgen pünktlich an der Trambahnhaltestelle zu sein. Zur großen Überraschung des armen Mädchens tauchten Erika und ihr Bruder Klaus ebenfalls ohne Schuhe und Strümpfe auf. Gemeinsam ging man barfuß in die Schule. Lili Burger hat diese Aktion nie vergessen. Noch dreißig Jahre später schrieb sie stolz und gerührt an Erika Mann: »Das gab damals eine große Sensation [...] Barfußlaufen wurde zum Ärgernis mancher sittenstrenger Lehrer, in dieser Schule zu einer unaufhaltsam um sich greifenden Mode. Ich empfand in der selbstverständlichen Gelassenheit Eurer menschlichen Geste etwas so Königlich-Freies, daß ich Euch am liebsten vor allen Leuten umarmt hätte.«

Sicher, eine unverhohlene Freude an der Sensation, an Provokation und Sich-in-Szene-Setzen wird bei dem Backfisch Erika Mann schon dabei gewesen sein. Doch ihre Briefe belegen auf sehr lebendige Weise, wie vehement sie sich zeit ihres Lebens gegen Ungerechtigkeiten ins Zeug legte.

In einem Lebenslauf, den sie kurz nach dem 2. Weltkrieg verfaßte, bekennt sie, sie sei »militant-liberal« und definiert das als »konservativ mit sozialem Gewissen«.

»...machen wir doch etwas Besseres...«

Gründung der »Pfeffermühle« in der Münchner »Bonbonniere«

»Es fing ganz harmlos und beinahe zufällig an...«, so erinnert sich Erika Mann im Jahre 1966 an die Gründung der »Pfeffermühle«. Der Zufall, dem dieses kabarettistische Unternehmen zu einem guten Teil seine Existenz verdankt, hieß Magnus Henning. Klaus und Erika Mann kannten den aus dem Baltikum stammenden Komponisten und Pianisten aus Berlin, aus den späten 20er Jahren. Er hatte dort unter anderem in Willy Schäffers »Kabarett der Komiker« am Klavier gesessen.

In Erika Manns Rückblick in die Zeit der »Pfeffermühlen«-Gründung wird ihm – »Erikas weißem Pianisten«, wie Thomas Mann den blonden Balten nannte – eine späte Ehrung zuteil: Auf einem Tonband aus den 60er Jahren, einem Rückblick in die »Pfeffermühlen«-Zeit, gibt Erika Mann zu Protokoll, daß Magnus Henning eigentlich der Initiator dieses Kabaretts war. Wie gesagt: »Es fing ganz harmlos und beinahe zufällig an. Irgendwann im Spätherbst 32 kam unser Freund Magnus Henning, der Musiker, zu mir und sprach etwa wie folgt: ›Freunde, die ›Bonbonniere‹, das gute alte Vergnügungslokal in München, wo Wedekind und andere aufgetreten waren, ist in letzter Zeit heruntergekommen, es treten dort dritt- und viertklassige Kabaretts auf, es ist ein Jammer um das schöne Lokal. Warum sollten wir nicht dort einmal auftreten und etwas Besseres machen?‹«

Erika Mann wußte zu dieser Zeit nicht so recht, wohin mit sich und ihren verschiedenen Begabungen, sie stand vor einer ungewissen Zukunft. Die Idee gefiel ihr. Sie überzeugte ihren Bruder Klaus davon, und sie steckten ihre Freundin Therese Giehse damit an – damals schon »die große Giehse«.

Seit 1926 gehörte sie zum Ensemble der Münchner Kammerspiele. Seither war für sie durchschnittlich einmal im Monat Premiere, stand sie fast jeden Abend auf der Bühne. In der Aufführung von Klaus Manns Stück »Geschwister« – seiner Dramatisierung von Jean Cocteaus »Les enfants terribles« – im November 1930 im Studio der Kammerspiele stand sie neben Erika Mann in der Rolle eines Dienstmädchens auf der Bühne. Daß diese Aufführung zu einem beachtlichen Stück Münchner Theater-Skandal-Geschichte wurde, von Kritik und Publikum abgelehnt, tat ihrer Freundschaft zu den

Magnus Henning, Komponist und Pianist

Mann-Geschwistern keinen Abbruch. Die Kabarett-Idee überzeugte sie wohl vor allem, weil ihre Freunde sich das Ziel gesteckt hatten, *politisches* Kabarett zu machen. Hier sah die Giehse die Möglichkeit, »dem Theaterspielen ohne innere Notwendigkeit zu entrinnen«, wie sie es 1935 – im Exil – bekannte.

Und *daß* es ein politisches Kabarett werden sollte, stand für Erika Mann sofort fest. »Es mußte außer dem Finanziellen erheblichen Sinn und Verstand haben. Die politischen Zustände waren schon solche, daß – wenn man ein Kabarett machte – man ein politisch stark gefärbtes machen würde, d.h. eines, das den mit ungeheurer Geschwindigkeit heraufziehenden Nazismus bekämpft, im übrigen eine soziale Einstellung hat, soziale Mißstände geißelt…«, erzählt sie im Rückblick. Auch das Finanzielle dürfte für Therese Giehse eine gewisse Rolle gespielt haben. Die Kammerspiele standen im Herbst 1932 vor dem Ruin. Die im Stadtrat schon kräftig mitregierenden Nazis hatten eine empfindliche Kürzung des Zuschusses erreicht, die Gagen waren bereits um ein Drittel gekürzt worden, von regelmäßiger Bezahlung konnte sicher keine Rede mehr sein. Im Dezember 1932 hatte die Giehse zwei der großen Gerhart-Hauptmann-Figuren zu spielen, die Frau John in den »Ratten« und Mutter Wolffen im »Biberpelz«. Der Eröffnungstermin für das Kabarett stand bereits für den 1. Januar 1933 fest. Trotz dieses überwältigenden Arbeitspensums stürzte sie sich in das Abenteuer »Pfeffermühle«, ein Abenteuer, das sie beinahe vier Jahre lang ruhelos durch Europa und bis New York führen sollte, von Land zu Land, von Hotel zu Hotel. Doch das konnte sie zu diesem Zeitpunkt nicht ahnen.

Als Schriftstellerin hatte sich die *Schauspielerin* Erika Mann schon gelegentlich während ihrer ersten Engagements zu Beginn der 20er Jahre betätigt, um die Anfängergagen ein wenig aufzubessern. Daß sie schreiben *wollte*, merkte sie nach der spektakulären Reise durch drei Kontinente, die sie 1927 mit ihrem Bruder Klaus unternahm. Gemeinsam brachten sie die »Abenteuer einer Weltreise« zu Papier, unter dem Titel »Rundherum«.

Und beim Verfassen dieses Reiseberichts hatte sie das erste Mal wirklich Freude am Schreiben empfunden. Es folgte ein Theaterstück für Kinder, es folgte – wiederum gemeinsam mit ihrem Bruder verfaßt – »Das Buch von der Riviera. Was nicht im Baedecker steht« und 1932, »auf Anraten meiner kleinen Geschwister«, ihr erstes Kinderbuch: »Stoffel fliegt übers Meer«. Ursprünglich war sie der Meinung gewesen, in dieser Familie würde schon zuviel geschrieben, und sie entschied sich zunächst für das Theater.

Ob sie als Schauspielerin wirklich begabt war? Ein kurzer Blick in die Theaterkritiken hinterläßt zwiespältige Eindrücke: Da bescheinigt ihr ein Rezensent »künstlerisches Vermögen«, da zeigt sie »plastisches und zartes Spiel« als Lavinia in George Bernard Shaws »Androklus und der Löwe« – 1926 inszeniert vom damaligen Ehemann Gustaf Gründgens an den Hamburger Kammerspielen. Doch dann wird sie – 1929 als Elisabeth in »Don Carlos« am Münchner Prinzregententheater – als »schablonenhafte und ganz unbedeutende Schauspielerin« gezaust, »deren einzige Gemütsbewegung ein stereotypes Lächeln als Ausdruck hat, wohingegen besonders schlimme Situationen eine Verschiebung des Unterkiefers nach links bewirken«. In der Rolle einer modernen jungen Frau in dem Stück »Das Grabmal des unbekannten Soldaten« von Paul Raynal wird sie dagegen gelobt: Horst Wolfram Geißler, Kritiker der »München-Augsburger Abendzeitung«, erkennt etwas für Erika Mann sehr Charakteristisches: »Die gußeiserne Unnachgiebigkeit im Wesen der Schillerschen Heroinen kann ihr niemals liegen«, urteilt er über sie, »sondern hier ist eine elastische Stahlspitze, eine geistige Pointierungsfähigkeit, die nur im Modernen ihr Feld finden wird […] wo Einfühlungsfähigkeit vor Problemen steht, die sich menschlich lösen lassen, wird die dargestellte Figur wunderbar durchsichtig.«

Die *Schriftstellerin* Erika Mann erntet zu diesem Zeitpunkt durchaus auch Anerkennung. Beispielsweise schreibt ihr Hugo von Hofmannsthal, nachdem er den kleinen Weltreisebericht gelesen hat: »An der Darstellung war mir zweierlei wirklich wohltuend: daß Sie beide sich vom Übertreiben ganz fern gehalten haben (und das Übertreiben, in tausend Formen, ist wirklich die Pest in der deutschen Schriftstellereri) und daß Sie in einer anständigen Art immer dem Weitschweifigen und Beschreibenden ausgewichen sind…«

Was Erika Mann an der Kabarettidee von Magnus Henning gefallen hat, wird – neben der Absicht, sich auf die politische Bühne zu begeben – auch die Möglichkeit gewesen sein, auf dem »Brettl« *beide* ihrer Begabungen nutzen zu können; das unbestreitbar vorhandene Auftrittstalent und eine ganz spezifische Schreibbegabung: die große Begabung zur kleinen Form. Ihre Stärke war die Glosse, das Feuilleton. Und das wird ihr unfreiwillig in ihrem Reifezeugnis bescheinigt. Ein Zeugnis, »das in

Klaus Mann – Erikas »Pfeffermühle« verbunden bis 1937

der Welt einzig sein dürfte«, so Erika Mann. »Es ist so miserabel, daß ich es mir eingerahmt habe, und jeder, der mich besucht, kann es in der Diele lesen.« Darin heißt es zum deutschen Aufsatz, der im übrigen als »mittelmäßig« eingestuft wird: »...letzterer war im Ton frisch, in der Darstellung ansprechend, bot aber nur knappen Stoff und hatte mitunter nur lockere Beziehung zum Thema...«
Spätestens im November 1932 müssen die Vorbereitungen für das Kabarett-Unternehmen einen Höhepunkt erreicht haben. Klaus Mann notiert in seinem Tagebuch auf den wenigen letzten Seiten bis zum Jahreswechsel 1932/33 einiges dazu: »E liest Chansons und Klein-Sketch vor«, heißt es am 19. November; »E's Kabarett-Sorgen (Unzuverlässigkeit der bestallten Schauspieler.)« am 25. Und immer wieder wird vermerkt, daß Klaus und Erika Texte für das Kabarett schreiben. »Im übrigen waren wir noch so unsicher«, erinnert sich Erika Mann, »wir waren ja völlig ungelernt auf diesem Gebiet und haben infolgedessen für das erste Programm, das am 1. 1. 33 eröffnete, eine ganze Menge Nummern gekauft von Kabarettlieferanten, von Kurt Bry, außerdem alte Dinge, Villon, Béranger, Mühsam...«
Ein Name mußte gefunden werden. Und Thomas Mann fand ihn. Die Legende will es so: Die Mahlzeiten im Elternhaus, Poschingerstraße 1, wurden üblicherweise im großen Kreis eingenommen: die Eltern, sechs Kinder, nicht selten Gäste, die im Hause Mann ein- und ausgingen, die Freunde der Kinder. Und dabei berichteten die beiden Ältesten wohl von ihrem Plan. Vor allem Thomas Mann soll begeistert gewesen sein. Bei der Suche nach einem passenden Namen, in dem die Absicht zur scharfen Kritik an den herrschenden Zuständen zum Ausdruck kommt, soll er plötzlich eine Pfeffermühle in die Hand genommen haben: »Wie wär's denn damit?!« »Pfeffermühle« – das paßte zu Erika, der lachlustigen, unterhaltenden, dem »Aff'«, wie der Vater seine Älteste liebevoll nannte. Sie war für ihn so etwas wie das Salz in der Suppe. »Die Mahlzeiten

Therese Giehse in der Garderobe der »Bonbonniere« 1933

trostlos, sobald Erika nicht da ist«, schreibt Bruder Golo in seinen Erinnerungen.
Ein Vertrag mit dem Besitzer der »Bonbonniere«, Hanns Roßmann, für den Januar war abgeschlossen. Die »Bonbonniere« war, Magnus Henning hatte es ja seinen Freunden berichtet, »heruntergekommen«. Da-

Die Bonbonniere

Inhaber: Hanns Roßmann

bei hatte ihr Name bis in die späten 20er Jahre hinein einen guten Klang, wenn von Kleinkunst in München die Rede war. Die »Elf Scharfrichter« waren hier aufgetreten, Frank Wedekind, Rudolf Nelson, Friedrich Hollaender, Asta Nielsen und Pola Negri; Gussy Holl hatte in der »Bonbonniere« Tucholsky rezitiert. Auch eine Verbindung zur Familie Mann gab es: Heinrich Mann hatte, gemeinsam mit Leopold Schwarzschild und Walter Mehring, eine Revue verfaßt, die 1923 in der »Bonbonniere« aufgeführt wurde: »Bis hierher und nicht weiter«.
Die »Bonbonniere«, Neuturmstraße 5 in der Münchner Altstadt, lag Rücken an Rücken mit dem Hofbräuhaus, in dem schon manche nationalsozialistische Veranstaltung getobt hatte. Auf diesem »Brettl« also ging in dem denkwürdigen Januar 1933 der Vorhang auf für die »Pfeffermühle«. Als Mitstreiter hatten sich im Januar noch eingefunden: Sibylle Schloß – die »zartgliedrige, raffinierte, witzige, katzenpfötige« junge Schauspielerin – so zumindest beschreibt sie Wolfgang Petzet – war seit 1931 Kollegin von Therese Giehse an den Kammerspielen. Otto Falckenberg, der einen Riecher für junge Talente hatte, holte die damals 21jährige Sybille Schloß direkt von der Max-Reinhard-Schule in Berlin an sein Münchner Theater.
Albert Fischel, jugendlicher Liebhaber und Don Carlos-Darsteller vom Bayrischen Staatstheater. Ihn hatten die Mann-Kinder durch einen ihrer vielen Lausbubenstreiche kennengelernt. Der Umschwärmte hatte Humor, und so wurden sie Freunde. Auch er hatte in Klaus Manns Cocteau-Dramatisierung mitgespielt.
Der junge Schauspieler Peter Eysoldt.
Dr. Karl Theodor Glock, damals dramaturgischer Mitarbeiter an den Münchner Kammerspielen. »Eine schwer zu charakterisierende, vielschichtige und vielbegabte Persönlichkeit«, so Wolfgang Petzet. Glock sollte noch Kammerspielgeschichte machen: mit der Spielzeit 1933/34 wurde er der Geschäftsführer dieses Theaters.

»Claire Eckstein und Edwin Demby. Eine außerordentliche parodistische tänzerische Attraktion treten zum ersten Mal in München und im Rahmen der ›Pfeffermühle‹ auf«, so warb Hanns Roßmann in einer kleinen Einladungsschrift für das neue Programm auf seiner Bühne. Der Tänzer und Choreograph Edwin Demby und seine Partnerin waren auf Kabarettbühnen keine Unbekannten. Sie waren unter anderem in Werner Fincks Berliner »Katakombe« aufgetreten.
Allen voran aber Therese Giehse, die auch die Regie übernahm, Magnus Henning, der Mann am Klavier und Komponist einiger Lieder, und Erika Mann als erster weiblicher Conférencier auf einer deutschen Kabarett-Bühne.

Wir laden ein,wir stell'n uns Ihnen vor:
Wir sind die gute neue Pfeffermühle.
Wir öffnen Ihnen Herz und Tür und Tor,
Wir bitten Sie,um Ihr geneigtes Ohr,
Wir sind voll gastlich-herzlicher Gefühle.

Wir tanzen und wir ~~HHHHHHHHHHHH~~ spielen und wir singen,
Wir dichten und wir trachten nur für Sie,
Da mus es uns am Ende ~~nur~~ doch gelingen,
Sie alle,alle wirklich herzubringen,
Denn, schliesslich: sowas sahen Sie noch nie.

"Die Pfeffermühle" mahlt so fein und köstlich,
Weil sie so viele Pfeffermüller hat,-
Ach kommt im Januar,wir mahlen festlich
Den würzgen Pfeffer für dir ganze Stadt!

Wir mahlen Pfeffer in die Bonbonnière,
Denn dort sind wir im Janaur zuhaus!
Wir laden ein,-es ist uns eine Ehre!
Die Pfeffermühle in der Bonbonnière
Schickt ihre Grüsse in die Welt hinaus!

Gezeichnet: Die Pfeffermühle:
Edwin Demby,Cläre Eckstein,Peter Eysoldt,Albert Fischel,Therese Giehse,
Magnus Henning,Karl Klock,Erika Mann,Sybille Schloss .

Erika Manns Einladungstext zur ersten »Pfeffermühlen«-Vorstellung, 1.1.1933

»Gepfefferter Charme«

Das erste Programm, München 1. 1. 1933

München
Bonbonnière
1933 1. Januar - 31. Januar

Fräulein vom Amt - Schloss	–
Hofsänger - Giehse, Henning	Text: E. Mann – Darsteller: Th. Giehse, M. Henning
Tanz - Eckstein, Demby	Claire Eckstein, Edwin Demby
Reicher Mann - E. Mann	Text und Darstellung: Erika Mann
Fundbüro - Fischel, Eysoldt	Text: Erika Mann – Darsteller: Albert Fischel, Peter Eysoldt
Mischa - Schloss, Henning	Text: Erika Mann – Darsteller: Sybille Schloß, Magnus Henning
Untermann - Fischel	Text: Erika Mann – Darsteller: Albert Fischel
Pessimismus - Schloss, Henning	Conférence Vortrag: E. Mann – Darsteller: S. Schloß, M. Henning
Villon - Giehse (Ziehharmonika Riegler)	–
Autotraum - Ensemble	Text: Erika Mann – Darsteller: Ensemble
Weltgeschichte - Fischel	–
Skitango - Henning	Text: Erika Mann – Musik: Magnus Henning
Telephongespräch - E. Mann, Fischel	Text: Klaus Mann – Darsteller: Erika Mann, Albert Fischel
Liebesbrief - Schloss	Text: Klaus Mann – Darstellerin: Sybille Schloß
Vogelscheuche - Giehse	Text: Walter Mehring – Darstellerin: Therese Giehse
Tanz - Eckstein, Demby	Cläre Eckstein, Edwin Demby
Zugegeben - Glock	Text: Erika Mann – Darsteller: Karl Theodor Glock
Stimmungssängerin - Giehse	Text: Erika Mann – Darstellerin: Therese Giehse
Marktszene - Ensemble.	Text: Erika Mann – Darsteller: Ensemble

Begleitung: Henning

Hofsänger

Jetzt wollen wir was Hübsches singen,
Weils schon Dezember ist und kalt.
Ein Ständchen wollen wir Euch bringen,
Des freut sich jung und freut sich alt.

Mein kleiner Bruder, wie 'ne Meise,
Ist durch und durch gesangsbegabt, –
Singt Ihnen laut, singt Ihnen leise, –
Sowas hat man noch nie gehabt.

Nach meiner Orgel singt der Kleine,
So gut der Kleine eben kann, –
Am Ende kommt er schon ins Reine, –
Der Rhythmus, der steht oben an.

Wie oft hab ich es ihm·gesagt:
Mehr Takt, mehr Takt, –
Mehr Takt, mehr Takt!
Mehr Takt, mehr Takt, mehr Takt, mehr Takt!

Es ist ja schwierig heutzutage:
Der eine isst gern scharfe Kost,
Dem andern ist sie eine Plage,
Die ihn verdriesst, die ihn erbost.

Dem einen scheint die Sache reizend,
Den andern reizt die Sache bloss, –
Was jenen schal deucht, deucht ihn beizend,
Und schon ist Streit und Hader los.

Und jedenfalls, wie schon gesagt:
Mehr Takt, mehr Takt
Mehr Takt, mehr Takt!
Mehr Takt, mehr Takt, mehr Takt, mehr Takt!

Das Pferd ist glatt, das Schaf ist wollig,
Sehr schön ist auch das Weihnachtsfest, –
Der Schnee ist weiss, der Mensch ist drollig,
Weil er sich alles bieten lässt.

Was willst Du? Butter?! Freche Bohne!
Die Butter macht Dich faul und fett!
Weit wichtiger ist die Kanone
Und die Granate überm Bett.

Und überdies, wie schon gesagt,
Mehr Takt, mehr Takt
Mehr Takt, mehr Takt!
Mehr Takt, mehr Takt, mehr Takt, mehr Takt!

Der Bombenwurf befreit die Sklaven,
Daß weiss ein jedes Kind bereits,
Wer wirft nochmal? Die meisten trafen
Zwar aus Versehn das rote Kreuz.

In manchen Ländern wird die Pleite
Direkt zur Allerweltsgefahr
Durch sie erklärt sich manches, Leute
Man ist halt schon im vierten Jahr.

Den Pakt schliesst man, um ihn zu brechen
Da wundert sich bald keiner mehr.
Von Frieden spricht man, um zu sprechen
Derweil marschiert das Militär.

Und überdies, wie schon gesagt,
Mehr Takt, mehr Takt
Mehr Takt, mehr Takt!
Mehr Takt, mehr Takt, mehr Takt, mehr Takt!

Das Lied vom Reichen Mann

Es war einmal ein reicher Mann, –
Der wurde Millionär.
Mit viel fing er zu leben an, –
Das wurde täglich mehr.

Bei der Geburt rief alles gleich:
Beim Himmel, dieses Kind ist reich!

Als Knabe war er fein und zart
Und wusste nichts von Geld.
Und dennoch war das seine Art:
Wer hat, na der behält.

Und wenn es einen Ausflug gab,
Ein Volksfest, oder Stück,
Gab jeder seinen Groschen ab.
Der Knabe hielt zurück.

Hab nichts dabei, so sprach er zart
Und irgendwer legt's aus.
Macht gar nichts, dachte er dabei,
Der hat ja Geld zuhaus.
Der hat ja Geld, er hat ja Geld,
Der Knabe hat viel Geld zuhaus.

Der reiche Knabe wuchs heran,
Sein Geld tat es ihm gleich.
Es wuchs ihm zu, dem reichen Mann,
Denn dieser Mann war reich.

Die Vorzugsfürsten – Zimmerflucht
Bewohnt er im Hotel.
Und eh er sich darum ersucht,
Umflüstert es ihn schnell.

Es kostet nichts, natürlich nichts:
Die Ehre ist zu gross.
Und demutsvollen Angesichts
Wird man die Ware los.

Und jeder der ihn sieht ruft gleich,
Beim Himmel, dieser Herr ist reich.

Sechs Autos hat der reiche Mann,
Weil er Reklame fährt.
Vier Luftflugzeuge hat man dann
Als nächstes ihm beschert.

Klaviere regnet es bei ihm, –
Man sieht auf jedem Bild, –
In jeder Zeitung, wie der Herr,
Auf den Klavieren spielt.

An einem Tag da stirbt er dann,
Der überall im Aufsichtsrat, –
Der reiche, reiche, reiche Mann,
Betrauert sehr, – vom Staat.

Ein Ehrengrab steht schon bereit,
Das kostet nichts, es ist bezahlt,
Ein Denkmal setzt ihm seine Zeit,
Drauf man dies Verslein malt!

Dem reichen Mann half jeder gern,
Denn Geld sehnt sich nach Geld,
Ach eilt herbei von nah und fern, –
Das Ehrengrab des reichen Herrn
Ist typisch für die Welt.

Auf dem Fundbureau

Finder Guten Tag.

Beamter Nur einer auf einmal, bitte!

Finder (sieht sich scheu um) Ich bin nur einer.

Beamter Was liegt vor?

Finder Ein Schirm und ein Ring.

Beamter Sie behaupten, die beiden Gegenstände gefunden zu haben?

Finder Ich habe die beiden Gegenstände auf einer Bank im Englischen Garten gefunden.

Beamter Nähe?

Finder ???

Beamter Nähe??

Finder Nein, – äh, – ziemlich weit unten so auf dem Weg nach, – beim Milchhäusel, – glaube ich.

Beamter Nähe Milchhäusel.

Finder (nickt glücklich)

Beamter Die *beiden* Gegenstände auf *einer* Bank?

Finder Ja, – das heisst nein, – der Schirm lag hinter der Bank und der Ring lag auf der Bank.

Beamter Sie verwickeln sich *schon* in Widersprüche. Haben Sie Anhaltspunkte?

Finder Wofür?

Beamter Also keine?

Finder Ich weiss nicht…

Beamter Wie wollen Sie den kleinen Ring, – (sehr streng) ich sehe eben, er ist aus *Gold!*, – auf der Bank bemerkt haben?

Finder Ich ging hinter der Bank vorbei und da sah ich den Schirm…

Beamter Wie Sie den *Ring* bemerkt haben wollen

Finder (leise und verzweifelt) »Haben wollen«, – ich wollte ja gar nicht, ich *habe leider* erst den Schirm bemerkt und dann elenderweise auch noch den Ring!

Beamter Wie kamen Sie dazu, *hinter* der Bank vorbei zu gehen, – man geht *vor* Bänken vorbei!

Finder Ich war, – äh, – ich war in Gesellschaft und ich wollte der Dame schnell etwas sagen und da gingen wir eben hinter die Bank.

Beamter (sagt's ihm auf den Kopf zu) Der Ring gehört der Dame, mit der Sie »hinter der Bank« gewesen sind.

Finder Aber … dann würde ich ihn doch nicht herbringen!!!

Beamter (sehr plötzlich) Wie kommt der bräunlichrote Flecken an den Schirm?

FINDER Das weiss *ich* doch nicht, – ich habe die beiden Gegenstände *gefunden*, – und da glaubte ich…

BEAMTER Sie glaubten, hier vor Verfolgung sicher zu sein!

FINDER Idiot!

BEAMTER (ruhig, wie diktierend, zum Schreiber) Beamtenbeleidigung, geht zu Protokoll. – Wie viel Uhr war es, als Sie der beiden Gegenstände habhaft wurden?

FINDER (der allmählich anfängt, blödsinnig zu werden) Habhaft wurden, habhaft wurden… i, – nein, 3 Uhr!

BEAMTER Morgens?

FINDER Ja, nachts, ich kam…

BEAMTER Sie kamen *woher?*

FINDER Aus dem Dampfbad.

BEAMTER Um drei Uhr morgens?

FINDER Aus einer Gesellschaft, die nach dem Dampfbad war, – ich war dort eingeladen.

BEAMTER Im Dampfbad?

FINDER In der Gesellschaft, mein Gott, bei Freunden, es wurde spät…

BEAMTER *Wo ist die Dame?*

FINDER Welche Dame, um Gottes Willen?

BEAMTER Durch Verstocktheit werden Sie Ihre Lage nur verschlimmern.

FINDER (den Tränen nahe) Was wollen Sie denn von mir, – ich habe weder gemordet, noch gestohlen.

BEAMTER Man legt nicht Ringe und Schirme *auf* und *hinter* Bänke.

FINDER Ich habe sie ja nicht gelegt.

BEAMTER Aber *gefunden*? He, – gefunden doch, nicht wahr, – denn dass dies alles hier *Ihnen gehört*, wollen Sie doch wohl nicht behaupten?!

FINDER (stumpf) Ich hätte es ja auch behalten können.

BEAMTER Aber das war Ihnen zu gefährlich, wie, – das war doch wohl zu riskant, was mein Herr?

FINDER (stürzt zur Tür) Lassen Sie mich gehn, – ich werde wahnsinnig!

BEAMTER Der Herr verlässt das Zimmer nicht.

FINDER Ich kann nicht mehr, – ich werde absolut irrsinnig. Was ist denn bloss los mit mir, mein Gott, was ist los. Was legt man mir zur Last, Herr Fundbureauvorsteher, wenn Sie es mir bloss eingestehen, Verzeihung, mitteilen wollten, was ist denn, was ist denn… meiner Ansicht nach bin ich verrückt, – ein harmloser Geisteskranker, Herr Richter, Sie werden zugeben, aus unschädlicher Verrücktheit bin ich hergekommen, um die Gegenstände abzuliefern, weil weil sie mir ganz einfach nicht gut genug gefallen haben, um sie zu behalten, – sehen Sie, der Schirm hat einen bräunlichroten Flecken. Sie waren so gütig, es vorhin gleich zu bemerken, *bitte* lassen Sie mich gehn, – ich kann nicht mehr, ich kann nicht mehr, – ich, – Nervenzusammenbruch (er weint).

BEAMTER Nur durch ein Geständnis…

FINDER Aber was Sie wollen, hören Sie, was Sie wollen! Ich habe die Sachen gestohlen, nicht wahr, das ist es, – jawohl, geklaut, – regelrecht geklaut sind die Dinger, einer älteren Frauensperson aus der Nase gezogen, – allen Ernstes, Schirmchen wie Ringlein, – ach, Herr Scharfrichter, – ich Unglückseliger!

BEAMTER (milde und gelöst) Sie waren hungrig.

FINDER Der Hunger und die Müdigkeit, – Milde, Herr Frank II, – lassen Sie Milde walten!

BEAMTER (erhebt sich) 8 Tage Gefängnis, abführen.

FINDER Dem Himmel sei's gedankt! (Er bricht an der Schwelle zusammen)

Ende

Mischu

Wir sind zwei von der Mischu, zwei von der Mischu,
zwei von der Mischu,

Wir sind Mittelschüler, weiter sind wir nichts.
Ich stelle vor: Erster Mittelschüler, zweiter
Mittelschüler!

Wir haben immer schon so nett gedichtet
In unsrer Schule, – unter der Bank, –
All unser Streben war darauf gerichtet,
In unsrer Schule unter der Bank.

Doch der Herr Lehrer wollt uns immer plagen, –
Ihr zwei Mittelschüler, s'gibt Arrest,
Das liessen wir uns von dem Herrn nicht sagen,
Weil man sich sowas doch nicht sagen lässt.

Wir sind doch jung! So riefen wir bescheiden,
Und dann dichten wir so wundernett,
Kann nicht ein jeder blonde Kinder lieben,
So kamen wir an dieses Cabaret.

Wir sind (etc.)

Sybille Schloß und Magnus Henning auf der Bühne der »Bonbonniere«: »Mischu«

Was wir dichten, dichten wir zusammen,
Denn wir können es nicht gut allein,
Weil wir aus der Mittelschule stammen,
Kann die Dichtung auch nur mittel sein.

Ich beginne: Der Herr Bracht erfand einst
einen Zwickel
Ham wir gelacht, wir zwei Karnickel.
Wir sind nämlich revolutionär.
Und wir wissen gut, wie weit wirs müssen
Und von wo ab es dann schädlich wär.

Wir sind (etc.)

Guten Tag, wir wissen jetzt nichts weiter,
Fort im Laufschritt geht es jugendlich,
Seht, wie stramm, wie semmelblond, wie heiter, –
Ja, wir gefallen allen sicherlich!

Wir sind zwei von der Mischu, zwei von der Mischu,
zwei von der Mischu, –
Wir sind Mittelschüler, –
Ist das nicht genug!?

Untermann

Ich bin, ich bin, man sieht mir's an,
Der Untermann.
Was auch gescheh',
Dort in der Höh',
Was sich da tut,
Ich stemme es.
Oft ist es schwer, –
Viel Feind, viel Ehr'
Ich stemme es.

Meine Kollegen sind alle viel feiner als ich,
Und sie bewegen sich
In ihren schmucken Trikots, sowie in ihren
Zivilkostümen,
Oft wie die Prinzen.
Meine Trikots
Sind meist von der Anstrengung zerrissen.
Aber was wären die ohne mich?
Aufgeschmissen!!

Denn der Untermann,
Weil er stemmen kann,
Stemmt die ganze Welt
In das Blau!
Was da kommt und fliegt,
Er zu fassen kriegt,
Mann und Frau.
Eins, zwei, klatsch hopp!
Mensch, sind die mit der Kleinen grob!
An den Beinen fassen sie die an,
Dass der Kleinen
Hören und Sehen
Leicht vergehen
Kann.

Doch der Untermann
Fängt sie auf im Flug.
Hopp, da kommt sie an,
Die ist leicht genug.
Wie sie glitzert, wie sie funkelt,
Wie das unten jetzt so munkelt, –
Alle Männer sind ja weg!
Und sie klatschen
In die Patschen
Die ist keck!

Doch den Untermann
Schaut man gar nicht an!
Der ist Stütze nur und nötig.
Ach, er ist nicht fein,
Könnt auch hübscher sein,
Er ist Stütze nur und nötig.

Wenn wir in der Nacht
Dann zu Hause sind,
Fall'n wir in den Schlaf,
Wie so'n müdes Kind.
Ach der Untermann
Ist am Schlimmsten dran;
Der kann sich vor Müdigkeit kaum mehr bewegen.
Manchmal sehnt er sich,
Sehr und fürchterlich
Möchte sich zu einem kleinen Mädchen legen.

Schaut mich nur mal an:
So 'nen Untermann
Gibts, verdammt nochmal,
Überall!
Was da stützt und hält, –
So in unsrer Welt, –
Ist der Untermann,
Weil er stemmen kann.
Rechts und links da kracht's
Und Vergnügen macht's,
Wie das strahlt und schreit, –
So in unsrer Zeit.
Militär-Musik
Gibt es knüppeldick
Und sie alle wirken manchmal wie die Prinzen.
Ich, als Untermann,
Schau mir das nur an.
Und ich denke mir: ob die das jetzt bald wissen?
Ja, was wärt Ihr denn
Ohne mich im Grund?:
Aufgeschmissen!!!

Con
fé
rence

Pessimisten

Wie es mir geht? Natürlich scheusslich. Die Zeiten sind schlimm, das Bittere daran ist, dass sie noch garstiger werden. Warum? Das liegt in der Sache. Ekelhaft wird es werden, passen Sie nur auf. Ich zum Beispiel habe mir unlängst Aktien gekauft, sie stehen noch gut, ich fühle aber, dass sie bald sinken werden. Demnächst werden sie total entwertet sein. Ich habe nichts, worauf ich mich freuen könnte, also rein garnichts. Heute vormittag muss ich zum Zahnarzt, das ist an sich schon schmählich genug, ich sehe aber kommen, dass ihm bei seiner traurigen Arbeit das Instrument ausrutschen wird, es wird mir im Zahnfleisch stecken bleiben, wo es am empfindlichsten ist, ich werde Blut spucken und vielleicht gleich in die Klinik geschafft werden. Nachmittags habe ich eine Autospazierfahrt mit meinem Mann vor – ich spüre es doch, dass er mich hintergeht, so sehr er sich auch anstrengt, es mir zu verbergen –; es ist wenig wahrscheinlich, dass wir mit heilen Knochen zurückkommen, unser Chauffeur Maximilian trinkt seit neuestem – er leugnet es noch – er wird uns gegen einen Baum kutschieren. Abends wollte ich in die Oper, den »Fidelio« hören, damit es etwas Fröhliches ist. Aber ich ahne, man wird im letzten Moment das Singspiel absetzen und den »Wallenstein« spielen, damit ich noch verrückt vor Langeweile werde, ich verfolgte, von Gott geschlagne Frau. – Die Dame, die derart spricht, wird jeder stehen lassen. Sie ist eine Miesmacherin, wird man sagen, sie sieht alles ganz grau in grau, sie ist ja direkt pessimistisch um jeden Preis. Ich gebe Ihnen da ganz recht: eine unausstehliche Person. So darf man keinesfalls sein, am wenigsten heute, wo zum Pessimismus so viel Anlass ist – was wir aber nur ganz leise und unter uns sagen wollen, sonst ist es auch schon wieder Miesmacherei. Da lobe ich mir den Mann, der während des Krieges zu sagen pflegte: – »......« (Massengrab-Anekdote.) Man kann nicht sagen, dass er die Dinge zu rosig sah, aber er wusste den Dingen ihre beste Seite abzugewinnen. Er pflegte den grimmigen Humor – eine sehr empfehlenswerte Haltung. Mit ihr kommen wir weiter. Sogar wenn die Pessimisten nachher recht behalten, werden die grimmigen Optimisten besser daran sein; sie werden eher befähigt sein, mit den Katastrophen fertig zu werden, die von den Pessimisten vorausgesagt worden sind, einfach weil sie ihre Laune besser erhalten haben. Übrigens behalten die Pessimisten gar nicht immer *recht, wenngleich sie immer so tun. Das beweist dieses Lied.–*

Autoangsttraum

Wie ist mir denn, wie wird mir denn?
Ich träume ja so sonderbar!?
Wie widerlich, wie unheimlich, –
Und alles ist, als wär es wahr!

Man stiehlt mein Auto, halt den Dieb,
Und man straft mich, ich leide sehr,
Ich leide viel mehr, als mir lieb,
Ich bin kein Masochist, mein Herr.

Und fahre doch so vorsichtig,
Am Tage stets so gut ich kann,
Wie ist mir denn, wie wird mir denn,
Wie fang ich denn zu träumen an?

Parken verboten, bremsen verboten,
Langsam fahren ist nicht erlaubt!
Hupen verboten, vorfahr'n verboten,
Autos verboten überhaupt.

Ei die feinen Strafbefehle, –
Wie sie gelblich sind und schön,
Bis ich diese Briefe zähle
Wird es Zeit sein aufzustehn.

Trinken verboten, –
Es ist verboten mit dem Wagenführer zu schrei'n
Weinen verboten,
Lachen verboten,
Es ist verboten, Berliner zu sein.

Wie ist mir denn, wie wird mir denn?
Ich träume ja so grauenvoll, –
Ach, das Benzin, das kostet mehr,
Viel mehr doch als es kosten soll.

Die Landwirtschaft, die tut hinein,
Was sie sonst nicht verkaufen kann,
Kartoffelsaft und Schweinefleisch
Und Butterbrot kommt auch noch dran.

Jetzt kostet es per Liter schon
Mein ganzes Geld und stinkt dazu, –
Wie ist mir denn, wie wird mir denn?
Ach, lasst mich doch in Ruh!

Verboten verboten, Strafen, Steuer, Steuer, Strafen
Strafen, Todesstrafen!
Lasst mich schlafen!
Todesstrafen, Steuer! Steuer!
Ungeheuer! Aaaaahhh!

Hinaus, hinaus!
Mit dem ist es jetzt aus!
Der fährt uns jetzt kein Auto mehr!

Geglückt, geglückt,
Der ist verrückt,
Da freuen wir uns sehr!

Skitango

S Meine Ski und Deine
Lehnen in der Sonne
Ach, und Dir, sowohl wie mir
Taut das Herz in Wonne.
M Deine Skier und meine
Lehnen eng verbunden,
Ach, so selig fast wie wir,
Die wir uns gefunden.

BEIDE Samstags ist, und Gitzerschnee
Liegt auf allen Wiesen.
Komm, wir steigen in die Höh, –
Komm, lass uns geniessen.
M Komm, nimm Dein kariertes Tüchlein,
S Für die Eisenbahn ein Büchlein,
M Für die Hütte Butterbrot, –
BEIDE Skifahrt die tut not.

M Meine Skier sind gross und braun,
Fast so sehr wie ich.
S Deine die sind anzuschaun,
Wie gemacht für Dich.
M Klein und hell und hübsch und zart,
Liebling, sei nicht bang, –
BEIDE Deine Skier und meine
Küssen sich schon lang.

Telephon-Duett

SIE Fräulein – hallo – Sie unterbrechen –
Peter – Peter – wo bist du?
Ach, ich höre dich kaum noch sprechen –
Deine Stimme ist so furchtbar weit fort –

ER Deine Stimme – weit – wie hinterm Schleier –
Doris – Doris – wo bist du?
Dabei sind Ferngespräche doch so teuer –
Doris, danke, weil du mich angerufen.

SIE Ich muss dir was sagen –
Peter – Peter –:
Ich dachte, ich könnte das nicht mehr ertragen –
Wenn ich nie mehr hören darf, wie du lachst;
Wenn du mir nie mehr erzählen kannst, was du machst.
Was machst du denn, Peter?

ER Du weisst doch: ich muss den ganzen Tag laufen –
(Doris, diese Stadt ist so fremd und öde) –.
Um mal einen Wagen zu verkaufen,
Und abends bin ich so müde.

SIE Peter – du bist so seriös geworden –
Peter, Peter – ich muss mich schämen –
Meinen neuen Freund, den könnt' ich ermorden –
Peter, sei bitte nicht eifersüchtig!

ER Ich muss dich was fragen –
Doris Doris –:
Dieser Winter wäre nicht zu ertragen,
Wenn nichts da ist, worauf man sich freuen kann.
Was irgendwo wartet – ganz egal, wann –
Wann sehn wir uns, Doris?

SIE Unser Haus am See, das steht noch,
Und wir können's nicht mehr mieten.
Unser schöner Wind, der weht noch.
Aber für uns weht er nicht mehr.

Diesen Sommer dürfen wir nicht segeln,
Nicht mehr unsre grossen Spiele spielen.
Denke dir: ich habe doch die Regeln
Unsres grossen Spieles ganz vergessen.

BEIDE Wann war das? Vor wie viel Jahren?
Peter Peter! (Doris Doris!)
Dass wir an dem See beisammen waren,
Wo der Sonnenglanz aufs Wasser fiel.
Und da spielten wir das grosse Spiel.
Wie lang ist das her?

ER Weil Papa den guten Wechsel schickte,
Sah die ganze Erde anders aus.
Alles leuchtete, worauf man blickte.
Eines Tages kam kein Wechsel mehr.

SIE Ach, was war das für ein Sommerwetter –
Peter – du warst braungebrannt –

ER Und wie gut stand dir der weisse Sweater –
Du trugst eine blaue Mütze dazu –

SIE Fräulein, Sie dürfen nicht unterbrechen –
Fräulein – Fräulein –

ER Unbedingt wolln wir noch weitersprechen –
Doris – ohne dich ist alles kalt –

SIE Peter – sag doch! – sehn wir uns bald?

ER Und was sagt dein Neuer?

SIE Peter – Peter – jetzt wirst du lachen –
Ich schicke den Neuen zum Teufel.
Man soll sich's nicht noch trauriger machen,
Dieses Leben, als es schon ist.

ER Aber, Doris – du weisst doch – leider
Kann ich dir gar nichts Nettes schenken,
Keine Mützchen und gar nichts und keine Kleider,
Und mein Zimmer ist ganz kahl und garstig.

SIE Wir müssen uns neue Spiele ausdenken –
Peter – Peter –
Wir müssen uns mit ganz neuen Spielen beschenken –

ER Aus meinem Zimmer wird ein goldnes Haus –

SIE Ich denke mir andere Spiele aus –
Ich erfinde ein neues, *so* schönes Spiel!

BEIDE Schluss – sechs Minuten – kostet zu viel!

L I E B E S B R I E F

Mein lieber Franz,
In meinem Brief vom zweiten
War sicher vieles unklar ausgedrückt.
Jetzt kommt es mir so blöd vor, sich zu streiten, –
Als ich ihn schrieb, war ich total verrückt.
Gewiss, Du hast Dich wie ein Lump benommen,
Die Sache mit dem Geld war auch nicht fein.
Ich hab das alles viel zu ernst genommen, –
Man fällt halt immer wieder auf Dich rein.

Und wenn ich da im ersten Zorn geschrieben,
Du solltest Dich zum Teufel scheeren, -Franz !
So war das doch natürlich übertrieben,
Ich wollts ein bischen, aber doch nicht ganz.

Wohnst Du jetzt wirklich immer bei Brigitte,
Bei der es doch so ungemütlich ist ?
So bin ich ja nun nicht, dass ich Dich bitte,
Zu mir zu kommen, wenn Du bei der bist.

In meinem Schrank hängen noch Deine Sachen,
Dein Anzug und der alte graue Hut.
Was soll ich mit dem alten Krempel machen ?
Ihn wegzuwerfen, ist er noch zu gut.

Du könntest Dir ihn einmal holen kommen,-
Ich wäre dann natürlich nicht zu Haus.
Mir ist jetzt öfter so beklommen.
Auch geh ich abends beinah nie mehr aus.

Ein bischen Einsamkeit mag ja ganz nett sein,
Ein bischen ja, -aber gleich so !!
Man müsste nicht von Fleisch, sondern ein Brett sein
Um so was auszuhalten, oh - -

Oh, wie konntest Du mich so infam verletzen?
Hör es endlich, ich ertrag es nicht!
Sieh, mein Herz zerreisst, wie dieser Fetzen, –
Mitten durch, denn ich ertrag es nicht.

Lass mich so 'nen Brief nicht nochmal schreiben,
Denn ich schwörs, jetzt ist's zum letzten Mal.
Willst Du ernsthaft bei Brigitte bleiben ?
Hör mich, Franz, ich geh in' Kanal.

So, jetzt weisst Du's,
Und wenn Du jetzt immer noch nicht kommst,
Dann bist Du ganz das Schwein,
~~Für das ich Dich immer hielt.~~
Und noch viel schlimmer.
Gott verzeih mirs
Amen.
Ich bin Dein.

V o g e l s c h e u c h e .

Nicht Haupt, nicht Haus, - nur Frack und Knochen
Vom Sturm zum Wesen aufgeschwemmt -
Die Glieder starr ins Kreuz gebrochen,
Ich habe keinen Leib am Hemd.
Nur meine Seele jung und keusch
Füllt man in alte Kleiderschleuche
Ich bin nicht Fisch, nicht Fleisch,
Nicht Vogel, -Nichts,
Als Vogelscheuche.

Ein Mahnmal der gefallnen Kleider
Hier steh ich um als Stoffgespenst
Es fleht zu Euch ein toter Schneider,
Dass Ihr zum Nachruhm ihn bekränzt.
Ich öffne lippenlosen Mund
Ich wölb in mich vergangne Bäuche
Bin nicht gestorben und
Nicht Leiche, - Nichts
Als Vogelscheuche.

Wenn alle Aengste aus mir schlottern,
Hilflos zum Heldentum verdammt,
Den Raben, Füchsen, Igeln, Ottern
Werd ich zum Gott urangestammt. -
Ein Träger abgelegter Bräuche

Zum Schreck in diese Welt geborn
Von Menschen auserkorn
An Schicksal Statt
Als Vogelscheuche!

(Das ganze drei Minuten auf Musik gesetzt, eine Messerspitze Moll, ein Viertel Liter grünes Rampenlicht, noch heiss vorgetragen, erfrischt es eine Gesellschaft von 10 bis 100 Personen).

Therese Giehse: »Stimmungssängerin«

Die Stimmungssängerin

Lasst mich jetzt vor allen Dingen, –
Mal was Stimmungsvolles singen, –
Voller Stimmung und Hamur, –
Gott, das ist meine Natur.

Darf es von Wien sein,
Oder vom Rhein sein,
Darf es vom Wein sein, –
Muss es sehr fein sein,
Darfs bisserl frei sein, bisserl obszön
Herz muss dabei sein,
dann ist's erst schön.

Ja es muss hold sein
Und dann doch frech, –
S' Herz muss von Gold sein,
S' Köpferl von Blech.

Ach, Pfui Teufel, ach, Pfui Spinne, –
Wie geht's Ihnen? Mir geht's schlecht.
Sing ich gleich von blut'ger Minne, –
Ich vertrag das nicht so recht.

Ich tu ja nur so,
Ich mein's nicht so arg.
Mein Direktor verlangt's
Und der Mann ist so stark, –

Verzeihung, Verzeihung, jetzt geht's wieder los,
Ich bin halt verpflichtet, wie helf ich mir bloss?

Schwalben, Mond und blaues Wasser
Sind verpflichtet vom Verfasser.
Und der Petrus lacht dazu.
Lieber kleiner Kürassier, –
Komm doch bitte mit zu mir, –
Ich bin die Kuh!

Ach, Pfui Teufel, ach, Pfui Spinne,
Wie geht's Ihnen, mir geht's schlecht, –
Sing ich gleich von blut'ger Minne, –
Ich vertrag das nicht so recht.

Verzeihung, Verzeihung, jetzt geht's wieder los, –
Ich bin halt verpflichtet, wie helf ich mir bloss!

Mäderln in Uniform,
Gott, sind die süss, –
Ja, und mein Vaterland ist's Paradies, –

Nein, und mein Federhut
Stört mich zu sehr, –
Verzeihung, Verzeihung, ich kann jetzt nicht mehr.

Ach, pfui Teufel, ach, bescheiden,
Wie geht's Ihnen, mir geht's gut, –
Mein Direktor soll jetzt leiden,
Wenn der Mann mir bloss nichts tut!

Federhut, Reichstagswahl
Lieb ich enorm
Mondschein und Schwalbendreck in Uniform.
Petrus und Kürassier,
Schlagrahm mit Märzenbier, –
Allezeit lieb gehabt, –
Jetzt hat's geschnappt!

Zugegeben

Wissen Sie, was ich mir manchmal denke, –
Denn man denkt sich schliesslich manchmal was, –
Wenn ich manchmal meine Schritte lenke, –
Denk ich manchmal dies und manchmal das.

Zugegeben, denk ich Du bist ärmlich,
Zugegeben, Du bist arbeitslos, –
Zugegeben, und Du frierst erbärmlich
Zugegeben, und Du hungerst bloss.

Aber, denk ich, heute scheint die Sonne
Aber, fühl ich und Du bist verliebt.
Aber, weiss ich, es ist eine Wonne,
Dass es Dich doch immerhin noch gibt.

Wissen Sie, es ist doch recht erfreulich,
Dass man ganz allein so denken kann, –
Ohne denken wär die Welt ja greulich, –
Ne, – da denk ich lieber gar nicht dran.

Zugegeben, denke ich statt dessen,
Wenn ich so die guten Leute seh, –
Zugegeben, denen schmeckt das Essen, –
Zugegeben, die tun sich nicht weh.

Aber, denk ich, denn ich denke gerne, –
Einmal dreht die Erde sich total, –
Ob er nah ist oder ziemlich ferne, –
Dieser heitre Tag erscheint einmal.

Ja, ich tapeziere mir mein Köpfchen
So mit mehreren Gedanken voll.
Manchmal zwar nehm ich mich selbst beim Schöpfchen,
Weiss nicht immer was ich denken soll.

Zugegeben, denk ich, man hat Kräche
Und man prügelt sich wie nicht gescheit,
Was weiss ich, um Mädchen oder Zeche, –
Oder nur so aus Parteilichkeit.

Aber, denk ich, man lebt doch gemeinsam,
Aber, fühl ich, Freunde, das tut gut,
Aber, weiss ich, man ist doch nicht einsam, –
Aber, sing ich, – aber, – das gibt Mut.

Marktscene

Schluss-Sketch

VOGEL I bin die Frau Vogel, die Frau Vogl bin i, – heut hab i scho wieder an Vadruss g'habt, an richtigen Saustall, an ganz an ordinären. Schaun's, mein Ein und Alles ist doch mei Donerl, an dem Hund häng ja ich unglaublich. So a liabs Hunderl, wie dös is, – ich leb und sterb mit meim Donerl. Die Blumen da, – das ist mein Gewerbe, aber mit an G'werb verdeant ma ja nichts mehr in diesen Zeiten. Nein, zum verdienen gibt es da gar nichts. Jetzt leb ich ganz von meinem Hunde. Warum? Weil ich so an die Stück 47 Leut habe, bessere Herrschaften, feinere, reichere Menschen, welche mir die Hundesteuer bezahlen für den Toni. Ganz gewiss, – weil ich so rührend hänge an dem Tier. Das war ja damals der reine Sturm im

Wasserglas, wie man mir den Hund hätt nehmen wollen, zwegen der Steuer. 47 mal erhalte ich jetzt die Hundssteuer und oamoil zahle ich dieselbe beim Steueramt ein, – von 46 Hundesteuern kann man aber leicht leben, – gell, mei Donerl, mei lieber, goldiger Hund, – ehrlich währt am längsten. Was hast denn da aus'm Mei raushängen? Fischgräten, – dass mir bloss nicht derstickst, Donerl, – man muss ja so aufpassen auf das Tier, weil er doch der Verdiener ist, nicht wahr?
(Vom Stand gegenüber kommt ein Mädchen mit Henkelkorb gesprungen)

MÄDCHEN Wo is er denn, wo is er denn, der Räuber, ja, um Gottes Willen, mein Schellfisch, – 2 ein halb Pfund Schellfisch, hätt noch zur Mayonneise auch reichen sollen, – heilige Güte, die sind ja schlimmer, wie die Tiger, die herrenlosen Hund' da herraussen, – wo hat er sich denn verschlüpft mit meim Schellfisch?

VOGEL (verbirgt den Toni unterm Stand)

MÄDCHEN Ach, verzeih'n schon, hätten Sie vielleicht einen Hund gesehn, so einen recht eckelhaften kleinen Dackelschnauzer, wissen's schon, so eine Art Wolfspudel, so einen widerwärtigen?

VOGEL Sie, – gebn's fei Obacht!

MÄDCHEN Ja, *eher* hätt ich Obacht geben sollen, eher, – man ist ja seines Lebens nicht sicher, da heraust, – meinen Schellfisch hat's derwischt, – da sollten's die Frau Gräfin sehn, wenn ich ohne Schellfisch daherkomm!

VOGEL (während sie dem Toni die Gräten aus dem Bart zupft) Fräulein, jetzt werd i Eahna mal was sagn: Ob Eahna Frau Gräfin an Schellfisch frisst, oder nicht, das kann ja mir schliesslich wurscht sei, – aber mein Hund verdächtigen lass ich in keiner Weise, – gell, Donerl, und schöner wie diese Dame san mir zwoa scho lang. Wolfspudel hat's gesagt, – wo 47 Herrschaften Steuer zahln, sagt die Wolfspudel!

MÄDCHEN Wo der junge Herr Graf noch zu Tisch da ist, – ich trau mich nicht mehr heim, – da könnt es

Sybille Schloß, Erika Mann und Therese Giehse: »Marktscene«

mir übel ergehn, ist ohnedies so ein Sadist, der junge Herr Graf, – ja, der ruiniert uns ja's Esszimmer, wenn er kein Fisch nicht sieht!

DIE NUTTE (hat den letzten Satz gehört) Wo is hier'n Sadist, – her damit, sowat hak jerne, – wo ick mir hier sowieso so unjemietlich fiehle.

MÄDCHEN Ob Sie's jetzt glauben, oder nicht, unser junger Herr Graf *ist* ein Sadist!

NUTTE Ick wollte mir hier bloss mal det Kraut besehn. Wat kosten die Dinger, – 20 Fennje? Wohl varrickt jewordn?

VOGEL Ssie, i geb eahna glei a Kraut, wo i an Herrn Oberbürgermoaster Scharnagl beliefere, – (etc.)

NUTTE (Krach) Übrigens ham se hier nich nen Herrn jesehn, – ne sehr anjenehme jüngere Type, – wir warn nämlich vaabredet.

VOGEL Ssso, – an meim Blumenstand müssen eahna Sie mit eahnana Typen zambstelln, – (etc.)

NUTTE Poetischeren Platz hätt ick mir doch gar nich aussuchen können, wie bei so'ner romantischen ollen Blietenhexe, – na ick jehe ma hier mang die Fische und kühle mir ab. (Ab, – sie verliert ihr Täschchen).

VOGEL (zum Mädchen) Ja, – die Preussinnen, das is halt ein Kreuz. *Ordinär* sind Ihnen die Preussinnen, – *unanständig*, dass die Hund derbarmt, gell, Donerl?!

MÄDCHEN Bitte sehr, meine Frau Gräfin kommt auch aus Preussen runter, bei der findens nichts Unanständiges und wenn's mit der Vergrösserungslupe sucherten danach; beim jungen Herrn Grafen is freilich was anders…

FINDER Verzeihn Sie, meine Damen, hätten Sie nicht eine Dame gesehn, ein junges Mädchen, das Ausschau hielt?

VOGEL Die Preussin! Ssie, die hat eahna Ausschau g'haltn, dass alles gwackelt hat.

MÄDCHEN Jetzt ist sie zum Abkühlen zu den Fischen gegangen.

FINDER (unheimlich berührt) Merkwürdig sind die Marktfrauen hier zu lande. (Will ab, – findet das Täschchen) Ei, was liegt denn hier? Ein Damentäschchen! (Erschrickt zu Tode) *Heiliger Gott!*

VOGEL Was is Eahna denn passiert, Herr?

FINDER Gefunden, – ich habe ein Täschchen gefunden!

MÄDCHEN Na, und was ist dabei so entsetzlich?

FINDER Ich, – ich gehe nicht aufs Fundbureau, ich tu es nicht, ich tu es nicht!

VOGEL Behalten Sie's nur, – mir zoagn Eahna net an.

FINDER (erregt) Aber ich kann doch dies wildfremde Täschchen nicht behalten!

MÄDCHEN Das ist doch uns ganz gleichgültig, was Sie mit dem wildfremden Täschchen anfangen!

FINDER (tritt verzweifelt zu den beiden) *Bitte* bringen Sie's aufs Fundbureau, ich bitte Sie um alles in der Welt, bringen Sie das Täschchen aufs Fundbureau!

VOGEL Sonst nix, – hast jetzt sowas scho gsegn, – zeigns amoi her, – net amoi a Geld is drin, – und was dat denn i mit so am glumpatten Täscherl?

FINDER Aber *abgeben* könnten Sie es doch! *Aufs Fundbureau bringen!*

MÄDCHEN Sie kommen mir terekt uhnheimlich vor, – was ham's denn immer mit Ihrem Fundbureau?

FINDER Es, – es ist so nett dort, – Sie werden sich wohl fühlen, – ein reizender Herr sitzt da, – und, – wirklich, – es ist ganz entzückend dort!

VOGEL Den hat's!

FINDER Sehn Sie, – ich bin ein ehrlicher Mensch, ich will das Täschchen nicht behalten und hier liegen lassen kann ich's auch nicht, nachdem ich's nun schon gefunden habe, ich Pechvogel, – *tun* Sie mir doch die Liebe, *geben* Sie's ab!

VOGEL Jetzt rutschen's mir aber langsam an Buckel runter, Sie damischer Mensch, Sie damischer.

(Der Beamte und der Mischu kommen, ersterer als des letzteren Vater)

BEAMTER So, Fritzekarlernstaugustwilhelm, jetzt wollen wir uns mal paar Blümchen aussuchen, zwei im ganzen, für jedes Knopfloch eins.

SOHN Jawohl, lieber Vater!

FINDER (verbirgt sich wankend hinter dem Stand, versteckt das Täschchen, ruft) Grosser Gott, die Glocke kommt gewackelt, das Fundbureau kommt mir nach!

VOGEL (zum Mädchen) Sie, Fräulein, ich weiss jetzt wirklich nicht, soll'n wir die Irrenanstalt benachrichtigen, oder meinens der Herr ist unschädlich?

BEAMTER Guten Tag, wack're Frau. Ich möchte eine Aster fürs Knopfloch, – eine schöne weisse Chrysantheme, – und hier, für meinen Sohn eine Nelke, fürs Knopfloch.

VOGEL Astern ham mir keine.

BEAMTER Warum nicht, – eine so beliebte und leicht züchtbare Blume?

VOGEL San zuviel verlangt worden, – da hätt ma ja den ganzen Tag nix wia Astern verkaffa dürfen, – da ham wir natürlich den Artikel ganz aufgem.

BEAMTER Das ist einleuchtend. 2 Nelken also, – eine rote und eine weisse. (Vertraulich) Sagen Sie, – mein Sohn hat Namenstag heute, gelt, Fritzekarlernstaugustwilhelm und da möchte ich abends mal ordentlich mit ihm ausgehn.

VOGEL A, – deswegn ham's eahm den damischen Namen gem, – wia hoasst er?

SOHN (stramm) Fritzekarlernstaugustwilhelm.

VOGEL Aah, – damits allewei ausgehn könnts miteinand an die Namenstäg! – zwoa Nöikn, – so bitte recht sehr.

BEAMTER Liebe Frau, unter uns gesagt, – meine Frau ahnt das nicht, das mit dem Ausgehn, – es soll eine Überraschung für sie sein, – später einmal, – also wir möchten in dieses Lokal »Die Pfeffermühle in der Bonbonniere«, – es soll so, – so anregend sein.

VOGEL Ssso, a Überraschung soll des sein, für d Frau Gemahlin, a Überraschung!!

BEAMTER Und, liebe Frau, wir wissen nicht, wo das Ding ist, – ich meine, wie man hinkommt, – braucht man besondere Ausweise, oder, – Sie als alte Münchnerin können da vielleicht…

VOGEL Von sowas woas i gar nix.

MÄDCHEN »Pfeffermühle«, wartens bitte einen Augenblick, – das ist doch dieses alte zerfallene Gebäude bei Niedertrachtenhausen, man sagt, es gehen Geister um, in der alten grauen Pfeffermühle.

BEAMTER Liebes Fräulein, Sie sind desorientiert.

MÄDCHEN Also, das lass ich mir von Ihnen noch lang nicht sagen, desorientiert – eine solche Gemeinheit muss ich mir nicht bieten lassen, – so eine taktlose Unanständigkeit!

SOHN Ein Cabaret suchen wir, Fräulein, eine Kleinkunstbühne, Künstlerspiele, Fräulein, da werden doch in Gottes Namen keine Geister umgehn?!

NUTTE (kommt händeringend zurück) Ein Pechtag is det heute, – ne sowat an gestocktem Pech! Is ja ooch im Jrunde keen Wunder: mit'm linken Fuss aussem Bett und denn gleich Salz in Kaffe, un Leichenwagen uff die Treppe begegnet, schwazzen Kater auf der Lektrischen jetroffen, – ick meene, wat soll da anderes eintreffen als Pech? Nu ha ik mir mit mein Kerl vafehlt, wissen schon, mit der anjenehmen jüngeren Type, und such mir hier meine hibschen Augen aus nach dem Jungen, – – und wat meenense, nu is auch mein Ein und alles noch wech, – mein einzjes Gepäck auf dieser Welt, – mein Täschchen. Ein Pech ist das!

FINDER (springt glücklich hervor) Liebling, – ich schätze mich glücklich, – glücklicher Weise, – es ist ausgezeichnet… (verbirgt immer noch mit ängstlichen Blicken auf den Beamten, das Täschchen hinterm Rücken)

BEAMTER UND SOHN (haben einen grossen bunten Stadtplan von München hervorgezogen, suchen, »Pfeffermühle« murmelnd, die »Bonbonniere« im Gewirr).

NUTTE Die Type! Mensch, wo warste denn die janze Zeit?!

FINDER (winkt sie heran) Ich habe es gefunden, Dein Täschen, hier ist es!

NUTTE Haste sowas gesehn? Na, ick saje et ja, – wenn det keen Glück bringen sollte, – Leichenwagen in aller Friehe, – Kaminkehrer geträumt, – ick saje et ja!

FINDER (umarmt sie). Ein paar Blümchen, zur Feier des Augenblicks? (An den Stand)

BEAMTER (über die Karte gebückt) Ich kann das nicht finden, – recht ungenügend ist so ein Stadtplan ausgezeichnet, – alles mögliche steht drauf, wo man niemals hingehn möchte, – hier, ganz gross Finanzamt, – Polizeigebäude, –

FINDER (tippt frech auf die Karte) Fundbureau!

BEAMTER (strindbergisch) Fundbureau, lieber Freund, Fundbureau!

FINDER (erschrickt gleich wieder)

BEAMTER Aber das wichtigste, – die »Pfeffermühle in der Bonbonniere«, – kein Wörtchen davon.

ALLE *Sonderbar!*

(Musik ertönt, – der Pfeffermühlenmarsch, – es erscheinen Eckstein und Demby, die als Schild mit Stab das Pf.M.-Plakat vor sich her tragen)

ALLE *Das ist es ja!*

(Die Musik schwillt an, das Bild, das sich bis zuletzt um den Stand der Frau Vogel gruppiert hatte, löst sich plötzlich auf, alle treten an die Rampe, singen, während das ganze Orchester die Melodie mit übernimmt):

ALLE Recht guten Abend, so wünscht Ihnen allen die
Pfeffermühle, die Pfeffermühle, die Pfeffermühle, –
Ihnen gefallen, das wollte vor allen die Pfeffermühle,
die Pfeffermühle.
Bitte kommen Sie wieder,
Bitte kommen Sie gern, –
Nur für Sie unsre Lieder,
Liebe Damen und Herrn, –
Recht gute Nacht, so wünscht Ihnen allen die
Pfeffermühle, die Pfeffermühle!

Finis

»Smoking anziehen. – *Pfeffer-Mühlen-Eröffnung.*«, hat Klaus Mann in seinem Tagebuch unter dem 1. 1. 1933 notiert. Und weiter: »Große Stimmung, großes Publikum, mit ›alles da‹ […] Ganz groß geklappt; nur drei blöde Nazis in einer Ecke (Peter, der es dumm nicht wahrhaben wollte.) […] Starke Wirkung des Villon; Glock (der aber menschlich ganz spinnig und unzugängig.) […] Demby – Eckstein ›1880‹-Tanz.« »Glanzvolle Kritik von Hausenstein« heißt es am nächsten Tag.
Selbst bis nach Zürich war der gute Ruf der Münchner »Pfeffermühle« gelangt. Nach der Premiere hieß es am 15. 1. 1933 in der »Münchner Chronik« der »Neuen Zürcher Zeitung«: »Charme, das ist die Eigenschaft, die man dem jüngsten Münchner Kabarett zuerkennen darf, der ›Pfeffermühle‹, die seit kurzem die alte ›Bonbonniere‹ in Besitz genommen hat und unter Leitung Hanns Roßmanns, des letzten der alten ›Elf Scharfrichter‹ den wiedererstehenden Fasching gleichsam mit wiedererstehender Bohème zu prädulieren sucht. Nach Steinickes Schwabinger ›Clubhaus‹ ein neuer Vorstoß münchnerisch-kultivierter Lebenslust, um aus der Stickluft der letzten Jahre heraus und wieder in die alte Atmosphäre künstlerischen Spotts zu gelangen, durch den Isar-Athen einst berühmt war. Die Neugründung ist ein Unternehmen der Familie *Thomas Mann.* Vom Vater soll der Name stammen, der im Übrigen bissigere Speisen verspricht als sie wirklich geboten werden, und Erika Mann ist nicht nur die Verfasserin der meisten Texte, die vorgetragen werden, sondern auch Conférencière dieses Kabaretts […] Es ist zu vermerken, daß der Charme Erikas in der Geschichte des deutschen ›Brettls‹ etwas Neues bedeutet. Man läßt sich die Frauenemanzipation gern gefallen, wenn sie mit soviel lächelnder Eleganz verbunden ist, und wenn sie mithilft, den alten Ruf Münchens als der Stadt der Phäaken wiederherzustellen…«
Der Rezensent des »Völkischen Beobachters« freilich konnte sich weniger freuen über die so offen begrüßte Bereicherung des Münchner Kulturlebens. Das Blatt hatte ja Erika Mann vor einem Jahr in den Kreis der Feinde aufgenommen, und nun galt es, diese Linie beizubehalten, aber ohne beispielsweise Therese Giehse – die der »Führer« doch als ganz und gar völkische Schauspielerin liebte – mit zu prügeln. Daß man dabei kräftig lügen mußte, störte nicht weiter, war ja der Stil der heraufziehenden neuen Zeit: »In der ›Bonbonniere‹ ist eine neue Kabarett-Truppe eingezogen. Das ganze nennt sich die ›Pfeffermühle‹, ist aber mehr eine Streusandbüchse. Unter unserer besonderen Freundin *Erika Mann* Regie und ›literarischer‹ Mitarbeit produzieren sich mehr oder weniger begabte Schauspieler unter dem Motto ›Ein Name verpflichtet zu nichts‹, (siehe ›Pfeffermühle‹) und geben so ein nachrichtenmäßiges, angeblich literarisches Kabarett. In Wirklichkeit handelt es sich bei diesem neuen Kabarett Bogenhausener Prägung nur um ein *seichtes Plätschern in Konjunktursongs* und um ein ebenfalls angeblich geistreiches Pointen-Jonglieren, wobei beinahe alles unter den Tisch fällt und nie wieder gefunden wird. Wenn trotzdem einiges wirkt und Eindruck hinterläßt, dann kann die Regie- und literarische Mitarbeiterin nichts

München ist unternehmungslustig.

Ob es nun wahr ist, wie die Leute sagen, daß München nicht in dem Maß und Unmaß anderer Städte, Berlins vor allem, Gegenstand der Konjunktur und der Baisse werden kann, weil das wirtschaftliche Objekt nicht so ausgreifend groß sei und sich daher in bösen Zeiten auch nicht so sehr zusammenzuziehen brauche: in jedem Fall scheint man mit Zuversicht in den Fasching 1933 einzutreten, von dem man sich allerlei verspricht, und innerhalb dieser verheißenden Atmosphäre hat nun auch ein neues Kabarett aufgemacht, von dem man, ohne Lorbeer auf Vorschuß, sagen muß, daß es ein gutes, ja ein sehr gutes Kabarett ist, das man sich, was das Niveau betrifft, auch in Paris würde vorstellen können. Das neue Kabarett führt den hübschen Namen „die Pfeffermühle" und ist gewissermaßen mit der besten Münchner Literatur verwandt: denn es hat, irre ich nicht, den hübschen Namen von keinem Geringeren als Thomas Mann bekommen, und es ist eine Tochter des Dichters, die dem Kabarett die besondere, feine Haltung gibt, dem Kabarett auch als Conférencière und als Vortragende angehört — Erika Mann. Man hat die Dinge eines Kabaretts wohl selten so charmant ansagen hören: mit so viel Distinktion, mit so viel Anmut und so überzeugend damenhaftem Stil. In der Reihe der Mitwirkenden, die großenteils von den Münchner Schauspielbühnen bekannt sind, fiel sonst vor allen Therese Giehse auf, die auch hier eine phänomenale Künstlerschaft entwickelte: besser, als sie den François Villon vortrug, wird man ihn schwerlich vortragen können, und gleichwohl fand diese ungewöhnliche Darstellerin ohne weiteres den Uebergang zu lokal-münchnerischen Dingen komischer Art. Sibylle Schloß war präzis und amüsant, Magnus Henning gab seinen Beitrag als feines musikalisches Talent, Karl Theodor Glock als sehr guter Sprecher eigener Dinge. Auch der Schauspieler Albert Fischel hatte den Weg in dies Kabarett gefunden. In der Mitte des Abends standen Claire Eckstein und ihr Partner Demby mit brillanten Travestien aus der Zeit unserer Väter. Das Ensemble spielt in der Bonbonnière, die von Hans Roßmann, einem der Letzten aus der Zeit der Elf Scharfrichter, unermüdlich und tapfer in Bewegung gehalten wird. Das Programm, das unter lebhaftem Beifall gespielt wird, soll einstweilen bis Ende Januar dauern. Später wird man vielleicht reisen, und sicherlich nicht ohne Chance! w. h.

Kritik von Wilhelm Hausenstein in den »Münchener Neuesten Nachrichten«, Januar 1933

dazu. Dann liegt es allein an der starken Persönlichkeit *Therese Giehses* und ihrer Textautoren, dann liegt es an *Karl Theodor Glock* mit seinem starken und empfundenen Arbeitersong und dann liegt es nicht zuletzt an *Magnus Henning*, dem Mann am Flügel, der wenigstens durch musikalischen Rhythmus den süßen Pfefferbrei zusammenhält. Am schönsten aber wird es in dem kleinen, sonst mit Recht so beliebten Haus, wenn (obige Einschränkungen beachtet) die flotte und schmissige Kapelle *Herbert Zierer* die Unterhaltung bestreitet.« (26. 1. 1933)

13 Texte aus diesem ersten Programm sind bis heute erhalten, zehn davon stammen aus Erika Manns Feder. Von den drei Texten, die Therese Giehse mit so viel Erfolg vortrug, ist einer von Erika Mann: die »Stimmungssängerin«. Und auch der vom »Völkischen Beobachter« so sehr gelobte »Arbeitersong«, den Karl-Theodor Glock zum besten gab, wurde mit großer Wahrscheinlichkeit von Erika Mann verfaßt; es handelt sich dabei sicher um »Zugegeben«. Später, im Exil, heißt es immer: »Text: Erika Mann«.

Insgesamt war dieses erste Programm noch nicht sehr politisch geprägt. Es bewegte sich sehr zwischen Kalauer und Lokalkolorit. So nimmt beispielsweise der Sketch »Marktscene«, mit dem unter Mitwirkung des ganzen Ensembles der Abend in der »Bonbonniere« beschlossen wurde, die Komödie des mit der Familie Mann sehr befreundeten Bruno Frank »Sturm im Wasserglas« aufs Korn.

Das Stück um die aberwitzige Liebe der Münchner zu ihren Hunden war bei seiner Münchner Erstaufführung in den Kammerspielen 1930 sehr bejubelt worden, Therese Giehse spielte die Marktfrau Kreszentia Vogl, die sich nach einer Erhöhung der Hundesteuer ihr Tonerl nicht mehr leisten kann. Sie gerät in Streit mit einer rohen Rathausbürokratie, doch die Bevölkerung steht ihr und ihrem Zamperl bei.

Wohl in kaum einer Rolle haben die Münchner damals Therese Giehse so geliebt wie in dieser. Erika Manns Persiflage des Stücks übernahm die Namen der »Hauptagierenden«, und auch in der »Pfeffermühle« war die Frau Vogl Therese Giehse. –

Liest man heute die Texte dieses ersten Programms, wundert man sich ein wenig über den großen Applaus, mit dem die »Pfeffermühle« schon zu Beginn bedacht wurde. Es gab schärfere politische Kabaretts in Deutschland zu dieser Zeit. Doch in München hatte ein Brettl dieser Art gefehlt: sowohl literarisch als auch politisch, ohne jedoch parteipolitisch gebunden zu sein. Zudem hat die »Pfeffermühle« mit ihrer naiven Spielfreude viel frischen Wind in die »Stickluft« geblasen, die sich über die »Hauptstadt der Bewegung« gelegt hatte. Sie war wohl für München das, was Berlin mit Werner Fincks »Katakombe« zu bieten hatte.

Magnus Henning erinnert sich, daß er und Erika Mann, bevor sie die »Pfeffermühle« eröffneten, nach Berlin gefahren seien, um sich zu informieren, was auf dem Brettl damals »Mode« gewesen sei.

Dreißig Jahre später sagt Erika Mann zu diesem Anfang: »Das erste Programm war noch nicht ganz die ›Pfeffermühle‹, die dann das zweite Programm präsentierte, und das seinen Grundcharakter nachher beibehalten und nie mehr geändert hat. Aber schon das erste Programm war andersartig als die Kabaretts, die bis dahin üblich waren [...], das heitere Gespött schien uns schon sehr fehl am Platze, es war über diese Dinge schon nicht mehr einfach nur zu lachen, man konnte nicht mehr auf die Musik ›Auf in den Kampf Torero‹ singen ›An allem sind die Juden schuld!‹«

Erika Mann spielt hier darauf an, daß Friedrich Hollaender in seinem Berliner »Tingeltangel« ein Lied mit dem Titel »An allem sind die Juden schuld« vortragen ließ. Er hatte zu seinem Text eine an die Habanera aus Bizets »Carmen« erinnernde Melodie komponiert. »Das ging uns gegen den Geschmack«, so erzählt Erika Mann weiter in ihrem Rückblick, »denn uns war totenernst zumute. Aber wir hatten doch genug Humor in uns, um zu sehen, in welcher absurden Situation wir uns befanden. Und obwohl wir schon wußten, daß die Messer uns an der Kehle saßen, waren wir imstande, groteske Dinge zu machen. Es durfte nicht getändelt werden bei uns, es mußte hinter der ganzen Sache ein erhebliches Quantum Ernst stehen. Erst über diesen Ernst hinweg durften wir die Leute zum Lachen bringen.« Daß Erika Mann dieses Ziel mit dem ersten »Pfeffermühlen«-Programm erreichte, lassen manche Texte ahnen, z.B. »Fundbüro« und »Telefongespräch«, Walter Mehrings »Vogelscheuche« und vor allem die schrille, grotesk verzerrte »Stimmungssängerin«, dargestellt von Therese Giehse.

Um zu ermessen, was Therese Giehse in dieser Zeit geleistet hat, reicht es, sich den Ablauf eines einzigen Wochenendes im Januar 1933 vorzustellen:

Samstag, 14. 1.: Abendvorstellung in den Kammerspielen: »Die Ratten«, Beginn 19.30 Uhr, Ende 22.30 Uhr. Beginn der »Pfeffermühlen«-Vorstellung in der »Bonbonniere«: 21.15 Uhr. – Die »Bonbonniere« lag in unmittelbarer Nachbarschaft zu den Kammerspielen,

und Therese Giehse wird in der Pause hinübergeeilt sein, denn sie trat in einer der ersten Nummern des Abends auf. – Zurück in die Kammerspiele. Nach Vorstellungsende dort stand sie wieder auf der Bühne der »Pfeffermühle«. Vorstellungsende gegen 24 Uhr.
Sonntag, 15. 1.: Nachmittagsvorstellung in den Kammerspielen: »Die Ratten«, Beginn 15 Uhr, Ende 18 Uhr. Und abends in die »Pfeffermühle«.
Montag, 16. 1.: Abendvorstellung in den Kammerspielen: »Der Biberpelz«, Beginn 20 Uhr, Ende 22.30 Uhr. – »Pfeffermühle«: siehe Samstag!
Der Erfolg war auf Anhieb überzeugend, finanziell wie künstlerisch. Am 10. Januar 1933 verlängerte Hanns Roßmann den Vertrag für die »Pfeffermühle« bis Ende Februar; trotz gegenseitiger Aversionen persönlicher und wohl auch politischer Natur. Der Vertrag billigte Erika Mann das Recht zu, alle Mitglieder auszutauschen, ausgenommen Therese Giehse, Magnus Henning und sich selbst. Die Direktion verpflichtete sich, »täglich ein Inserat in den ›Münchner Neuesten Nachrichten‹ zu bringen [...] Die Pfeffermühle bringt ein gleichwertiges neues Programm im Einverständnis mit der Direktion der ›Bonbonniere‹.«
Das Tänzerpaar Demby-Eckstein trat im Februar nicht mehr auf, dafür gab es zwei neue Schauspieler: Max Schreck, der unvergessene, dämonisch-ausgezehrte Nosferatu aus Friedrich Murnaus Vampir-Film. Seit 1926 war Schreck bei Otto Falckenberg an den Münchner Kammerspielen gewesen, nachdem er zuvor von 1919 bis 1922 schon einmal zum Ensemble dieses Theaters gehört hatte.
Und Herbert Franz, ebenfalls von den Müchener Kammerspielen; ein sehr junger Schauspieler, »der intelligente Götterknabe«, wie sich Wolfgang Petzet erinnert. Er war der Neffe von Albert Fischel, eng mit Klaus Mann befreundet und hatte ebenfalls in dessen Cocteau-Versuch im Kammerspiel-Studio mitgewirkt.
Am 1. Februar 1933 – zwei Tage nachdem Hitler zum Reichskanzler ernannt worden war – ging die zweite Premiere der »Pfeffermühle« über die Bühne der Münchner »Bonbonniere«, mit vertragsmäßig vollständig neuem Programm. Dabei wollte Hausherr Hanns Roßmann auch im Februar nicht auf die zuvor im »Völkischen Beobachter« so sehr gelobte, »flotte und schmissige Kapelle Herbert Zierer« verzichten.

BONBONNIERE

AM HOFBRÄUHAUS

TEL. 20203

BEGINN ½ 9

Die schönste und berühmteste Kleinbühne
Das entzückendste Abendlokal
KEIN WEINZWANG
EINTRITT 2.- RM.

FEBRUAR 1933

DIE PFEFFER-MÜHLE

Prolongiert!

MIT:
THERESE GIEHSE • ERIKA MANN • SYBILLE SCHLOSS • ALBERT FISCHEL • MAX SCHRECK • HERBERT FRANZ • PETER EYSOLD • MAGNUS HENNING •

DIE FABELHAFTE KAPELLE **HERBERT ZIERER** SPIELT!

Sonn- u. Feiertage 4—6 Uhr: **Nachmittags-TANZ-TEE** Eintritt frei! Gedeck 1.80 M.

Münchner Plakatdruckerei Wurm & Schreiber, Frauenplatz 6 am Dom

»Wand an Wand mit Hitler«

Das zweite Programm, München 1. 2. 1933

München
Bonbonniere
1933 1. Februar – 28. Februar

Grosseltern – Schloss, Henning	–
v. d. Dame die sich gerne beschwerte – E. Mann, Schreck, Fischel	–
Mauer – Fischel	–
Schutzengel – Giehse	Text: Pierre Jean de Béranger – Musik: Eugen Auerbach – Darstellerin: Therese Giehse
Schutzleute – Fischel, Schreck, Schloss	–
Harlekin – E. Mann	Text und Darstellung: Erika Mann
Komplexe – Schloss	Text: Wolfgang Koeppen – Darstellerin: Sybille Schloß
Reportage – Ensemble	Text: Erika Mann – Darsteller: Ensemble
Hotel-Halle Boys – Eysoldt, H. Franz	Text: E. Mann – Musik: M. Henning – Darst.: P. Eysoldt, H. Franz
Schuhe – Schloss	–
Koch – Schreck	Text: E. Mann – Musik: E. Auerbach – Darsteller: M. Schreck
Skilehrerin – E. Mann	Text: Klaus und Erika Mann – Darstellerin: E. Mann
Bridge – Fischel	–
Vertreter – Schreck, Fischel, Gloch, Eysoldt, Henning, H. Franz, Schloss	Conférence Text: Klaus Mann, Vortrag: Erika Mann – Die Vertreter Text: Klaus und Erika Mann – Darsteller: Ensemble
Gigolo – Gloch, Schloss	–
Kapelle – Henning	–
Schönheitskönigin – Giehse	Text: Erika Mann – Darstellerin: Therese Giehse

Begleitung: Henning

Der Schutzengel

Ein Bettler, der den Tod schon grüsst,
Sieht seinen Schutzengel näher schweben
Und ruft – »dass Du Dich jetzt bemühst,
Kann wenig mir Befriedigung geben!«

»Auf dürrer Spreu zur Welt gebracht,
Soll meinen Gott ich kindlich lieben?«
»Wohl«, sprach der Engel, – »ich gab Acht,
Dass diese Spreu stets frisch geblieben.«

»Ich zog in's Feld mit frohem Mut –
Ein Schuss hat mir das Bein genommen.«
»Wohl«, sprach der Engel, »das war gut,
Sonst hättest Du die Gicht bekommen.«

»Als mich die Liebe überkam,
Ward auch mir eitle Qual bereitet.«
»Wohl«, sprach der Engel, »doch aus Scham
Hab' ich Dich damals nicht begleitet.«

»Manch Weib mag schlimm sein, aber meins
Konnt mir das Haus zur Hölle machen!«
»Wohl«, sprach der Engel, »unsereins
Mischt niemals sich in Ehesachen.«

»Winkt mir des Himmels Gnadenlicht,
Wird mich der Teufel weiterschröpfen?«
»Wohl«, sprach der Engel, »wohl auch nicht,
Zähl Dir das ab an Deinen Knöpfen.«

Der Zwiesprach schnurriger Verlauf
Stimmt alle, die ihr folgen, heiter.
Der Bettler niesst – der Engel drauf
Ruft ihm »Gott helf« zu, und – fliegt weiter.

Harlekin

Lasst Euch gleich von mir erklären
Dieses bunte Narrenkleid.
Meine Gründe sollt Ihr ehren, –
Denn sie liegen in der Zeit.

Die ist bunt, wie diese Flecken;
Und auch uns ist bunt zu Mut.
Manchmal mies und zum Verrecken, –
Manchmal plötzlich wieder gut.

Rot und grün und weiss daneben,
Schwarz und gelb bin ich verziert.
Alles, was wir so erleben,
Ist hier drauf symbolisiert.

Unschuld, Hoffnung, Neid und Trauer,
Scham und Schande hab' ich an, –
Wartet, wartet bis genauer
Ich es Euch erklären kann.

Wenn ich so zum Beispiel sehe,
Wie das rüstet um uns her, –
Wenn ich in das Kino gehe, –
Wochenschau mit Schiessgewehr, –

Und mit Giftgas und mit Feuer
Und mit einem neuen Tank, –
Ja, da wird mir ungeheuer, –
Und ich denke: Gott sei dank, –

Ach, da bin ich doch unschuldig dran!
Mach drei Kreuze, Mensch und sage still:
Du hast wenigstens was Weisses an, –
Da sieht jeder, das ich das nicht will.

Und dann stellt sich unsern Blicken
Eine Prinzenhochzeit dar:
Orchideen zum Entzücken, –
O, wie reich, das junge Paar!

Da zerspring ich doch vor lauter Neid, –
Ach, geht's denen gut, – haben dies bequem!
Und da weid' ich mich in meinem Kleid, –
Etwas Gelbes ist da angenehm!

Und dann kann ich droben sehen
Hass und Terror, und man schiesst.
Wer will sowas denn verstehen, –
Nein, dass sowas möglich ist?!

Und die Welt hält bleiern stille,
Schreit denn keiner: halt genug!?
Ist nur dort, nur dort ein Wille?
Nur bei Wahnsinn und Betrug!

Ach, da werd ich traurig, weine fast,
Und ich möcht' im Witwenschleier geh'n.
Und hab gleich ein Fleckchen, das da passt, –
Kann nur schwarzes Fleckchen seh'n.

Dann ist Pause, und wir lesen
Schnell und um uns zu zerstreu'n, –
In den Blättern, wie's gewesen,
Und wie's morgen könnte sein.

Ach, sie lügen, ach, sie lügen, –
Wahrheit wird nicht mehr gedruckt!
Und sie wollen uns betrügen,
Dass es stinkt und kracht und zuckt.

Und da schäm ich mir die Lunge aus,
Da genier ich mich bis in den Tod, –
Und da werd ich rot und geh
nachhaus, –
Wie mein Jäckchen hier, so feuerrot.

Wenn wir mal vernünftig werden,
Fühl' ich dann, und mir wird leicht,
Ist auf dieser schönen Erden
Schon ein hohes Ziel erreicht.

Liegt es denn in solcher Ferne, –
Unerreichbar himmelwärts?:
Ach es offenbart sich gerne,
Klares Ziel für Kopf und Herz!

Und dann fange ich zu hoffen an,
Für den fernen Tag zur Abendzeit, –
Und jetzt endlich kommt was Grünes dran, –
Grüner Hoffnungsfleck, am bunten Kleid.

Komplexe

Träumerei

Einst waren meine Träume – Schäume.
Ich träumte sie so vor mich hin.
Die Träume hatten keinen Sinn,
Bis ich Professor Freud gelesen,
Da ist dies Träumen aus gewesen,
Mir wurd auf einmal sonnenklar,
Dass, was ich träume, tief und wahr.
Es wuchs mir aus der Freud'schen Deutung
Der Träume unterweltliche Bedeutung.

Refrain: O, was hab ich für Komplexe
O, was bin ich für ne Hexe,
Ödipus, der wühlt in mir,
Libido und Totemtier. –
Und ich träum in einem fort
Kindermord, Kindermord, Kindermord.

Wie unbewusst bin ich gewesen,
Jetzt muß ich alles in mir lesen.
Pervers war ich als kleines Kind,
Die Puppen waren meine Opfer.
Mein Mordkomplex der Teppichklopfer,
Mein Gott, wie eben Kinder sind.
Ich träumte vampyrhaften Traum
Von Hühnern, die wir essen mussten.
Wie, solche Träume, wären Schaum?
Tragödien sinds des Unbewussten!

Ein Schornstein war ein Schornstein nur.
Heut ist der Schornstein Unmanier.
Und träume ich von einem Faden,
Dann ist er sex-appeal-geladen.

Träumerei

Einst waren meine Träume – Schäume
Ich träumte sie so vor mich hin
Die Träume hatten keinen Sinn

Sybille Schloß: »Komplexe«

Ich wag schon gar nicht hinzublicken,
Ich müsst vor Scham im Bett ersticken.
Ich bin mir selbst zur Sphynx geworden,
Ich schlafe ja schon streng nach Norden.
Die Psychoanalyse geistert durch
Meine Träume, die sie meistert.

Refrain

Mein Arzt verschlingt mein ganzes Geld,
Die Psychoanalyse schaffts.
Ich bin beim feinsten Arzt der Welt,
Der klärts und kennts, der nimmts und raffts.
Der seelenarztet in mich ein.
Der löst den Alp und nimmt den Schmerz,
»Das dürfte Babywahnsinn sein«,
Spricht er, und legt die Hand aufs Herz.
Er lehrt mich wie man träumt und liebt.
Ich bin so froh, daß es ihn gibt.

Refrain

Reportage Lilian Nackedei

ALLE Von uns will man es wissen
Aber gründlich
Von uns.
Von uns will man es hören
Aber gleich!
Von uns.
Von uns lässt man sich stören
Jetzt und stündlich,
Von uns liest jeder gerne,
Arm und reich!

REPORTER Der Liebling des deutschen Volkes, Lilian Nackedei, verabschiedet sich in dieser Stunde von ihrem Vaterland, ehe sie über die grosse Pfütze nach Hollywood segelt. Wenn ich bitten darf, meine Gnädige.

LILIAN NACKEDEI Ich hoffe, Sie haben nichts dagegen, wenn ich schluchze!

REPORTER Wäre Lachen nicht viel freundlicher?

LILIAN NACKEDEI Erstens habe ich erst gestern in der Wochenschau gelacht, und zweitens ist Schluchzen in dieser Situation das einzig Effektvolle.

REPORTER Also bitte.

LILIAN NACKEDEI Liebe, liebe Freunde, Ihr müßt entschuldigen, wenn meine Stimme so ein ganz klein wenig zittert. Ich fahre nach Hollywood, was kann man da machen? Sechs Wochen bleibe ich wahrscheinlich drüben, das ist doch eine furchtbar lange Zeit – findet Ihr nicht auch?

REPORTER Welch ein Glück, daß ihr kleiner gefiederter Lieblingsfreund unsere Künstlerin auf ihrem Trip begleitet.

LILIAN NACKEDEI Während ich hier mit Euch plaudere, zwitschert mein Kanarienvögelchen Adolf auf meiner Schulter – ach, es ahnt ja noch von nichts. Wir beiden, wir haben Neubabelsberg und überhaupt Deutschland so recht von Herzen lieb gewonnen, seit ich das gute Engagement bei der Ufa habe.

REPORTER Wie wir hören, wird die Künstlerin drüben im selben Geiste weiter arbeiten, wie bisher. Ihre erste Rolle ist die Regimentstochter in der tollen Kasernenhofposse »Herr Leutnant meckert.«

LILIAN NACKEDEI Ja, sonst hätte ich garnicht nach drüben abgeschlossen, obwohl die Gage genau doppelt so hoch ist, wie die bei der Ufa. –

Adieu, adieu, meine vielen, vielen Verehrer, mein Tüchlein ist schon ganz nass geweint – Sie werden's ja Donnerstag in der Illustrierten sehen – Wer leiht mir ein anderes?

ALLE Hier, hier, hier!

LILIAN NACKEDEI Ich muß nach Hollywood – ade – ade – ade – – – –

ALLE Von der woll'n wir es wissen,
aber gründlich – von der.
Von der woll'n wir es hören
Aber gleich – von der, ja der.
Der wollen wir die Füßen küssen.
Von der liest jeder gerne,
Arm und reich.

Peter Eysoldt und Herbert Franz: »Lauf-Boy's«

Hotel-Halle

– L a u f – B o y ' s –.

Jch bin der Fritz,
jch bin der Paul,
Wir laufen!
Jch habe Witz,
Jch bin nicht faul!
Was wir uns dafür kaufen!
Die Mütze auf dem linken Ohr,
Mit Briefen und Paketen,
Wir laufen aus und nach und vor,
Treppauf,treppab, durch Tür und Tor, -
Wir treten!

Jch bin der Fritz,
Jch bin der Paul,
Wir kennen
die Welt durch die wir renen!
Wir dienern artig vor uns hin,
Wie kl ine Zwergsoldaten,-
Aus Blei, aus Blut, aus Fleisch, aus Zinn,
Dass ich der Paul, der Fritze bin ,
Das kann man nicht erraten.

Die Mütze auf dem linken Ohr,
So lehnen
Wir müd an Schalter Tür und Tor,
Wie kommen wir euch kindlich vor!
Wir gähnen.

Doch wir lesen alles alles
Allen Leuten vom Gesicht, -
Glück und Liebe, Pech und Dalles
Und ob Gentleman , ob nicht.
Mensch, die Koffer sind gediegen!
Mensch, lass mich mal hinterher!
Mensch, bloss hinterdrein gestiegen,-
Hier Jhr Zimmer, bitte sehr!

Bitte, danke, hier sind Briefe,
Ach Verzeihung, ein Paket.
Nichts, wohin ich lieber liefe,
Gar nichts, was ich lieber tät!
Jch bitte sehr, ich danke halt,
Herr Lehmann lassen grüssen,
Herr Lehmann würden sich sehr bald,
Hier, oder irgendwo im Wald
Ganz kurzer Hand erschiessen,
Wenn Gnädigste nicht Jhrerseits
Herrn Lehmann grüssen liessen.

Ach, Verzeihung, guten Morgen, -
Ach, hier fürchte ich mich sehr, -
Dies hier sollte ich besorgen, -
Jene Dame schickt mich her.
Bitte, danke, Herr sie bluten,-
Nein, mein Herr, Sie bluten nicht!
Ach, mein Herr ich muss mich sputen,
Nein, mein Herr, was ich vermuten
könnte, dass vermut ich nicht.
Vielen Dank, mein Herr, ich schweige,
Wie ein kleines Heldengrab, -
Nein, mein Herr, gewiss ich zeige
Nichts von dem an, was es gab.

Ja, wir wissen, ja wir kennen,
Ja, wir schweigen, ja wir rennen,
Ja, wir laufen durch die Welt.
Auf dem linken Ohr die Mützen,
Ueber Steine, durch die Pfützen,
Wie's den hohen Herrn gefällt.
\- - - - -
Jch bin der Fritz,
Jch bin der Paul,
Jch habe Witz,
Jch bin nicht faul,-
Wir laufen!

= = = = = = = = = = =

Der Koch

Mich kennt man doch, ich bin der Koch.
Der Küchenchef, der Mächtige,
der alles kann, der alles weiss,
von Parmesan bis Trüffelspeis
und bis zum Schokoladeneis –
Bin ich der Koch.

Zu allererst krieg ich mein Geld,
Ich bin schon reich –
Wenn man mich nicht bei Laune hält,
Da koch ich gleich vor Wut
Nur grauenhaftes Zeug –
Ich pfeffere die Suppen Euch,
Dass Euch die Augen übergehn,
Ich salz die Mehlspeis aus Versehn –
Das kann ich doch –
Ich bin der Koch.

Ich schrei die Küchenjungen an –
Ich bin vergnügt –
Wenn einer selber kochen kann
wsst – – der fliegt.
Die dürfen spülen, putzen, schälen –
Der Koch bin ich.
Ich könnte Ihnen viel erzählen,
Mit manchem könnte ich Sie quälen
Und brüsten mich.

Als ich die Katze totgeschlagen,
Weil sie so naschhaft war und dreist,
Hab ich sie gar nicht lang begraben –
Sie ward verspeist.

Ich klopfte sie und salzte sie
und würzte sie und walzte sie –
Die Küchenkatze ward serviert
Als feines Côte d'agneau –
Der Gast, der nach dem Braten giert,
Genoss sie so!

Er schmatzte froh:
»Wie heisst er doch
Der Küchenchef der Meisterkoch?«
Ich bin der Koch!

Max Schreck: »Der Koch«

Am liebsten koche ich Pasteten,
Und delikat.
Da ist viel Raffinement vonnöten,
Und keiner weiss bei den Pasteten,
Was er da hat.

Ich lasse alle Speisen stehen,
Bis Schimmelpilze drauf zu sehen,
Dann schneide ich sie kurz und klein,
Und rühre sie und spuck hinein,
Und mach noch dies und das hinein,
Damit die Speisen würzig seien.

Ich hacke sie und backe sie,
Garniere sie, verziere sie –
»Pasteten à la Wilhelm zwo«
Verzehrt der Gast, und freut sich so,
Dass sie von höchstem Raffinement,
Ein Labsal sind für den Gourment –.
Er preist ihn für und für und noch,
Den Küchenchef, den Meisterkoch –
Ich bin der Koch!

Manch Gast bestellt beim Ober sich
Recht sorgsam und recht ausführlich
Ein Irsihstew auf Führerweis,
Und freut sich kindisch auf die Speis.
Wenn ich grad schlechter Laune bin,
Dann schick ich folgendes ihm hin –
Spaghettirest und russisch Borschtsch
Schütt ich zusammen frank und forsch,
Ein wenig deutsches Lamm hinein
Wird dem Gerichte dienlich sein –
Der Paprika wird nicht gespart
Beim Irishstew auf Führerart –.
Der Gast weint leis, weil es so scharf,
Und er es nicht bemäkeln darf.
Serviert von oben, frisst er's doch – –
Ich bin der Koch!

Erika Mann: »Skilehrerin«

SKILEHRERIN

Ich lehre - aber nicht Klavier,
Nicht Handarbeit,nicht Tanzen,
Ihr merkt's,ich unterrichte hier
Nicht im Kakteenpflanzen.
Ich zeige jungen alten lahmen Leuten,
Ich zeig es Grosspapas und Junggesellen,Bräuten;
Ich zeige es für zwei Mark ~~allen~~ [illegible] allen,
Wie sie am besten stehen,stemmen,rutschen,fallen
Auf~~d~~ diesen Brettern,die die Welt bedeuten.
(Na,nu mal rein in die Bindung,Fräulein Lehmann - Stöcke nach hinten.Herr Komerzienrat - Ich komme gleich,gnädige Frau - ich muss nur erst rasch mal Ihrem Herrn Onkel aufhelfen -)

Alle schrein mir,alle wolln mich -
Der kann nicht mal richtig stehen -
Krach da liegt er - na,die solln sich
Mal als Häufchen Elend sehen.
Ich bin das Neuste bei den feinen Leuten,
Die sonst den rauhen Ton des Lehrers scheuten;
Von mir,da lassen sie sich alles sagen,
Und,weil ich lächle,darf ich sie auch plagen
Auf diesen Brettern,die die Welt bedeuten.
(In die Hocke,Herr Cohn,immer fest in die Hocke - mehr die Fersen belasten,gnädige Frau - Knie auseinander - stelln Sie sich aber an! - so lernen Sie's nie - schnell fahrn kann jeder,aber ein Christiania war das nicht.Pflugstellung,Herr Direktor,Pflugstellung - SO ein Idiot! -)

Ich kommandier den ganzen Tag,
Weil sie dafür bezahlen
Und so verlangt es mein Vertrag;
Doch abends muss ich strahlen.
Ich tanze,flirte mit denslben Leuten,
Die tags so dumm war'n und sich daran freuten,
Im tiefen Schnee mit allen Viern zu zappeln,
Bis ich Erlaubnis gab,sich aufzurappeln -
Auf diesen Brettern,die die Welt bedeuten.
(Ein Glas Sekt gefällig,schöne Meisterin? - Diesen ~~Tango~~ Walzer hat mir unser Fräulein versprochen - ach,eine Skilehrerin,ich finde das ja so o r i g i n e l l ,es ist das Lustigste am ganzen Aufenthalt-)
Wie neckisch bin ich mit den guten Leuten,
Den Grosspapas,den Junggesellen,Bräuten,
Wie sie da prosten,nicken,grinsen,schwätzen -
Und möcht ihnen doch was anderes versetzen
Mit diesen Brettern,die die Welt bedeuten.

[Erste Version, -
von E. wurde
letzten Vers
ganz ins Politische gewendet
lässt sich rekonstruieren]

K. M.
22. I. 33

Ski-Lehrerin

2. Fassung

Ich lehre, – aber nicht Klavier, –
Nicht Handarbeit, nicht Tanzen, –
Ihr merkts, ich unterrichte hier
Nicht im Kakteenpflanzen.
Ich zeig es jungen, alten, lahmen Leuten, –
Ich zeig es Grosspapas und Junggesellen, Bräuten,
Ich zeige es für 3 Francs fünfzig allen,
Wie sie am besten stehen, stemmen, rutschen, fallen, –
Auf diesen Brettern, die die Welt bedeuten.

Morgen, Frau Kommerzienrat, comment ça va, Monsier le Compte? So early today, Mrs. Dogskin-darling, – was soll das sein? Ein Christiania? mais c'etait un fauxpas, tout simplement, – Aber doch, the snow is excellent, – for people, who know, how to skie.

Ich weiss, ich habe sehr viel Macht,
Und Gnade zu vergeben.
Wie grausam bin ich und wie sacht, –
Mein Freund, so ist das Leben.
Die Schüler liegen mir en masse zu Füssen,
Wer nicht gehorcht, der muss es grässlich büssen.
Nur einen weiss ich, einen, unter allen, –
Der könnte leider mir, und sehr, gefallen, –
Und könnte mehr mir als die Welt bedeuten.

Gott, ist der lang, – wie eine Winternacht, – aber viel heller, – Mut, mein blonder Freund, – du Courage, Courage, – in die Kniee, Abfahrt! Es ist zu gefährlich? Es geht zu schnell? Nicht umschaun, – bravo, – da liegt er, – weh, getan, – ungeschickter Liebling?! Stützen Sie sich ruhig auf mich, – yes, auf mich, a comme ça ç'est bien, n'est çe pas? Nach Haus ins Bett, – ich werde abends noch nach Dir schauen!

Oho, – die hohe Politik, –
Exkönige und Minister, –
Mein Gott, welch unverdientes Glück, –
Der neue king, da ist er.

Die Linken und die Mittlern und die Rechten, –
Die Guten und die Mittlern und die Schlechten, –
Hier sind sie alle gleich und alle drollig, –
So winterlich geputzt, so bunt und wollig, –
Für diese Bretter, die selbst ihnen vorübergehend die Welt bedeuten.

Nur immer ran, meine Herren, es wird schon schief gehn, wer nicht wagt gewinnt nicht, und Sie sind ja daheim auch nicht so empfindsam. *Aber* Herr Propagandaminister, wer wird denn gleich weinen, – was ist so ein kleiner Sturz, – wie werden Sie erst schluchzen, wenn Ihre Regierung gestürzt…?
(sehr schnell weiter!)

Wie hübsch und lustig ist doch das Getümmel, – –
Bei Sonne, Schnee und Wind und blauem Himmel. –
Doch nächtlich unter allen diesen Sternen
Träumt jeder sich in glitzernd weisse Fernen
Und keiner fragt mehr, was die Welt bedeutet.

Vertreter

Conférence

»Damit du es weisst, ich bin also ausgesprochen gegen – *– und ganz entschieden* für – –*!« Als ich das neulich zu einem Bekannten sagte, zeigte der sich äusserst betroffen. »Aber meine Liebe, so etwas* sagt *man doch nicht.« Ich erwiderte, in der mir eigenen unbekümmerten, strahlenden Art: »Es ist aber meine Ansicht, die werde ich doch wohl noch vertreten dürfen.« »Aber Liebste, doch nicht hier«, mahnte mich mein Bekannter, »und doch nicht unter diesen Umständen. Du scheinst nicht zu ahnen, wie gefährlich es ist.« »Wie, ich soll meine Ansicht nicht vertreten«, fragte ich da etwas störrisch, und schon kampfbereit. »Aber was, um des Himmels willen, denn sonst?« »Vertritt, was du magst«, erwiderte mein Bekannter, »aber doch, bitte, nicht deine Meinung. Sie ist ein Luxusartikel, den keiner dir abkaufen wird, höchstens bringt er dir Gefahr und Schaden.« Er ging seiner Wege, früher war er ganz anders gewesen, ein unternehmungslustiger und aufrechter Mann, nun liess er mich nachdenklich zurück. Später erfuhr ich, was er vertrat: eine Hutfabrik – und ich hatte ihn einst als atonalen Komponisten gekannt. Denn so weit ist es gekommen: die Wenigsten, ja, fast niemand darf noch vertreten, was er denkt, da man ja darauf angewiesen ist, Glühbirnen oder Schnürsenkel zu vertreten, um nicht ganz unter die Räder zu kommen und nicht selber zertreten zu werden. Hören Sie nur, wie traurig die betroffnen Herren singen!*

Die Vertreter

(5 Herren mit Aktenmappen und teils ärmlicher, teils greller Kleidung, in einer Reihe; hintereinander Hut, Melone, Mütze lüftend.)

Wir sind die Vertreter,
Die Herr'n Vertreter
Die Herr'n Vertreter von der Industrie.
Wir vertreten
Uns're Schuhe,
Wir vertreten alle Dinge irgendwie.

Wir reisen hin und her bei Nacht und Tag,
Wir reisen in!
In Seife , Sturm und Hagelschlag,
In Kragenknöpfen, Brotbelag,
In spärlichem Gewinn.

Wir reisen in der Eisenbahn,
Im Hannomag, im Schmutz,
In Marzipan,
In Mannesmann
In feinem Christbaumputz.

Allerliebste Fahrradschlösser!
Deutscher Caviar!
Guillotine-Taschenmesser!
Unser Badeschwamm ist besser!
Rizinus fürs Haar!

Wir sind die Vertreter,
Die Herr'n Vertreter,
Die armen Herr'n Vertreter, das sind wir!
Wir vertreten
Unsere Schuhe,
Wir sind vertreten da und dort und hier!
Doch wer vertritt uns?
Keiner!

Ich bin der Herr Vertreter von Rolls Royce!
Ich bin so sehr viel feiner als die Kunden!
Ich bin so schrecklich fein, dass ich nicht weiss,
Ob man was Fein'res irgendwo gefunden.

Ich fahre im Rolls Royce daher, –
Ein eleganter Sturm,
Zuhause tu ich mir sehr schwer,
Zuhause bin ich dann nicht mehr,
Als ein geplagter Wurm.

Ich habe einen Anzug nur,
Vier Kinder, eine Frau.
Ich bin die ganze Zeit auf Tour,
Und meine Frau, die sieht mich nur
Gelegentlich und ungenau.

Wir sind die Vertreter,
Die Herr'n Vertreter,
Die armen Herr'n Vertreter, das sind wir!
Wir vertreten
Uns're Schuhe,
Wir sind vertreten da und dort und hier!
Doch wer vertritt uns?
Keiner!

Früher war'n wir Officiere!
Ich war General!
Gott, was ritten wir Tourniere!
Ja, das war einmal!

Ich war Dichter,
Ich war Richter,
Ich war Operettenstar!
Das glaubt keiner.
Wieviel feiner
Jeder von uns früher war!

(Eine Dame mit einem zierlichen Handköfferchen geht vor der Reihe der Herr'n Vertreter vorbei. Die Vertreter lüpfen die Hüte, – Augen links!)

Eine Dame, ganz allein?!
Und so hübsch dabei?
Scheint 'ne Künstlerin zu sein!
A! O! I! U! Ei!

DIE DAME Verzeihen die Herren…
DIE HERREN (geschmeichelt) Aber bitte…
DIE DAME Ich, – ich reise nämlich in Patentwindeln, – könnten Sie mir vielleicht…
DIE HERREN In Patentwindeln, – soo 'ne Pleite.
DIE DAME Ich bin die Vertreterin.

ALLE Wir sind die Vertreter
Die Herr'n Vertreter!
Die armen Herr'n Vertreter, das sind wir!
Wir vertreten
Uns're Schuhe,
Wir sind vertreten da und dort und hier.
Doch wer vertritt uns?
Keiner!

Schönheitskönigin

Vorsicht mit den Instrumenten,
Achtung, Eile, Achtsamkeit,
Ja, mein Kind, in Deinen Händen
Liegt das Leben der Patienten
Und ihr Glück für Lebenszeit.

Ich bin die Schönheitskönigin
Im wahren Sinn
Im wahren Sinn des Wortes
Ich operiere und massiere
Korrigiere, plagiiere
Die Schönheit allerorts.

Was nicht hübsch ist, wird geschnitten
Und massiert wird, was zu fett,
Um die Schönheit wird gelitten
Hier auf dem Massagebrett.
Bitte wollen Sie sich legen
Auf den Rücken Frau Direktor,
Gräfin müssen sich doch pflegen, –
Wer wird weinen, Herr Inspektor?
Einen Bauch hat jene Dame, –
Na, Sie werden Sie ja kennen, –
Namen darf ich ja nicht nennen, –
Frau von Batik ist ihr Name.

Eine Kundin fand da neulich, –
Ach, mein Mund ist ganz abscheulich, –
Und besonders wenn ich lache.
Ich zerlegt ihn mit dem Messer,
Jetzt gefällt er ihr schon besser, –
Das war eine grosse Sache.
Mit der Gabel ward der Nabel
Jener Dame extrahiert.
Jetzt an Mundes statt
Sie den Nabel hat
Und der Mund ward tiefer nun placiert.

Ich bin … (Refrain)

Droben liegt ein Herr darnieder
Den besuch ich heute wieder
Und verbinde ihm die Nase
Gott ist das ein armer Hase.
Denn der Pfarrer, der ihn taufte,
Und der Stammbaum, den er kaufte,
Gar nichts, gar nichts wollte frommen
Und ich selber musste kommen.
Ach das Herrchen drängt es mächtig
Auch mal ganz dabei zu sein, –
Seine Nase war nicht klein, –
War nicht grade, war verdächtig,
Eine neue Nase möcht ich,
rief der unzufriedne Herr
Und nicht weniger, nicht mehr.
Ich nahm die Nase in die Hand,
Die ich von mir aus reizend fand,
Und schnitt ihr tief in ihren Rücken.
Zur Rechten sieht man, wie zur Linken,
Eine halbe Nase heruntersinken, –
Haut auch den Sattel noch in Stücken.
Die Biegung korrigierte ich
Mit einem Stückchen Ohr, –
Die Länge, die verkürzte ich,
Die Oberlippe schürzte ich,
Was ich dabei verlor,
Massiert ich in das Kinn hinein, –
Das wird nun recht martialisch.

Ich bin … (Refrain)

DAS LITERARISCHE CABARET „DIE PFEFFERMÜHLE“

LEITUNG: ERIKA MANN

Briefkopf der »Pfeffermühle«

Die Pfeffermühle in der Bonbonniere. Hier werden einigen windigen Götzen unserer Zeit verschiedene ihrer, von besten Maßschneidern verfertigten Hüllen ausgezogen — sie stehen dann nicht gerade nackt da, aber doch im Hemd, in der Unterhose, beinahe kümmerlich, ein Schlagwort im Winkel, ein Begriff in der Rumpelkammer. Nachbarin, Euren Staubplappen! — Im bengalischen Feuer eines geschäftigen Betriebes sind einige dieser Früchte reif und faul geworden. Mit ihnen jongliert diese muntere Schar nun im zweiten Monat. Das ist auch nicht mehr als ein kabarettistisches Ereignis; aber daß man mit ihnen überhaupt jongliert — das ist doch schon was! — Wir sind kein Land, wo die Lächerlichkeit tötet, und ein Kabarett ist schon lange kein Tribunal. — Man könnte sagen, die ganze Gegenwart ist mit Aktualität angefüllt. Diese, zeitsatirisch zerpflückt, in Song-Musik gebunden, mitunter mit einer unerhörten schauspielerischen Vehemenz dargeboten, füllt das schillernde Buch des Februars, des „Nachts-Bummel- und Tags-müdesein-Monats." — Das scharmante Aushängeschild des Pfeffermühlebetriebs in Schwarz und Weiß: Erika Mann. Flapper mit fraulicher Aureole, bezwingende Liebenswürdigkeit im Herrenschnitt — ganz tief aus dem Herzen die bittere Harlekinade. Therese Giehse, der unzweifelhafte Star der Truppe, turbulent in einer herrlichen Szene als Schönheitschirurgin; als Frau Mörder Schultz, von einer grotesken, gespenstischen Gewalt — ein wippender Zwicker, noch von Grauen umwittert; zitterndes Geltungsfieber einer freigesprochenen Mörderin vor dem Ohr der Welt. Wie diese Rundfunk-Interviews überhaupt zum Besten des neuen Programms gehören! So die zweidimensionalen Lieblinge des Volkes vor der Ueberfahrt. Kapriziös die geschmeidige, wandlungsfähige Sybille Schloß, entzückend als kleine Psychoanalytin, als Komplex-Vamp. Albert Fischel unternimmt den melancholisch umzirpten Heimweg im Morgengrauen (Text nicht ohne Banalität) und singt mit Max Schreck und Erika Mann zusammen eine äußerst muntere „Ballade von der Dame, die sich gern beschwerte". Auch Peter Eysoldt tut einige vergnügte Sprünge des Geistes, Erich Krüger solche der Beine und der Hände. Ein Song der Vertreter, sozial umspült, bleibt nicht ohne frappierende Wirkung. Magnus Henning und noch andere mischen mit schönem Gleichklang und schwungvoller Hingabe Zucker oder Salz in den Pfeffer. — Kabarett, gewürzt, bitte! Eine Messerspitze Pfeffer für den Film als Volksnahrung, eine Prise für den abgebauten Gigolo, für die Texte der jungen Manns, für die Musik von Peter Kreuder. Vielleicht, sicher, fehlen noch einige Namen. Die Leute von der Pfeffermühle haben nichts Gedrucktes; dafür haben sie ein Programm. Das ist schon besser als umgekehrt. Es ist nicht alles gleich gut, aber doch gut und den Leuten ist nicht zu helfen, die schläfrig in die Monotonie der Qualität blinzeln. Aber Pfeffer streuen auf das Glatteis der Sprüche, das ist doch besser als Sand in den Augen und Watte in den Ohren. — Das zahlreiche Publikum unterhielt sich glänzend.

R. F.

Kritik in den »Münchener Neuesten Nachrichten«, 3.2.1933

»... Abends: Februar-Pfeffermühlen-Première. Großer Erfolg, vor allem des zweiten Teils. Triumph der Schönheitskönigin [...] E. schön als Harlekin«. So Klaus Mann am 1. Februar 1933 in seinem Tagebuch. Daß das Programm mindestens auf der Höhe des vorigen war, hatte er schon bei der Generalprobe festgestellt. Es enthielt nur noch einen Text aus fremder Feder. Klaus Mann hatte – wie aus seinem Tagebuch hervorgeht – zwei Texte beigesteuert, zwei weitere waren in Zusammenarbeit mit seiner Schwester Erika entstanden. Alle übrigen der insgesamt 17 Programmnummern (nur acht sind erhalten geblieben) hatte Erika – nach eigener Aussage – selbst geschrieben.

Dieses zweite Programm bot mit »Harlekin«, »Koch« und »Schönheitskönigin« Texte, in denen die politische Haltung dieses »Literarischen Cabarets« klarer zum Ausdruck kam als noch im ersten Programm. Und es unterschied sich vom Januar-Programm noch zusätzlich durch eine Zweiteilung des Abends, die Erika Mann dann beibehielt: den ersten Teil gestaltete man in loser Nummernfolge, die Texte hatten keinerlei inhaltliche Verbindung zueinander. Der zweite Teil nach der Pause war eine Art Revue. Alle darin zusammengefaßten Texte standen – mehr oder weniger stark – inhaltlich in Beziehung zu einem Motto, hier: »Hotelhalle«.

»Es war absurd«, so erinnert sich Erika Mann an diesen Februar 1933, »die ›Pfeffermühle‹ war überfüllt, die ›Pfeffermühle‹ erfreute sich einer unwahrscheinlichen Beliebtheit. Nachdem Hitler Reichskanzler war, wurden die Dinge immer bedrohlicher. Vor allem hielt er dann seine Antrittsrede im Hofbräuhaus, das lag Wand an Wand mit der ›Bonbonniere‹. Hitler sprach, wir spielten gegen ihn an, und Herr Frick (Reichsinnenminister) hatte sich verkniffen, seinen Führer anzuhören, saß bei uns in der ›Pfeffermühle‹ und fertigte ›Schwarze Listen‹ an, man sah ihn lebhaft kritzeln. – Kam der Faschingsdienstag, kam der Reichstagsbrand, kamen die Massenverhaftungen im Anschluß an diesen...«

Am 28. 2. 33 notierte Klaus Mann in seinem Tagebuch: »Brand des Reichtagsgebäudes – die Dinge symbolisieren sich – Radio-Nachrichten: Verhaftung von Kisch, Ossietzky, Mühsam u.s.w. Zeitungsverbote u.s.w. jetzt wirds erst richtig. Dieser Brand kommt denen so unheimlich gelegen – ob sie ihn nicht selbst bereitet haben?«

»Triumph der Schönheitskönigin« hatte Klaus Mann am 1. Februar nach der »Pfeffermühlen«-Premiere notiert. Dieses Lied, das sich auf derbe Weise mit der plastischen Chirurgie befaßt, kann als erste Attacke Erika Manns auf den Antisemitismus verstanden werden. Und noch weitere, überraschend deutlich auf die politischen Verhältnisse, ja auf Personen, gemünzte Texte enthielt dieses zweite Programm: mit dem Lied vom »Koch«, dem allmächtigen, diktatorischen Brunnenvergifter, redete Erika Mann nicht um den Brei herum: die »Skilehrerin«, ursprünglich von Klaus Mann, wurde in einer Zweitfassung von Erika Mann »ins Politische gewendet«.

Freilich, auf Kalauerträchtiges, wie die belanglos scheinende »Reportage« über »Lilian Nackedei«, verzichtete Erika Mann auch später in den immer politischer und aggressiver werdenden Programmen nicht. Derartiges war ihr wohl wertvoll als heiteres Gegengewicht zu den zeitbedingt immer ernsteren Texten. Außerdem bot die Form der Reportage ihr die Möglichkeit, schnell einmal Aktuelles ins feststehende Repertoire einarbeiten zu können. So zieht sich die »Reportage« mit immer neuen Inhalten und Personen durch die gesamte »Pfeffermühlen«-Zeit bis zum Ende in New York 1937.

Erika Mann: »Uns war inzwischen die ›Bonbonniere‹ zu klein geworden, und wir hatten einen Vertrag geschlossen mit einem alten Lokal in Schwabing, dem ›Serenissimus‹. Es war geplant, im März zu pausieren und am 1. 4. mit einem neuen Programm zu eröffnen. Am 1. 3. fuhren Klaus und ich nach Lenzerheide, das hatte nichts mit Flucht und Emigration zu tun, wir arbeiteten dort an dem April-Programm. Natürlich war mir zweifelhaft, ob es noch gehen würde. Dann allerdings kam die Wahl.«

Fast zwei Millionen bayerische Wähler hatten am 5. 3. 1933 der NSDAP ihre Stimme gegeben. Es reichte nicht für eine legale Regierungsübernahme in Bayern und die Bayerische Regierung unter Ministerpräsident Held blieb zunächst im Amt; sie verließ sich auf die Zusicherung aus Berlin, daß die NSDAP nicht vorhabe, in Bayern im Handstreich die Macht zu ergreifen. Viele Menschen hatten in dieser Situation noch die Hoffnung, Bayern könne sich unter Kronprinz Rupprecht als wiedererstandene Monarchie dem Machtzugriff Hitlers entziehen.

Erika Mann hatte Mitte Februar an ihre Eltern geschrieben, die sich im Anschluß an eine Vortragsreise Thomas Manns in der Schweiz befanden: »Und dabei hatten wir alle noch die ganze Nacht die Hoffnung, schon am nächsten Morgen als Untertanen von Knecht Rupprecht zu erwachen und wirklich sieht es immer noch verdammt danach aus. Vor den M.N.N. [Münchner Neueste Nachrichten] stehen Tag und Nacht Horden von Menschen, um die Nachricht, sobald sie angeschlagen, lesen zu dürfen und was Herr Lorant, Chef der Münchner Illustrierten ist, den wir auch zu uns gebeten hatten, der schwört Stein und Bein und nimmt hohe Wetten entgegen, daß wir bis spätestens vor den Wahlen unsern König abhaben. So kasperltheaterhaft und widrig es ja wäre, so gern hätte ich es doch im Augenblick, denn schließlich Übergangsgestalten sind das alles und Ruppi netter und würdiger als Adi, dessen Todesbiß es zweifellos wäre.«

Von ihrem Arbeitsurlaub in den Schweizer Bergen kehrten Klaus und Erika Mann am 10. März (!) zurück. Da wehten auch in München die Hakenkreuzfahnen auf allen öffentlichen Gebäuden, und wohl auch auf so manchem nichtöffentlichen. Da hatte München einen Statthalter Hitlers, war bereits die erste große Verhaftungswelle über die Stadt hinweggerollt. Selbst der Direktor der Kammerspiele, Otto Falckenberg, saß für einige Tage in der Ettstraße in »Schutzhaft«.

Erika Mann: »Es war undenkbar, die ›Pfeffermühle‹ weiter zu betreiben. Ich ging zu dem Besitzer vom ›Serenissimus‹ und sagte: ›Es ist Ihnen klar, daß wir nicht am 1. 4. bei Ihnen eröffnen können.‹ Der, ein Ur-Münchner, sagte: ›Was, warum nicht. Sie haben einen Vertrag, einen Vertrag ham'S!‹ Ich sagte: ›Ja ja, wir haben einen Vertrag, aber wir sind doch ein Anti-dingsda-Unternehmen, und die Schwarzen Listen liegen schon vor, und das wäre doch für Sie, auch für Sie...‹ Sagt er: ›Für mi! Des war no des Bessere, es geht ums G'schäft.‹ Ich sagte: ›Ja, es geht ums Geschäft, aber es wird ja sofort geschlossen, und wir werden alle verhaftet. Sie auch!‹ Sagt er: ›I? Ich bin ein altes Parteimitglied, da schaun's her, und ich stell Ihnen einen SA-Saalschutz, Sie werden beschützt sein...‹ Ich hab also gesagt: ›Mit einem SA-Saalschutz machen wir das eins-A, die Sache ist geschaukelt, das wäre ja noch besser.‹ ›Ja, sagt er, sonst müßt ich Sie wegen Vertragsbruch glatt belangen.‹ ›Nein, wir treten auf.‹ Also dies gesagt habend, setzte ich mich mit den Mitgliedern meiner Truppe in Verbindung und sagte ›Dies geht nicht, wie Euch klar ist.‹

Die wichtigsten Mitglieder, Therese Giehse, Magnus Henning und Sibylle Schloß, gingen mit in die Emigration, ganz kurz nachdem Klaus und ich gegangen waren. Sie blieben der ›Pfeffermühle‹ treu. Wir hatten beschlossen: wir machen draußen weiter...«

Das Exil begann in München...

»Wir müssen uns alle ganz der Politik weihen«

Neugründung der »Pfeffermühle« in Zürich

»Les Roches Fleuries
Aigeubelle, 18. 4. 1933

Eva, – es ist gut, Deine Adresse zu haben, [...] wir leben samt und sonders und sind nicht einmal im Gefängnis, das will viel heißen. Meine greisen Eltern sitzen flüchtig, unglücklich, ratlos in Lugano, Klaus ist in Paris, – ich erwarte ihn morgen hier, hier ist auch die Theres (Therese Giehse), deren armer und unschuldiger Bruder [...] Max [...] seit Wochen im Konzentrationslager sitzt, weil er Direktor eines Warenhauses ist; viele, viele Freunde brummen [...] Ich hatte so ein schönes Cabaret in München, zwei Monate lang, alles selbst gemacht, Texte von mir, Musik von Magnus Henning, dargestellt von lauter Freunden. Trotzdem war es gut und ging wie heiße Semmeln. Wir haben direkt Geld verdient und Ruhm geerntet und waren dreist und frech, bis Herr Epp kam und die bayerischen Irr-Wahlen. Dann mußten wir davonhuschen, wollten in Zürich neueröffnen, alles stand prächtig, da kam das Geiselsystem in Deutschland und die Methode, Angehörige von Leuten, die sich draußen mißliebig machten, drinnen halb totzuschlagen und ins Lager zu verbringen.«

Das schrieb Erika Mann, seit gut vier Wochen Emigrantin, an ihre Freundin Eva Herrmann. Sie hatte am 13. März 1933 Deutschland in Richtung Arosa verlassen. Klaus Mann war, ebenfalls am 13., in den Nachtzug nach Paris gestiegen. Therese Giehse – so erzählt der »Pfeffermühlen«-Musiker Magnus Henning – wollte zunächst nicht aus München weg. Doch er holte sie von der Probenbühne der Münchner Kammerspiele und brachte sie bei Nacht und Nebel nach Österreich. Am 15. März traf sie in Arosa ein bei ihrer Freundin Erika und der Familie Thomas Mann. Therese Giehses Gang ins Exil bedeutete für das Münchner Theater einen spürbaren Verlust. Und so sollte die Lieblingsschauspielerin des »Führers« – frei nach der Devise »Wer Jude ist bestimme ich!« – durch die Verhaftung ihres Bruders zur Rückkehr gezwungen werden.

Erika Mann hatte wohl auch kurz daran gedacht, die »Pfeffermühle« in Paris wieder erstehen zu lassen, oder in Wien. Es wurde ihr jedoch bald klar, daß sich in Paris ein deutschsprachiges Theater nicht würde halten können. Diese Stadt war zwar voller Deutscher, doch die »Pfeffermühle« hätte ausschließlich ein Emigrantenpublikum gehabt. »Und das konnte nicht in unserem Sinne sein«, erzählt Erika Mann später. »Wir hatten die Absicht, für einen sehr breiten Kreis zu spielen, der nichts wußte und sich kein Bild machen konnte von den politischen Verhältnissen in Deutschland und von der Weltgefahr, die dieses Hitler-Deutschland damals schon eindeutig darstellte.« Österreich unter Dollfuß war auch nicht der Boden, auf dem die »Pfeffermühle« neue Wurzeln hätte schlagen können; zudem agierten in Wien bis zum März 1938 eine ganze Reihe mutiger Brett'l-Künstler – argwöhnisch belauert von den Zensurbehörden.

So war das nächstliegende dann doch die Schweiz: Zürich. »Ein für freiheitsliebende Flüchtlinge weltoffenes Land, eine weltoffene Stadt.« So meinte Erika Mann damals. Zwei Monate lang suchte sie in Zürich nach passenden Räumen für ihr Unternehmen. Wohl gab es kleine Theater, Typ »Schuhschachtel« etwa. Doch die Art Kleinkunstbühne, wie es die »Bonbonniere« in München gewesen war, fand sie nicht. Mit dem Tanzsaal des sehr einfachen Hotels »Hirschen«, das eine Mischung aus Stundenhotel und Bierlokal« gewesen sein soll, gelegen im Zürcher Niederdorf in der Altstadt, hatte sie im August 1933 schließlich die Bühne gefunden, auf der sie hoffte, die »Pfeffermühle« ohne große Hindernisse wieder eröffnen zu können.

Prospekt »Hotel Hirschen« in Zürich aus den 30er Jahren

Großer Vereins- und Theatersaal im »Hotel Hirschen«: Bühne der »Pfeffermühle«

Jahrhundertelang galt die Schweiz als klassisches Einwanderungsland für politisch Verfolgte, obwohl sie kein juristisch eindeutig formuliertes Asylrecht besaß. Über das Asylbegehren von schutzsuchenden Flüchtlingen wurde mehr nach Ermessen bzw. Angemessenheit entschieden. Als Grundlage dafür lag eine alte Erklärung der Bundesbehörden vor, nach der die Schweiz »politisch Verfolgten aller Parteien ein Asyl [gewährte], wenn sie sich durch ruhiges Verhalten dessen würdig bezeigen. Sie gewährt ihnen aber kein Asyl, wenn sie auf unserem Gebiet ihre Umtriebe und Angriffe auf die Existenz und Rechtssicherheit anderer Staaten fortsetzen.« Keine guten Voraussetzungen also für das, was die »Pfeffermühle« auch bei hartnäckiger Betonung des Literarischen schließlich doch war: ein gegen das Deutsche Reich agierendes, politisches Kabarett.
Die Angst vor dem Kommunismus und vor dem »jüdischen Kultur-Bolschewismus« war in der Schweiz größer als die Angst vor dem Faschismus. Die Arbeitslosigkeit war zu Beginn der 30er Jahre stark gestiegen. Die Forderung, Emigranten keine Arbeitserlaubnis zu erteilen – was in die Zuständigkeit der Fremdenpolizei fiel – wurde damals sogar von den Gewerkschaften unterstützt. Die Fremdenpolizei war auch die Instanz, bei der Erika Mann um Genehmigung für die Eröffnung ihres Kabaretts nachzusuchen hatte. Und schließlich: da Erika Mann in der Schweiz als »Arbeitgeberin« auftrat, machten Fremdenpolizei und Arbeitsamt die Auflage, zwei Schweizer in der »Pfeffermühle« zu beschäftigen. Und das scheint – trotz hoher Arbeitslosigkeit – gar nicht so leicht gewesen zu sein.
Erika Mann am 28. 8. an ihre Mutter: »Ich war zwei Tage in Ascona, um einen Herrn zu überreden, in der Mühle mitzuwirken. Leider mißlang es aber. Jetzt bin ich wieder auf der Suche nach einem Schweizer Künstler. Es gibt keine. Und die Fremdenpolizei verlangt, daß man welche engagiert.« Bei dem Herrn, den es zu überreden galt, handelte es sich um Max Werner Lenz, später Texter und Schauspieler in dem Schweizer Kabarett »Cornichon«, das ab Mai 1934 in die Fußstapfen der »Pfeffermühle« treten sollte.
Wie wichtig für Arbeits- und Spielgenehmigung die Zusage von Schweizer Künstlern gewesen sein muß und zu welchen Mitteln Erika Mann griff, um den Rücken für die Vorbereitungen zur Neugründung der »Pfeffermühle« ein wenig frei zu haben, mögen zwei Briefe belegen, die sie nach ihrem Besuch in Ascona an Max Werner Lenz schrieb.
»Ich wäre so eine gute Kraft für große Machenschaf-

Lieber Lenz, – bitte seien Sie, in Erinnerung unseres freundlichen Beisammenseins am und im Lago, so nett und widersprechen Sie nicht *öffentlich* dem beiliegenden Schreiben. Ich habe mit dem Marin verhandelt und noch mit einem anderen, die beiden sind aber noch nicht ganz sicher und ich brauche *jetzt gleich* einen Schweizer Namen für die Fremdenpolizei. Den Marin kenne ich zu wenig, um ihn um den seinen zu bitten. Ich schicke also ein Duplikat des Beiliegenden an die Fremdenpolizei. Später, Ende dieses Monats haben Sie mir dann eben, wegen Rheuma, abgesagt, sind, schnöder Weise, abgesagt und ich sehe mich genötigt, Sie auszutauschen (gegen Marin, oder so.) Natürlich hat der Brief praktisch *nicht* die *geringsten* Konsequenzen. Das einzige wäre, daß Sie, auf eine *etwaige* fremdenpolizeiliche Anfrage, gütiger Weise antworten müßten, – »ja«, dem sei so und Sie seien engagiert.
Bitte seien Sie sehr nett und schreiben Sie mir eine Karte, daß das in Ordnung geht.
Alles Freundliche, auch von der Giehse und Glück für Auto und das übrige.
Ihre
Erika Mann

ten«, hatte Erika Mann in dem Brief am 28. 8. an ihre Mutter geschrieben, »man müßte mich nur anstellen dafür und mir scheint, wir müssen uns alle ganz der Politik weihen.« Bis sie das via »Pfeffermühle« tun konnte, vergingen noch einige Wochen, mußte sie vor allem dafür sorgen, daß die ihr aus München in die Emigration gefolgten Freunde und »Pfeffermühlen«-Mitstreiter etwas Geld verdienten.
Therese Giehse war für vier Monate – also bis Jahresende – am Züricher Schauspielhaus engagiert, probte Anfang September bereits die Rolle der Kupplerin in »Maß für Maß« von Shakespeare; Premiere 8. 9. 1933. Für Sybille Schloß und Magnus Henning fand Erika Mann eine kuriose Überbrückungsarbeit. »Ich bin bienenhaft emsig« schrieb sie am 5. 9. an ihre Mutter. »Denn nicht nur der Rundfunk und die Mühle, sondern vor allem die große Modenschau im Warenhaus Globus, zu deren künstlerischer Oberleitung ich mich aufgeschwungen habe. Es ist unverdient komisch, mit den ungezählten Mannequins die lebenden Bilder zu stellen und die Conference zu ersinnen und Magnus und Sybillchen (Schloss) ins Ganze so einzufügen, daß sie Geld verdienen, denn darauf, Mutter, kommt alles an. Nach Sankt Gallen soll ich auch reisen mit der ganzen Pastete, kurz man lacht…« Am 14. September ging das Spektakel über die Bühne und Klaus Mann notierte in

Herrn Werner Lenz, zurzeit   Zürich,den 25.August 1933.

Ascona
==================
Tessinerhandweberei Lappe

Lieber Herr Lenz,

ich bestätige Ihnen unsere Besprechung vom 24.August in Ascona und teile Ihnen heute in meiner Eigenschaft als Vertreterin des Cabarets zur „Pfeffermühle" folgendes mit:

Sie werden für den Monat Oktober als Schauspieler und Vortragskünstler der Pfeffermühle verpflichtet. Sie treten allabendlich mit Gedichten, Liedern, Sketschs, die Ihnen von der Pfeffermühle geliefert werden, im Cabaret Hirschen auf.Sie erhalten dafür den achten Teil der Abendkasse,nachdem von dieser die laufenden Unkosten (Kostüme,Dekorationen,Tantiemen usw.) abgezogen worden sind. Für Gedichte, oder Vortragsstücke, die von Ihnen selbst verfasst worden sind,erhalten Sie eine Extravergütung, je nach Vereinbarung.
Für die Tourné,die die Pfeffermühle im Monat November plant, werden wir vor Mitte des Monats Oktober neue Verhandlungen anbahnen können. Wollen Sie bitte, diesen Brief als vorläufigen Vertrag auffassen.

Mit freundlichen Grüssen ,

Ihr
Erika Mann

Scheinvertrag für den Schauspieler Werner Lenz

seinem Tagebuch: »E's Globus-Modenschau (im Kaufleutesaal) [...] E's Conference-Lieder. Viel garstige Kleider, aber alles gut und hübsch geglückt [...] Rührende Rede des Generaldirektors auf E.«

Und schon regten sich die Neider. Das Warenhaus hatte in wohl etwas *zu* großen Lettern mit der Tochter Thomas Manns geworben. Durch die Denunziation eines »völlig halt- und talentlosen schweizerischen Klavierspielers« bei Fremdenpolizei und Arbeitsamt war die Wiedereröffnung der »Pfeffermühle« so gefährdet, daß Erika Mann noch gegen Ende September ihrer Mutter berichten mußte: »›Pfeffermühlchen‹ hängt noch in der staubigen und giftgeschwängerten Luft der Fremdenpolizei und des Arbeitsamtes. Das fürchterliche Mißverhältnis zwischen der aufgewendeten Mühe und dem meterhohen Ärger einerseits und einem vierwöchentlichen Gastspiel in Zürich andererseits nagt an den Nerven und sogar am Herzen.«

Doch am 29. 9. 1933 notierte Thomas Mann in seinem Tagebuch: »...haben beschlossen, die Première morgen zu besuchen.« Es war die »Pfeffermühlen«-Première: 30. 9. 1933 im Zürcher »Hirschen«. Erika Mann hatte es schließlich geschafft. Obwohl »die allgemeine und von der Neuen Zürcher Zeitung (die sich immer völliger auf die ›Münchner Neuesten Nachrichten‹ hinauswächst) angegebene Stimmung *gegen* ›Emigranten‹« war, wie Erika Mann ihrer Mutter mitteilte, »...und nicht etwa, weil es deren zu viel gäbe, sondern mit einem anderen Akzent, den sie (die NZZ) sonst nirgends hat, und der einfach den Unfrieden mit der Naziregierung meint. Mit einer *Regierung* ist man nicht in Unfrieden, – da könnte man ja ebensogut das Mütterliche angreifen.«

Bei dem vorerst glücklichen Ausgang der Verhandlungen mit den Behörden wird wohl auch der Name Mann eine Rolle gespielt haben. Im übrigen hatte sie die Auflagen des Arbeitsamtes erfüllt: mit dem Schauspieler Robert Trösch und der jungen Pianistin Valeska Hirsch (sie wurde später die Frau des Regisseurs Leopold Lindtberg) hatte die Theater-Prinzipalin die beiden Schweizer »Pfeffermühlen«-Mitspieler gefunden. Mit zum neuen Ensemble gehörten außerdem Igor Pahlen, Fritz Pfister und – für den Monat Oktober – der amerikanische Tänzer Caird Leslie.

Die »Pfeffermühle« war das erste Theaterunternehmen, das fast geschlossen, mit dem wesentlichen Teil seines Ensembles, ins Exil gegangen war.

»Es gab viele Hervorrufe und Blumen«

Das erste Exil-Programm, Zürich 30. 9. 1933

Zürich
Cabaret Hirschen
Niederdorfstr. 13
1933 1. Oktober - 31. Oktober

Schuhe - Schloss	
Moritat - Pahlen	
Tanz - Leslie	Leslie Caird
Pessimismus - Schloss, Henning	
Zugegeben - Trösch	
Tanz - Leslie	Leslie Caird
Schutzleute - Trösch, Pahlen, Schloss	
Märchenhaft - E. Mann	Text und Darstellung: Erika Mann – Musik: Magnus Henning
Vertreter - Trösch, Pahlen, Henning, Pfister, Schloss.	
Telephongespräch - Trösch, Hirsch	
Frau X. - Giehse	Text: E. Mann – Musik: M. Henning – Darstellerin: Th. Giehse
Reportage - Ensemble	
Varieté	
Stimmungssängerin - Giehse	
Harlekin - E. Mann	
Zauberkünstler - Pahlen	Text: Erika Mann – Musik: E. Auerbach – Darst.: I. Pahlen
Schattenkind - Schloss	
Untermann - Troesch	
Liebesbrief - Schloss	
Tanz - Leslie	Leslie Caird
Hungerkünstler - Pahlen	Text: E. Mann – Musik: Auerbach – Darst.: I. Pahlen
Wunderkind - Trösch, Pahlen	Text: E. Mann – Darsteller: R. Trösch, I. Pahlen
Schönheitskönigin - Giehse	
Begleitung: Henning / V. Hirsch	Magnus Henning, Valeska Hirsch

Der Märchendichter

Gleich kommt der Herbst mit allen seinen Farben,
Still steht der See in schöngeschweifter Bucht, –
Man schiesst das Reh, – im Winter müsst es darben, –
Das sanfte Tier erschiesst man auf der Flucht.

Die Bäume streuen Gold von allen Zweigen,
Kalt ist die Nacht, nach bräunlich-goldnem Tag,
Du siehst die Birke sich im Winde neigen, –
Ein Page scheint sie, der uns dienen mag.

Märchenhaft, – ist das nicht märchenhaft?
Es ist so unwahrscheinlich bunt und schön.
Märchenhaft, – es ist doch märchenhaft,
Und wie ein Märchen wird es uns vergehn.

Der Mensch ist klug und täglich bringt ers weiter.
Er findet alles, was Erfindung heisst.
Wir werden täglich heller und gescheiter, –
Ein wahres Wunder ist der Menschengeist.

Wir bauen Schiffe, die zum Himmel tanzen, –
Wir holen Töne drahtlos aus dem Blau.
Jedes Atom dient unserm grossen Ganzen
Und jeder Hauch kennt seine Pflicht genau.

Märchenhaft, – ist das nicht märchenhaft?
Es ist so unwahrscheinlich bunt und schön,
Märchenhaft, – es ist doch märchenhaft, –
Und wie ein Märchen wird es uns vergehn.

Ja und trotzdem, wir haben nichts zu lachen,
Denn unsre Welt steht weinend auf dem Kopf, –
Da gibt es so ein paar fatale Sachen, –
Krise und Krieg in einem bösen Topf.

Wenn wir jedoch uns dahin einig wären:
Habgier und Hass schickt man zum Teufel gleich!
Freundschaft und Frieden stehen hoch in Ehren, –
Denn unsre Welt ist gut und klug und reich!!?

Märchenhaft, – wär das nicht märchenhaft?
Es wär so unwahrscheinlich gut und schön!
Märchenhaft! Es wär doch märchenhaft!!!
Es war einmal!?? Es wird einmal geschehn!!

Erika Mann: »Märchendichter«

Frau X.

Conférence

Die Dame bei der ich meinen Honig kaufe und von der Sie Ihren Kaffee beziehen, heisst Frau X. Frau X. ist weder bös' noch gut, und sie ist weder dumm noch klug. Sie ist eine Dame wie irgend eine, die mittelsituierte Geschäftsfrau von um die Ecke. Es ist ihr Lied, das Lied der Frau X., das Sie jetzt zu hören kriegen.

Frau X.

(Die reizlos und bieder gekleidete Matrone sitzt behäbig in einem offenbar ererbten, fett-gepolsterten Lehnstuhl vom Anfang des Jahrhunderts. Die musikalische Begleitung verliert das dumm und übermütig Hüpfende, das ihr anfangs eignet, gegen Ende nur auf Grund geänderter Tempi und neuer Akzente. Die beiden Melodien – Vers und Refrain – wiederholen sich bis zum Schluss.)

Ich heisse X und habe einen Laden,
Drin es Verschiedenstes zu kaufen gibt.
Ich will im Ganzen keinem Menschen schaden, –
Ich und mein Mann, wir sind auch recht beliebt.

Man lügt und man betrügt sich durch die Woche,
Am Sonntag reicht es dann zu Wein und Huhn.
Mit Ehrlichkeit hat unsere Epoche,
Und mit Charakter, ja nichts mehr zu tun.

Es kräht kein Hahn danach,
Es kräht kein Hahn danach,
Die Hühner lachen leis.
Es schert sich keine Katz,
Weil das doch jeder weiss;
Wer's Pech hat, na, der hat's.

Mein Mann betrügt mich oft, das weiss ich immer,
Und ich betrüge ihn in mancher Nacht.
Er mietet sich zu diesem Zweck ein Zimmer,
Ich und mein Freund, wir haben's oft belacht.

Dabei betrügt mich der mit meiner Jüngsten,
Die lügt mich an, das lebenstücht'ge Ding.
Ja, ja, ich weiss, es war vergang'ne Pfingsten,
Dass sie zum ersten Male zu ihm ging.

Es kräht kein Hahn danach,
Es kräht kein Hahn danach,
Die Hühner lachen leis.
Es schert sich keine Katz,
Weil das doch jeder weiss;
Wer's Pech hat, na, der hat's.

Und gibt es Krieg, dann muss es ihn halt geben, –
Wozu denn sonst das Militär im Land?
Die Industrie will schliesslich weiterleben.
Ich und mein Mann, wir haben's längst erkannt.

Wenn wir daheim sind und am Radio hören,
Wie das so funkt und tut aus manchem Reich.
Und andere Leute lassen sich nicht stören, –
Nur Österreich selber ward ein bisschen bleich:

Es kräht kein Hahn danach,
Es kräht kein Hahn danach,
Die Hühner lachen leis.
Es schert sich keine Katz,
Weil das doch jeder weiss:
Wer's Pech hat, na, der hat's.

Wenn wir's nicht hindern, sind wir schnell verloren, –
Der Vogel Strauss macht grosse Politik;
Den Kopf im Sand bis über beide Ohren,
Zwitschert er dumpf: »Ich bin nicht für den Krieg«.

Am Ende liegt die Welt in Schutt und Trümmern,
Die wir so listig-tüchtig aufgebaut.
Das Giftgas schwelt in unsern guten Zimmern –
Ich und mein Mann, wir geben keinen Laut.

Jetzt krähn die Hähne all,
Um's blut'ge Morgenrot, –
Die Hühner weinen leis.
Zu spät schert sich die Katz,
Die es nun gründlich weiss:
Wer's Pech hat, na, der hat's.

Therese Giehse: »Frau X.«

D e r Z a u b e r k ü n s t l e r

Bitte mich zu kontrollieren,
Alles hohl,alles hohl!
Bitte mich zu überführen:
Alles hohl,alles hohl!
Der Schrank ist hohl bis obenauf,
Der Tisch kann ohnedies nicht fliegen,
Die Dinge nehmen ihren lauf,
Wer kein Billet hat,kann noch eines kriegen.

Hier sehen Sie einen schmucken jungen Knaben,
Komm her,mein Sohn,wir zaubern jetzt mit Dir.
Na,war das schlimm?Musst keine Bange haben.
Steig nur getrost in diesen Kasten hier.
Ich mache so - und puste flüchtig gegen,
Ich mache so - und spucke einmal drauf -
Und ehe wirs uns lange überlegen
Steht unser Jüngling schon als Mädchen auf!
Bitte mich zu kontrollieren,
Alles hohl,alles hohl!
Bitte mich zu überführen:
Alles hohl,alles hohl!
Das Bein ist hohl,kein Kniff,kein Trick.
Der Tisch kann ohnedies nicht fliegen.
Ich zieh den Spatz am Strick zurück -
Und wer kein Geld hat,wird so leicht keins kriegen!

Jetzt kommt das Grösste,was die Welt gesehen.
Und sowas war bis heute noch nicht los.
Und sowas wird auch sonst nicht mehr geschehen,
Denn sowas ist zu märchen haft und gross.

Hier sehn Sie ganz verschiedene Flüssigkeiten:
Hier schwarz,hier feldgrau und hier brennend rot,-
D Die will ich hier in diese Urne leiten,-
Moment,Geduld,gleich ist das Kätzchen tot:

Ich mache so - und puste flüchtig drüber,
Ich mache so - und spucke einmal drauf.-
Geschwindigkeit ist, - Nur Geduld mein Lieber! -
Schon spritzt die braune Sauce haushoch auf!

Bitte mich zu kontrollieren,
Alles hohl,alles hohl!
Bitte mich zu überführen,
Alles hohl,alles hohl!
Der kopf ist hohl,der Wille schlecht,
Der Mensch kann ohnedies nicht fliegen, -
Alles,was glitzert ist nicht echt!
Wer Arbeit sucht,der wird auch keine kriegen.

Der Hungerkünstler

Text: Erika Mann
Musik: Eugen Auerbach

Endlich ein Stück Brot seit vielen Tagen!
Ich bin hungrig und man sieht mir's an.
Ich bin hungrig und sie werden fragen,
Kann man so viel Hunger denn ertragen?
Doch, – man kann!

Ich bin der grosse Hungerkünstler Ruck.
Und mich verehrte eine ganze Welt.
Ja, ich bekam vom Hungern nie genug.
Ich sah schon aus, wie ein verhexter Spuk,
Ich schepperte von Knochen und von Geld!

Ich kann hungern, ich kann hungern,
Wie ne Leiche!
Ich kann hungern, ich kann hungern,
Tag und Jahr!
Wenn ich irgendwas, ja was damit erreiche,
Wie das so in frühern Zeiten war.

Als ich den Weltrekord erhungert hatt',
Wie war da meine Mutti auf mich stolz!
Ich war der Abgott unsrer ganzen Stadt,
Ein jeder Bürger sah sich an mir satt,
Die Mutter rief, der ist von meinem Holz!

Der kann hungern, der kann hungern,
Lass dich küssen!
Wie der hungert, wie der hungert,
Das ist fein!
Der wird niemals, der wird niemals
Hungern müssen!
Auf den Jungen bild ich mir was ein!

Als dann die miese Riesenkrise kam,
Und Geld und Gut auf wundersame Art
Von unserem Planeten Abschied nahm,
Als dann die miese Riesenkrise kam, –
Da blieb das Hungern wenigen erspart.
Hungerkünstler, Künstlerhunger,
Kunst und Hunger, –
Das ist alles heut so greulich
Allgemein.

Kunst heißt hungern und das Hungern
Ist nicht künstlich.
Lohnt sich's noch bei dem Geschäft zu sein?

Wir stehen so herum in hellen Haufen,
Wir Hungerkünstler mit und ohne Ruhm.
Man fängt uns ein und lässt uns wieder laufen,
Anstatt uns einfach etwas Brot zu kaufen.
Wir schrein manchmal, meistens sind wir stumm.

Doch wir hungern, ja wir hungern
Immer weiter.
Und wir hungern, ach wir hungern
Bis zum Schluss.
Weil das heute nach der Ansicht
Vieler Leute
Bis auf weiteres so bleiben muss!

Wunderkind

IMPRESARIO Heute bringe ich Ihnen, meine sehr
Verehrten,
Mein Wunderkind, den kleinen Wunderknaben.
Es ist das niedlichste, was Sie aus den bewährten
Agenten-Händen je empfangen haben.

Er spielt Klavier, und für sein zartes Alter
Ist es das reine Wunder, wie er spielt.
Ich sag es, ich, als seiner Kunst Verwalter,
Der doch gewiss nach hohen Zielen zielt.

Komm, Charly, Komm, Du zählst jetzt dreizehn Lenze,
Mein Charly-Boy, mein Wundercharly-Kind,
Denkst du an all die tausend Lorbeerkränze,
Die unsichtbar um Deinen Scheitel sind?

CHARLY Ich denke an so and're, and're Sachen, –
In Brüssel war ein Mädchen, das war schön;
Ich hört sie über meine kurzen Hosen lachen
Und über meine langen Locken Witze machen, –
Ich wollt vor Wut und Trauer fast vergehn.

IMPRESARIO Aber Charly, Du bist heiser, –
CHARLY Ich bin neunzehn und ein Mann.
IMPRESARIO Na, du Lümmel, sprich doch leiser,
Weil man es sonst merken kann.
CHARLY (verbeugt sich, setzt sich an den Flügel)

IMPRESARIO Des Kindes Wunderspiel nicht zu zerstören,
Zieh voller Diskretion ich mich zurück.
Sie mögen still den hehren Zauber hören, –
Für Charly-Boy gibt es *kein* grössres Glück.

CHARLY Kein Glück, – kein Glück....
Ich musste immer reisen, immer weiter, –
Ach, hätt ich niemals so ein Ding gesehn!
Ich musste immer spielen, immer heiter, – –
In Brüssel war ein Mädchen, das war schön.

Ich habe viel geweint, seit ich noch klein war,
Ich war auch immer so entsetzlich müd.
Ich trat nur dort auf, wo es wirklich fein war,
Fuhr im Train bleu und im Express du Sud.

Man schläft nicht gut, der Zug auf seinem Gleise
Der rattert sehr, doch ich kann ihn verstehn:
Er schwätzt und holpert stets dieselbe Weise:
»In Brüssel war ein Mädchen, das war schön.«

IMPRESARIO (kommt mit einem Hampelmann, den er
Charly überreicht, liest die Karte):
»Spiele nicht zu viel,
Nach dem Spiel das Spiel«
Ganz entzückend, freu Dich mal, –
Lach ein bischen in den Saal!

CHARLY (mit der Puppe im Arm)
Ich freue mich, ich freue mich unendlich,
Dass solch ein Püppchen endlich ich erlangt.
Es ist sehr angenehm und sehr verwendlich, –
Seid tausendmal vom Wunderkind bedankt.

Vergesst mich nicht, mich armes altes Wunder,
Ich glaub, Ihr werdet mich nicht wiedersehn.
Ich kann nicht mehr, ich pfeife auf den Plunder, – –
In Brüssel ist ein Mädchen, das ist schön!

Robert Trösch und Igor Pahlen: »Wunderkind«

Zürich hatte mit der »Pfeffermühle« etwas absolut Neues. Sie ging als erstes politisches Kabarett auf Schweizer Boden sogar in die Theatergeschichte des Landes ein. Der Erfolg war überwältigend. »Können wir diese Erika Mann, die all das ausdachte, ins Leben rief und zusammenhielt, wirklich nach vier Wochen wieder ziehen lassen?« So eine Pressestimme.
Die Erinnerungen von Valeska Hirsch, der Schweizer Pianistin, die neben dem Hauskomponisten Magnus Henning dieses erste Schweizer Programm begleitete, geben einen kleinen Eindruck davon, wie es hinter den Kulissen des ersten deutschsprachigen Exilkabaretts zugegangen ist. Im Gegensatz zu den anderen Mitgliedern des Ensembles, die eine anteilige Gage aus den Eintrittsgeldern erhielten, wurde Valeska Hirsch vom Wirt des »Hirschen« bezahlt, der im übrigen an der Konsumation der Gäste verdiente.
»Ich bekam den stolzen Betrag von Fr. 12,– pro Abend plus Konsumation *eines* Getränkes! Noch heute ärgere ich mich, daß ich aus Schüchternheit von diesem vertraglichen Rechte niemals Gebrauch gemacht hatte.
Die Probenarbeit war wunderbar. Die Pfeffermühle war ein echtes Kollektiv. Hauptregisseure Erika Mann und die wunderbare Therese Giehse – aber nicht selten saßen Freunde und Mit-emigranten auf unsern Proben, so Klaus Mann, Wilhelm Herzog, auch kamen immer wieder Kollegen vom Schauspielhaus uns aufsuchen … es waren dieses ja Menschen, die aus dem gleichen Grund Deutschland verlassen hatten. Aus der Zeit kenne ich auch meinen Mann …
Erika hatte sich, nachdem sie sich für den Hirschen entschlossen hatte, in dieses Lokal verliebt …
Die Tische, an denen konsumiert wurde, wurden in immer bedrohlichere Enge zusammengestellt, je mehr Publikum hereindrängte. Die Flügel standen vorne rechts an der zugigsten Ecke des Lokals und das Publikum saß so nah, daß es öfters mit mir hätte vierhändig spielen können.
Von der winzigen, primitiven Bühne führte eine Hühnerleiter in den einzigen oberen Raum, der Garderobe und Aufenthaltsraum für das ganze Ensemble darstellte.
Wo ein freier Platz war, hingen Kostüme nebeneinander, übereinander, dort fanden alle Regiebesprechungen und auch gegenseitige Kritik statt. Alle trugen diese Enge mit gutem Humor – es war riesig unbequem!«

Erika Mann selbst verband all die Einfälle, die sie zu Liedern und Szenen verarbeitet hatte, als Conferenciere. Und was war ihr alles eingefallen! Die Seele der Grossstadt, Berlin Alexanderplatz, enthüllt sich als Schauplatz grausiger Moritaten. Igor Pahlen singt gruselig und aufregend davon. Schaut das Leid der kleinen Mädel, die als Schattenkinder beiseite stehn müssen, die ihre ganze Liebe in verwirrte, wilde Liebesbriefe giessen müssen, weil sie allein sind. Die entzückende Sybille Schloss zeigt das unsäglich rührend und dann höhnt sie noch den Pessimismus in Grund und Boden …
Zwischendurch tanzt der wunderschöne Amerikaner Caird Leslie irisch und mexikanisch und vor allem so tänzerisch, dass man schon versteht, warum Erika Mann auf den ganz besonders stolz ist.
Aber weiter. Ach, die Schutzleute! Nichts sehen sie mehr, was auch rund um sie herum geschieht. Sie sind für die Wirklichkeit total abgestumpft, denn in ihren Köpfen lebt nur noch der ganze Kitsch und Graus unserer Filme. Oder die Vertreter, die hier vertreten werden, weil sie sonst niemand vertritt.
Und dann die Frau X. Das ist der grosse Angsttraum, der die Anonymen angesichts der grossen, »historischen« Ereignisse überfällt. Giftgaskrieg und Massensterben. Das spielt die Therese Giehse, schon nach knapp vier Wochen Zürich »unsere Therese«, dass einem der Angstschweiss aus den Poren bricht. Was diese Frau uns gibt! Wenn sie als Schönheitschirurgin, als die »wahre« Schönheitskönigin, die dünne Oberhaut des Fortschritts abzieht, legt sie andere Schäden bloss, als nur eine zu krumme Nase. Dann packt einen diese grosse Schauspielerin so an, wie die Dichterin Erika Mann einen mit ihrem »Untermann« anpackt.
Das ist der Mann, der im Variete die gewaltige Pyramide der bewunderten Athleten tragen muss und hier plötzlich zum Symbol der ungeheuren Menge aller Leid- und Lasttragenden der Gesellschaft wird. Robert Trösch stellt diese Figur ganz herrlich hin.

Züricher Tagesanzeiger, 2. 10. 1933

Lokales

Die „Pfeffermühle"

At. Durch Erika Manns Kabarett „Pfeffermühle" ist das Lokal des Kabaretts Hirschen geadelt worden. Dies ist Zeitkabarett, politisches Kabarett, Menschenkabarett. Zotenfrei, kalauerfrei, du bist hier nicht in Kalauerbachs Keller geraten. Der Abend flog hin, und als man vor Mitternacht ging, hatte man keinen Seifengeschmack auf der Zunge. Wie sonst.

Um die Dichterstochter, um Erika Mann ist Lübecker Luft; das Saubere, das Edelgedachte, das Gesinnungs-Anständige stand im Vordergrund. Die Songs sind auch dort, wo sie gegen unsere Dummheit und Schläfrigkeit rebellieren, manchmal von resignierender Trauer. Die Mann hat ein männlich-stählern Gedämpftes; zuerst meinte ich, sie trage ein Krankenschwesterhäubchen, dann erst sah man: es war dunkles Frauenknabenhaar. Sie sah aus wie ein Jüngling Masereels, wie eine Masereella. Die Songs von Männern wären derber, politisch rülpiger; ihre Songs heben bewußt an mit dem saloppen Schwung des Konversationstones und endigen in einer packenden, singenden Pointe. Da ist neuer Bänkelsängerstil. Ich ging, gesteh ich's nur, mit hängender Unterlippe hin und kam mit wundgeklatschten Händen davon. Die beste, erhebendste, beglückendste Nummer war .... das Publikum. Das ging, obwohl nie ein Bett auf der Bühne stand, begeistert mit.

Kritik in der »Neuesten Zürcher Zeitung«, 2. 10. 1933

Die »Pfeffermühle« wurde stürmisch gefeiert. »...es gab viele Hervorrufe und Blumen«, so Thomas Mann in seinem Tagebuch am 30. 9. 1933. Und weiter: »Erikas geistige und organisatorische Leistung bewundernswert. Die Giehse hervorragend und schon Liebling des Publikums.« Eine lebendige Chronik dieses »Pfeffermühlen«-Neubeginns sind die Tagebuch-Notizen Thomas Manns; er hatte diesem Unternehmen den Namen gegeben, er verfolgte dieses Abenteuer seines »Eri-Kindes« mit großer Anteilnahme, liebevoll, ängstlich, stolz, bis zum Ende, das die »Pfeffermühle« im Januar 1937 in New York nehmen wird.

In seiner dem Tagebuch anvertrauten großen Freude über den Erfolg seiner Ältesten spiegelt sich viel von der Atmosphäre, die damals in Zürich herrschte, einem der Zentren der deutschen Emigration. In der ersten Woche nach der Premiere notierte Thomas Mann – neben all den sorgenvollen Erwägungen über die politische Situation in Deutschland und seinem persönlichen Leiden daran – fast jeden Tag ein paar Sätze zur »Pfeffermühle«: »Montag, den 2. X. 33 [...] Es kam zum ersten Mal die ›NZZ‹ [Neue Zürcher Zeitung] mit einer außerordentlich warmen, ja begeisterten Besprechung von Erikas Kabarett, das übrigens gestern einen noch stärkeren Erfolg gehabt hat, als bei der Première [...] Dabei hat Erika einen leichten Gelbsuchtsanfall, Rükkenschmerzen [...] aber der Arzt hat ihr das Auftreten erlaubt...« – »Mittwoch, den 4. X. 33 [...] Zum Mittagessen Erika und die Giehse. Der Erfolg der ›Pfeffermühle‹ ist vollkommen, die Zürcher Presse einhellig im Lob, das Publikum drängt sich jeden Abend. Das ist mir eine herzliche Freude.« – »Donnerstag, den 5. X. 33 [...] Die ›Pfeffermühle‹ hatte einen besonders erfolgreichen Abend gehabt. Es sind für morgen schon 140 Vorbestellungen da.« – »Sonntag, den 8. X. 33 [...] Gestern abend Straßentumult vor der ›Pfeffermühle‹; es waren zu viele Voranmeldungen angenommen worden...«

Die Kritik »einhellig im Lob«. Das stimmt nicht ganz. Das Presseecho war durchaus unterschiedlich. Bravorufe über Erika Manns literarischen, charmant-eleganten Konversationston, die edle Gesinnung und »weise Dosierung des Pfeffers« kamen vor allem von der bürgerlichen Presse. Das entsprechende Urteil der NZZ gipfelte in dem Lob: »Es gibt gelegentlich literarische Zeitkabaretts, die, wenn sie ihre politischen Kröpfe leeren, Galle speien. Dies aber ist traurig-schönes, singendes, geistwarmes Überbrettl.«

Den Vorwurf mangelnden klassenkämpferischen Engagements mußte sich die »Pfeffermühle« jedoch von links gefallen lassen. Das geht aus einer Lizentiatsarbeit für das Historische Institut der Universität Basel hervor. Die Autorin, Susanne Gisel-Pfankuch, hat darin sehr gründlich die Schweizer Pressekritik und das Verhalten der Schweizer Behörden gegenüber der »Pfeffermühle« dokumentiert. Von Programm zu Programm stieß das »Emigrantenkabarett« zunehmend auf politische Widerstände von rechts, von seiten der Schweizer Nationalisten.

Im Oktober 1933 jedoch regte sich mit kritischen Stimmen zunächst die sozialdemokratische und vor allem die kommunistisch orientierte Presse. Ihnen war das Ganze zu wenig analytisch, zu sehr im bürgerlichen Milieu steckengeblieben. »Genießbar und beklatschbar für das Kleinbürgertum« fand es denn auch einer der bedeutendsten Schweizer Kunsthistoriker und Kulturkritiker, Dr. Georg Schmidt. Er vertrat in der von ihm mit herausgegebenen Zeitschrift »Information« konsequent eine marxistisch-antikapitalistische Haltung. Seine Stimme sei hier erwähnt als *eine* aus dem Reigen

»Basler Nachrichten«, 31. 10. 1933

derer, die sich die »Pfeffermühle« wesentlich schärfer – gepfefferter eben – wünschten. Schmidt: Pfeffer würde nicht gemahlen, eher Pfeffernüsse, »jenes berühmte Lübecker Teegebäck, das man zu literarischen Gesprächen knabbert«. Dennoch – die mutige Haltung Erika Manns und ihrer Mitstreiter wurde bei aller kritischen Distanz sehr wohl gelobt, der Besuch des Kabaretts, das »immerhin verdienstvolle antifaschistische Arbeit« leiste, durchaus empfohlen. (Gisel-Pfankuch, Zürich 1987)

Der Forderung nach hartem, klassenkämpferischem Agitationskabarett läßt sich entgegenhalten, daß Kabarett, wie Friedrich Hollaender es definierte, »eher das fröhliche Kind einer elften Muse [ist], die es in losen Liebschaften mit dem Theater, dem Varieté, der politischen Tribüne gezeugt.« Und über die Wirkung, die der Kabarettist doch möglichst vom Brett'l herab bei seinem Publikum erzielen möchte, schrieb er: »Der Effekt, der im Cabaret aus den Stimmungskontrasten gezogen wird, ist wirklich unüberbietbar; wenn man bedenkt, daß von achthundert Menschen unter tausend das Cabaret als harmlose Amüsierstätte angesehen und besucht wird, kann man den gesunden seelischen Schock ermessen, den ein zwischen zwei parodistischen Lustigkeiten hingepfeffertes soziales Chanson auslösen kann; hier kann – wie nirgendwo anders – unter dem Deckmantel entspannender Abendunterhaltung plötzlich eine Giftoblate verabreicht werden, die suggestiv eingegeben und hastig verschluckt, weit über den harmlosen Abend hinaus das gemütlich rollende Blut entzündet, das träge Gehirn zum Denken aufreizt.« (Hippen, Mainz 1981)

Im Fall der »Pfeffermühle« darf man zudem nicht vergessen: Erika Mann und ihre Truppe waren zum überwiegenden Teil Ausländer; sie hatte es schwer genug gehabt, überhaupt eine Spielerlaubnis zu erhalten und mußte nun darauf achten, daß sie – von der Schweiz aus – keine Angriffe auf die »Existenz und Rechtssicherheit anderer Staaten« unternahm.

»Immer indirekt« hieß deshalb die Devise. »Kein Name – auch nicht der unseres verdorbenen Landes – ist je bei uns gefallen«, erinnert sich Erika Mann. »Wir wirkten in der Parabel, im Gleichnis und Märchen, unmißverständlich, doch unschuldig – dem Buchstaben nach. Trotzdem hagelte es Proteste von seiten der NS-Botschafter und Gesandten.« Überall in den Nachbarländern des NS-Staates saßen sie, wachten über das »Tun und Treiben der sogenannten Emigranten« – wie es im NS-Sprachgebrauch damals hieß – und berichteten darüber nach Berlin. Und überall in den Nachbarländern des NS-Staates war man darauf bedacht, es sich mit dem Dritten Reich nicht zu verderben. Die »Pfeffermühle« sollte das noch zu spüren bekommen.

Kritisches gegen Diktatoren läßt sich nur unter der Narrenkappe vorbringen. Die »Strategie des Indirekten« – so hatte ein tschechischer Theaterkritiker 1935 in Brünn die satirische Technik der »Pfeffermühle« treffend genannt. Sie ist und bleibt wohl eine der wenigen Ausdrucksmöglichkeiten für politisch agierendes Kabarett und Theater in diktatorischen Zeiten.

Daß Erika Mann unter diesen notwendigen Beschränkungen genügend zu Hitler einfiel, wird von Programm zu Programm deutlicher. Die »Pfeffermühle« erhob in den Jahren ihrer ruhelosen Existenz ihre klare Stimme

»Die Pfeffermühle«.

Es war eine reichlich massivere »Kunst«, die einen bisher aus den ausgehängten Photos und Plakaten im Vorbeigehen am »Gambrinus« anrief, als die, welche seit gestern dort eingezogen ist. Skeptisch ging man hin: werden die Basler wirklich dem Rufe hierher folgen? Und die erste Ueberraschung, wie man das Lokal betritt, ist – das Publikum. Der Saal ist bombenvoll, viel Künstlerjugend, und daneben ein wenig tout Bâle! Was in Zürich glänzend gelang, scheint in Basel nicht fehlschlagen zu wollen. Und gerne beglückwünscht man das Halbdutzend junger Künstler, die sich da um Erika Mann, die Dichtertochter und begabte Dichterin, geschart haben, zu ihrem Unternehmen. Denn sie überraschen uns wirklich mit etwas Apartem. Erika Mann bringt ja aus München alte Kabarettradition mit. Und doch: wie hat sich seit Wolzogens Ueberbrettl, seit den Elf Scharfrichtern und dem Simplizissimus das literarische Kabarett wieder gewandelt! Wie zeitberührt sind diese jungen Menschen, wie weit entfernt vom Klingklanggloribusch romantischer Vorkriegs-Kabarettkunst. Wie ernst ist ihr Spott und doch dabei wie echt ihr Lachen, wie treffsicher ihre Satire, wie übermütig ihre Kunst und doch wie gesinnungsgetragen..

Wenn Erika Mann ihren Märchentraum vorträgt, dann wird die tiefere Kraft, die in ihrem Dichten und Singen steckt, ganz offenbar, und für Harlekins Zeitlied möchte man ihr ganz besonders danken. Ihres Bruders Klaus Beiträge zum Programm sind da viel mehr auf den äusseren Effekt hin gearbeitetes, wenn auch schlagkräftiges Kabarett.

Zu den meisten Songs hat Magnus Henning eine rassige, melodienhaft eingängliche Musik geschrieben. Er selbst sitzt am einen Flügel und begleitet, am andern Valeska Hirsch. Und die übrigen Mitwirkenden? Unwiderstehlich in ihrer Darstellungskomik Therese Giese vom Zürcher Schauspielhaus, hübsch und keck die kleine Sybille Schloss, der Zürcher Robert Trösch vielseitig und lebendig, Igor Pahlen sprach- und gebärdenmächtig. Marie-Eve Kreis von der Tanzschule Wulff in Basel tanzt drei Tänze, von denen das »Café concert« in seiner parodistischen Pointierung, besonders genannt sei. Und das Publikum, dieses seltsam gemischte Premierenpublikum, ging mächtig mit ... und war bester Stimmung bis zum etwas späten Schluss.

Der Versuch ist glänzend gelungen. Die »Pfeffermühle« zieht! Also, wie singt Dehmel in einem Chanson: »Mahle, Mühle, mahle!«

Basler Nationalzeitung, November 1933

gegen staatlich sanktionierte Lüge, gegen Terror, Heuchelei und Betrug, gegen Mord und Totschlag. Fast jeder Text endete – und mochte er noch so harmlos begonnen haben – mit einem Appell an Vernunft, Gerechtigkeit, Wahrheit.

In das Programm vom Oktober 1933, mit dem die »Pfeffermühle« im Anschluß an die triumphale Premiere in Zürich auf eine erste Tournee durch die Schweizer Provinz ging, sind Texte mit leicht politischem Akzent aus beiden Münchner Programmen übernommen worden, wie »Zugegeben« und »Vertreter« – beide Texte haben die drückende Arbeitslosigkeit zum Thema. Die »Schönheitskönigin« war im Februar 1933 eine erste Attacke der »Pfeffermühle« auf den Antisemitismus.

Neu hinzugekommene Chansons und Texte lassen bei aller Verschlüsselungstaktik an Deutlichkeit nichts zu wünschen übrig. Das Lied von der »Frau X« beispielsweise: eine Abrechnung mit dem selbstzufriedenen Kleinbürger, gar nicht mal apolitisch, doch feige, bequem, sich selbst genug; durch seine Haltung beschwört er das Unheil mit herauf und zahlt am Schluß noch die Zeche. – Diese »Frau X« wurde von Therese Giehse dargestellt. Valeska Hirsch erinnert sich: »Unbestrittener Höhepunkt des Abends war das Lied von der ›Frau X‹. Die Zuschauer schüttelten sich anfänglich vor Lachen über die Komik der Giehse –, aber mit einer kurzen Wendung brachte sie in der vierten Strophe das Lachen zum Verstummen, es wurde still und die Stimmung wurde totenernst.«

Der »Zauberkünstler« kann trotz prahlerisch-großmäuliger Sprüche das Notwendigste, Arbeitsplätze nämlich, nicht aus dem Hut zaubern, und dem »Hungerkünstler« wird seine makabre Künstlerschaft streitig gemacht, wo im großen Stil gehungert wird, wo es jeder können muß.

Im zweiten Schweizer Programm, mit dem die »Pfeffermühle« im Januar 1934 wiederum in den Zürcher »Hirschen« einziehen wird, redet Erika Mann einige Male so deutlich Klartext – obwohl wieder kein Name genannt wird –, daß die Vertreter des Deutschen Reiches wußten, wer und was gemeint ist.

Thomas Mann notiert am 15. 2. 1934 in seinem Tagebuch: »Zum deutschen Generalkonsul in Sachen meines Passes... Der Consul nahm mich dann aus Dummheit Erikas und ihrer ›Unvorsichtkeiten‹ wegen ins Gebet. Ich hatte Mühe, nicht deutlicher zu werden als ich wurde. ›Deutscher Gruß‹ des Unterbeamten. Unheimliche Sphäre.«

»Spott auf die deutsche Erneuerungsbewegung«

Das zweite Exil-Programm, Zürich 1. 1. 1934

Zürich
Cabaret Hirschen
Niederdorfstr. 13
1934 1. Januar – 15 Februar

Sozusagen Frei-Pahlen	Text: E. und K. Mann – Musik: M. Henning – Darsteller: I. Pahlen/H. Ortmayr
Tanz-Goslar, Unwirsch	Lotte Goslar
Schutzengel-Giehse	
Skitango-Schloss, Henning	
Skilehrerin-E. Mann	
Reicher Mann-Trösch	
Kinderlied-Schloss	Text: Erika Mann – Musik: M. Henning – Darstellerin: Sybille Schloß
Tanz-Goslar, Vamp.	Lotte Goslar
Kitschpostkarte-Schloss, Trösch	Text: K. Mann – Musik: H. Fels – Darst.: S. Schloß, R. Trösch, M. Henning
Jodlerin-Giehse	Text: Erika Mann – Darstellerin: Therese Giehse
Spionage-Ensemble	–
Kaltes Grauen.	
Herrschaftskinder-Trösch, Schloss, Henning	Text: Erika Mann – Darsteller: R. Trösch, S. Schloß, M. Henning
Todeskandidat-Pahlen	Text: Erika Mann – Musik: Magnus Henning – Darsteller: Igor Pahlen
Tücke des Objekts-Schloss	Text: Erika Mann – Darstellerin: Sybille Schloß
Doktoren-Trösch, Pahlen, Pfister	Text: Erika Mann – Darsteller: R. Trösch, I. Pahlen, F. Pfister
Tanz-Goslar, Zirkustänzerin	Lotte Goslar
Krankenschwester-Giehse	Text: Erika Mann – Musik: M. Henning – Darstellerin: Th. Giehse
Koch-Trösch	
Dame plaudernd-Schloss, Henning	–
Tanz-Goslar, Jungfrau	Lotte Goslar
Dummheit-Giehse.	Text: Erika Mann – Musik: M. Henning – Darstellerin: Th. Giehse
Kälte-E. Mann	Text und Darstellung: Erika Mann – Musik: Magnus Henning
Prominententhée-Ensemble	Text: Klaus Mann – Darsteller: Ensemble

Begleitung: Henning – Werner Kruse

Von der 2. Vorstellung ab
ohne Prominententhée.

Sozusagen frei

Conférence

Recht guten Abend so wünscht Ihnen allen die »Pfeffermühle«. Der erste, den wir hinter dem Vorhang für Sie zurecht gestellt haben ist X. X. Er kommt hier heraus als ein Mensch, der sehr froh ist, dass er frei ist, einfach nur deswegen, weil er frei ist. Und das hat seinen guten Grund darin, dass er es längere Zeit nicht gewesen ist. Dadurch weiss er es erst wieder richtig zu schätzen. Ja, wenn jemand jeden Tag seine Tür selber auf und zu sperren darf, macht es ihm schliesslich gar keinen Spass mehr, im Gegenteil, dann langweilt es ihn manchmal sogar direkt. Freiheit – ganz hat sie ja eigentlich niemand, und wer sie immerhin bis zu einem gewissen Grade besitzt, der tut gut daran, keinen zu ausgiebigen Gebrauch davon zu machen, damit er sie nicht plötzlich eines Tages verliert. Das Lied, mit dem wir also jetzt anfangen, heisst »Sozusagen frei«.

Der Entlassene

(kommt mit einem Köfferchen)

So, das wäre auch vergangen,
Man ist sozusagen frei
Und die fünfeinviertel langen
Blöden Jahre sind vorbei.

Freiheit – weisst Du's noch? Da drinnen
Stelltest Du Dir's immer vor:
Einmal muss der Tag beginnen
Und dann springt es auf, das Tor – –

Und dann liegt die Welt im Glanze
Und Mathilde schluchzt und lacht – –
Hat sich was. Jetzt ist das Ganze
Halb so schön wie ich gedacht.

Von Mathilde? Keine Spur.
Die geht fremd. Na, warte nur!
Einmal schnappts. Ich bin ein Mann,
Der sich vor gewissen Dingen,
Die ihn glatt in Harnisch bringen,
Einfach nicht beherrschen kann.

Wie oft ich den Vorsatz fasste:
Nimm Dich doch zusammen, Fritz!
Wenn mir irgendwas nicht passte,
Fuhr es in mich wie ein Blitz.

Wenn die einen gar so frech sind
Und die Andern gar so dumm –
Weil die Köpfe halt von Blech sind –
Mensch, da reisst es mich herum –

Und dann bin ich wie besoffen – –
Und so hab ich damals roh
Emil auf den Kopf getroffen.
Nachher weiss man nicht, wieso.

Ob ichs wollte? Keine Spur.
Gegenteil. Gewiss nicht. Nur – –
Leider bin ich so ein Mann,
Der sich vor gewissen Dingen,
Die ihn glatt in Harnisch bringen,
Einfach nicht beherrschen kann.

Wo ich jetzt so lange wohnte,
Hab ich ja bei Tag und Nacht –
Und ich glaube, dass sich's lohnte –
Ziemlich gründlich nachgedacht.
Bisschen Hoffnung, reichlich Grauen –:
Das war so mein Resultat.
Na, nun wollen wir mal schauen,
Ob sich was geändert hat.

Manches war nicht, wie es sollte.
Als ich abging seiner Zeit.
Was man damals bessern wollte,
Ist jetzt hoffentlich all right.

Oder doch nicht? Keine Spur?!
Gegenteil?!! – Na, wartet nur!!
Da gibts Arbeit für den Mann,
Der sich vor gewissen Dingen,
Die ihn glatt in Harnisch bringen,
Einfach nicht beherrschen kann.

Lotte Goslar

Unwirsch

Conférence

Jetzt kommt die Tänzerin Lotte Goslar, die als Tänzerin wirklich hors de concours ist, also absolut unvergleichlich innerhalb unseres Programmes, jedenfalls glaube ich, vielleicht, sicher, am Ende sogar. Es ist ein bisschen so: In München kam einmal eine Tante vom Land zu uns zu Besuch und weil wir nicht gleich wussten, was wir mit ihr anfangen sollten, den lieben langen Tag, schickten wir sie dort in die grosse Bildergalerie, in die Pinakothek. Wie sie wieder zurück kam, sagten wir, na, Tantchen, wars schön? Hats Dir auch Eindruck gemacht? Da sagte sie, ja, sehr nett ists gewesen, wirklich wahr, gelungen wars, zum Schiessen wars eigentlich. Also jedenfalls ich wüsst in ganz Ingolstadt keine drei Familien die solche Bilder haben. So ist es mit Lotte Goslar nun natürlich keineswegs, sie ist weit über die Grenzen von Ingolstadt und auch über die der »Pfeffermühle« hinaus bekannt, eine Tänzerin von grossem Namen, viele von Ihnen werden sie ja auch kennen. Lotte Goslar, der Unwirsch.

Kinderlied

Conférence

Jede Zeit hat die Lieder, die sie verdient und sie singt die Worte und Melodien die ihr zukommen, ganz gleich, ob es sich dabei um hohe Kunstgesänge handelt, oder mehr ums Politische, oder um die Spiele der Kinder. Nun, wir sprechen hier ja nicht von hohen Kunstgesängen, wir sind ja nicht grössenwahnsinnig. Wir sprechen auch nicht von Politik, wir sind ja nicht wahnsinnig. Aber von den Spielen der Kinder sprechen wir allenfalls gerade eben noch, wir sind sinnig. Nun sind es ja auch die Kinderlieder eigentlich am ehesten, die Bestand haben, so im Wechsel der Mode und Gegebenheiten, und von denen unser Herz oft noch so voll ist, als wären wir acht Jahre und nicht – ist ja auch egal. Das, was jetzt kommt, heisst Kinderlied.

Kinderlied

Wie Sie mich hier in Ihrer Mitte haben,
Wär ich 'ne grosse Sängerin geworden, –
Denn meine Sehnsucht war's, und meine Gaben
Versuchte man nur einfach hinzumorden.

Ich hörte nichts, wir hatten keinen Radio,
Ich weiss nur noch, was ich von früher weiss,
Noch aus dem Kindergarten in Klein-Schadow,
Im Singen hatt' ich immer ersten Preis.

Die Lieder sing ich jetzt in allen Lagen,
Die passen überall so tröstlich hin,
Ich brauche nie zu schrein und nie zu klagen,
Weil ich statt dessen musikalisch bin.

Üb' immer Treu und Redlichkeit,
Dann bleibst Du immer arm,
Nun ade, Du mein lieb Heimatland,
Dass Dein sich Gott erbarm!

Mal ist ein Zug bei uns vorbeigezogen,
Die suchten was, ich weiss bloss nicht mehr wen, –
Da hab' ich ihnen schnell was vorgelogen,
damit sie das nicht finden – oder den.
Mich haben sie dann leider eingesperrt,
Weil sich das Lügen eben nicht gehört.

Häschen in der Grube,
Schlafe nicht!
Armes Häschen mach Dich frei,
Denn was ist denn schon dabei,
Häschen hüpf,
Hopp, hopp, hopp.
Kindchen lauf Galopp.
Ach, wie ist es kalt geworden,
Und wie traurig öd' und leer,
Rauher Wind kam auch vom Norden,
Und die Sonne schien nicht mehr.
Wusst ich, wieviel Sternchen stehen?
Mensch, wie war mir das egal!
Irgendwas musst' jetzt geschehen,
Unabhängig von der Zahl.

Ich drücke mich herum auf allen Gassen, –
Und mir hilft keiner, denn ich bin allein,
So lange sie mich hier noch singen lassen, –
Will ich nicht weinen und zufrieden sein.

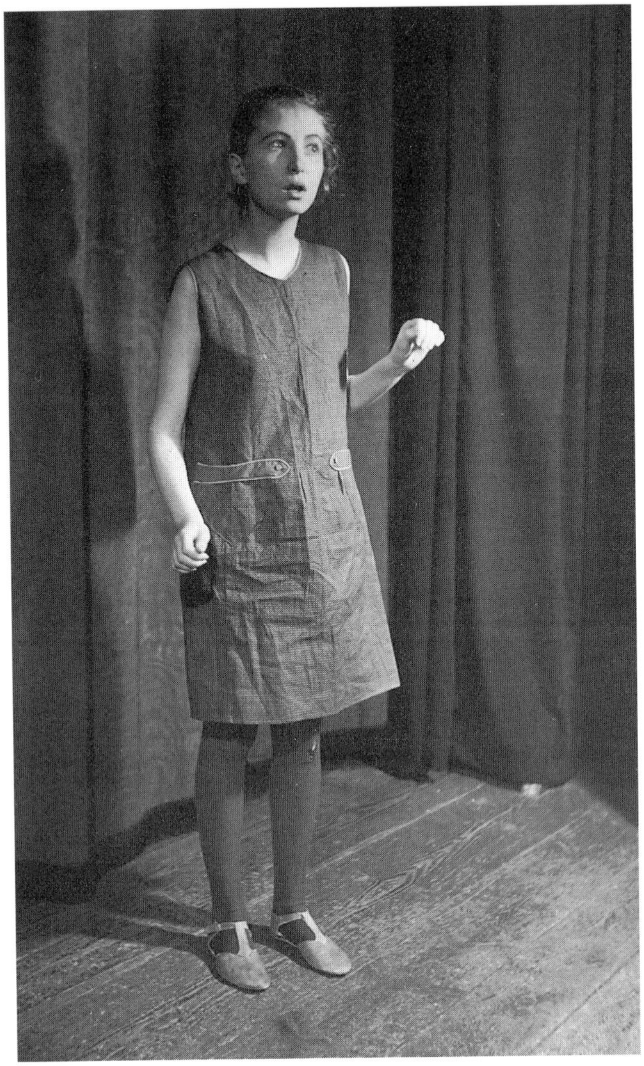

Sybille Schloß: »Kinderlied«

Hätte gern die Gans gestohlen,
Würd ich gleich ein Dieb.
Nahm, denn es gab nichts zu holen,
Mit der Maus vorlieb, –
Nahm, denn es war nichts zu holen,
Mit der Maus vorlieb!

Mein Pfiff mit Emil musste auch versagen.
Wo bloss der Junge sich verborgen hat?
Ich pfeife nun schon seit diversen Tagen
Durch unsre ganze, unsre ganze Stadt.

(Pfeift) »Hänschen klein«

Kuckuck, kuckuck, –
Rufts aus dem Wald.
Und Emil liegt im Walde,
So still und stumm.
Er hat aus lauter Purpur
Ein Mäntlein um.
Blutig sieht der Emil aus
Der kommt nimmermehr nach Haus.
Wer hat meinen Emil gemacht so stumm?

Ich kann jetzt wirklich beinah nicht mehr singen,
Es ist zu schrecklich auf der ganzen Welt,
Mir will kein Liedchen mehr so recht gelingen,
Und keines weiss ich mehr, was mir gefällt.

Die Tiroler sind lustig,
Wieso und warum?
Ich kanns nicht verstehen,
Dazu bin ich zu dumm!
Kommt ein Vogel geflogen,
Kommt von Emil sein' Grab, –
Liebes Vöglein bleib bei mir,
Weil ich sonst niemand hab.

Vamp

Conférence

Jetzt kommt die Lotte Goslar wieder hier heraus zu Ihnen und tanzt einen Tanz, begleitet von gut der Hälfte unserer kleinen Herrenkapelle, von Werner Kruse. Nun bin ich ja überhaupt im Ganzen eigentlich viel mehr für Damenkapellen. Ist doch viel stattlicher und herzhafter so im Allgemeinen. (Bei guter Sicht: was wir da haben, zwei so Bürschchen, ist ja was sehr liebes, aber schmächtig sind sie halt, sehr schmächtig.) Nur was so eine richtige Damenkapelle in voller Kriegsbemalung angeht, ist hier eigentlich selten, ist gar nicht so leicht zu finden. Das ist z. B. in Österreich ein ganz ander Ding. Da gibts das ja wie Sand am Meer. War ich neulich in Wien in einem Kaffeehaus, da hat eine sehr schmucke Damenkapelle aufgespielt. Ich war mit einem Bekannten von mir, einem Österreicher, drin, der war auch gleich ganz begeistert, der war ganz hingerissen. Sagt zu mir: »Um Gottes Willen, ich bitt Sie, um alles in der Welt, schaun Sie mal hinauf auf die Dame, was da oben Cello spielt.

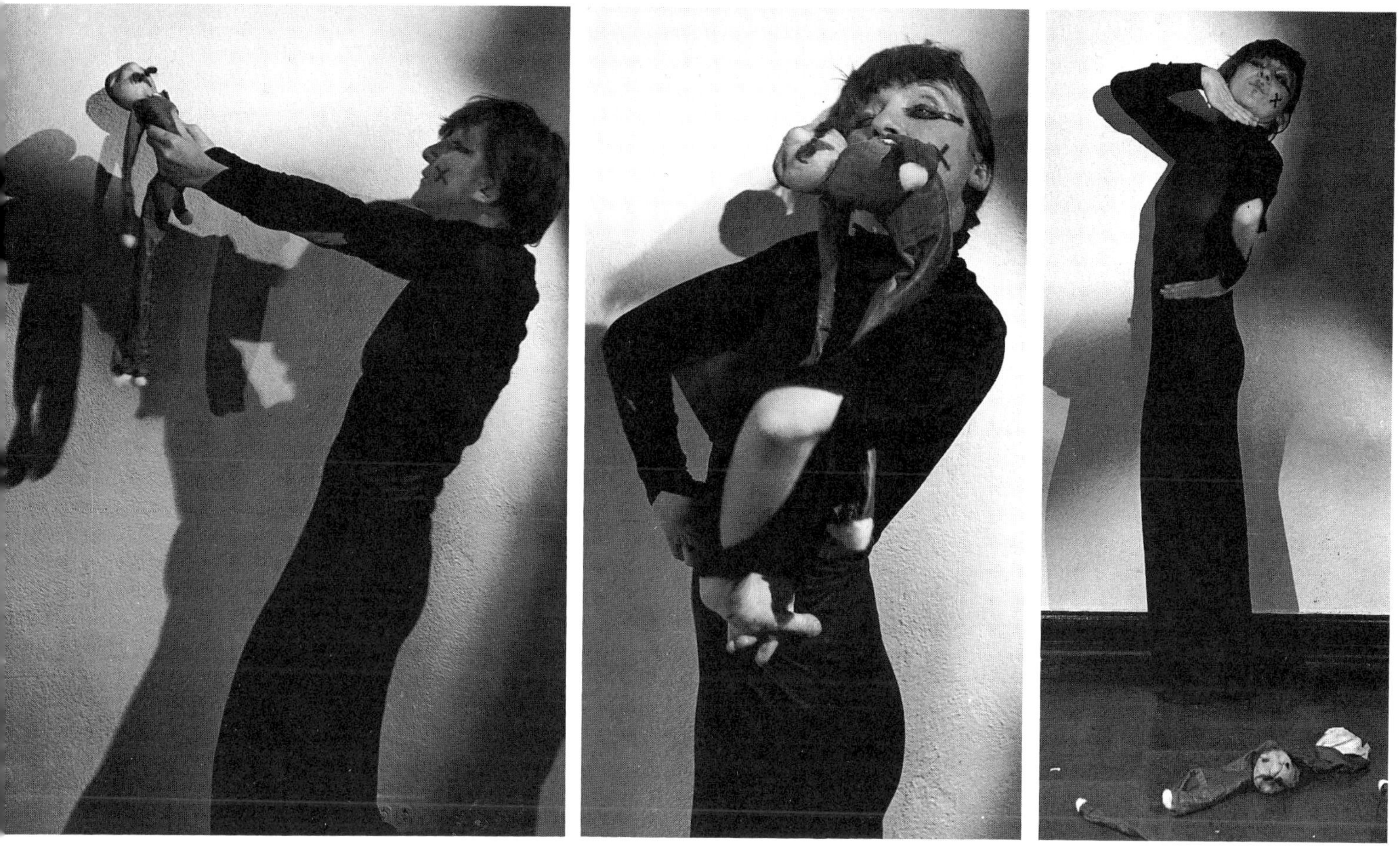

Lotte Goslar: »Vamp«

Ist die bezaubernd, ist die hinreissend herzig?« Sag ich: »Ja, da oben die dicke Cellistin die ist ja ganz drollig.« Sagt er: »Aber gehns, drollig ist gar nicht das Wort auf die Dame, wo sie dermassen penetrant herzig ist. Schauns doch allein den Gesichtsausdruck an, was die Person hat. Ist das ein geliebter Gesichtsausdruck? No, und dann das Vollschlanke von der Figur. Also meiner Seel, ich hab selten so was Vollschlankes auf eim Haufen gesehen. Also passens auf, jetzt werd ich Ihnen aber was erzählen, jetzt werdens aber lachen, jetzt werden Sie sich erstaunen und vielleicht sogar verwundern, aber ich habe mich jetzt dermassen verliebt in diese Person, was da oben so vollschlank Cello spielt, also ich werd die heiraten.« Sag ich: »Heiraten? Um Gottes Willen, ist das nicht in dieser Windeseile, so vom Instrument weg, ein bisschen übertrieben?« Sagt er: »Übertrieben? Das ist das Mindeste, was ich mit der Dame überhaupt anfangen kann.« Sag ich: »Na, dann muss es wohl sein.« Sagt er: »Ob das jetzt sein muss, sofort muss das jetzt sein. Passens auf, das arrangier ich mir jetzt sofort, das richt ich mir jetzt beiläufig. Piccolo, gehst Du her, Piccolo, obst hergehst, Lausbub mistiger, springst Du hinauf zu der Dame, was da oben Cello spielt, und sagst zu der, da unten sitzt ein sehr netter, sympathischer, besser situierter Herr, der bietet Ihnen Hand und Herz fürs Leben. Oder weisst was? – Sagst es gscheiter der Trommlerin.«
Also etwas Trauriges hat ja für uns die Geschichte. Es kann uns hier oben dergleichen Heil und Heiratsantrag eigentlich gar nicht recht widerfahren, wir haben keine Trommlerin, ich sags wies ist, wir haben und haben keine Trommlerin, haben auch keine Cellistin. So. Aber wir haben ja immerhin trotz alledem noch Lotte Goslar in voller Pracht und Herrlichkeit und in allem Glanze, und die kommt jetzt auch hier heraus zu Ihnen und tanzt einen Tanz, der heisst der Vamp, oder das grausame Weib. Lotte Goslar: Das grausame Weib.

Kitschpostkarte

Conférence

Eine Dame, nicht mehr ganz jung, Gattin eines sehr netten Geschäftsmannes, steht im Museum vor einem kubistischen Bild. Auf dem Bild sind zu sehen zwei Würfel und zwischendrin ein grasgrüner Kreisel. Unter dem Bild steht ja dann auch geschrieben »Grossvater jammernd«. Die Dame sagt: »Wundervoll, endlich mal was wirklich wundervolles. Hier auf diesem Bild ist mein Seelenleben dargestellt und dies ist mein Schicksal.« Dieselbe Dame sagt am Abend vor einem Sonnenuntergang am Meer: »Ganz nett, recht lebhafte Farben eigentlich. Nur, missverstehen Sie mich bitte nicht, ein bisserl vulgär doch, wie? Ein bisserl Operninszenierung, was? Doch so ein bisserl, bisserl, bisserl Kitsch. Wie, was, he?« Eine süsse Person. Sie behauptet auch, für indische Musik zu schwärmen, obwohl sie keinen Ton davon versteht, aber Beethoven sagt ihr nichts mehr. Und sie meint, dass sie nur auf Stahlmöbeln überhaupt noch sitzen könne, obgleich ihre Leibesfülle kaum hineingeht.
Es ist ja doch überhaupt: Mit dem Wort Kitsch wird eigentlich viel Missbrauch getrieben. Z. B. der junge Bursche, der sich in der Hafenstadt eine Postkarte kauft, Gruss aus Marseille zur Verlobung am Neujahrstage, der ist dabei sicher so voll von richtigem, echtem Gefühl, dass wir eigentlich über ihn gar nicht lachen sollten. Wenn wir es doch, aus guter, alter Angewohnheit, wieder tun, tun wir es wenigstens gerührt und nicht böse. Das was jetzt kommt, heisst Kitschpostkarte.

Sybille Schloß und Robert Trösch: »Kitschpostkarte«

Verlobung zu Neujahr

BEIDE In süssen Farben steht die Abendröte
Am Horizont, vor dem wir reglos sind.

SIE Im Winterwald schwebt Nachtigall'n Geflöte –

ER Und voller Frühlingsdüfte ist der Wind.

SIE Aus blassen Rosen wächst ein starres Kränzchen
Um uns, denen so grosses Glück geschah.
Ich bin dein Ännchen und du bist mein Fränzchen.
Ich liebte dich, seit ich dich erstmals sah.

ER Ich bin dein Fritz, und du bist meine Liese,
Doch jene nicht, die man zu Haus gekannt.
Verwandelt bist du, zauberisch, nicht mehr diese.
Und keiner kennt, woher du kamst, das Land.

SIE Ich glaube nicht, dass du Friseur gewesen,
Wie man behauptet hat. Es ist nicht wahr!
Du bist das Wunder, von dem ich gelesen,
Der Abenteurer, Herr der Meere war.

BEIDE Wir sind das verklärte,
Strahlend junge Paar.
Es wich, was uns beschwerte –
Hell liegt vor uns das Jahr.
Mögt ihr uns doch benennen
Mit jedem Spott den's giebt.
In seinem (ihrem) Blick dies Brennen
Sagt mir, dass er (sie) mich liebt.
Ihr solltet uns beneiden,
Weil wir verzaubert sind
Und weil ab nun uns Beiden
Der schönste Tag beginnt.

SIE Hilflos vor einem riesigen Gefühle
War dieses Herz verwirrt bis in den Grund.

ER Kein Wort, das aussprach, was ich völlig fühle.

BEIDE Da wurden wir verzaubert, hübsch und bunt.

SIE Ein vorbildhaftes Monument der Liebe,
So strahlen wir vom Ansichtskartenstand.

ER Ach, dass vor uns ein jeder stehen bliebe,
Damit er fühle, wie's in uns gebrannt.

SIE Oh rosarote Glorie! Meine Seele
War schon ganz schwarz. Doch nun erglüht sie neu.

ER Grau war der Tag, voll lastender Befehle.
Nun strömte Licht. Im Januar ward Mai.

SIE Das grad am Neujahrstag wir uns gefunden,
Das ist doch einzig und das gab es nie.

ER Des neuen Jahres erste Morgenstunden,
Die ersten Schöpfungsstunden wurden sie.

BEIDE Wir sind das verklärte
Strahlend junge Paar.
Es wich, was uns beschwerte,
Hell liegt vor uns das Jahr.
Mögt ihr uns doch verhöhnen,
Wir lachen nur zurück.
Mit wunderbaren Tönen
Rauscht unser echtes Glück.
Verspottet nicht den süssen
Lichtglanz auf unsrem Haar.
Lernt doch mit uns zu grüssen,
Was nun beginnt, dies Jahr!

Die Jodlerin

Conférence

Jetzt wissen Sie wenigstens endlich, was ein Unwirsch ist. Ich bewundere das ja immer sehr, wenn so ein kurzes Tänzchen es doch versteht, das Lehrreiche mit dem Schönen und ästhetisch Bezaubernden so zu vereinen. Das ist ja nun überhaupt eine Mischung, die man leider nur noch so selten antrifft: Schön und lehrreich. Trifft man höchstens noch gelegentlich in der Wochenschau im Kino. Da ist es ja nun allerdings immer sehr schön und sehr lehrreich. (Oder wenn Kitschpostkarte nach Unwirsch und Jodlerin nach Kitschpostkarte: Etwas was doch eigentlich von Woche zu Woche auch immer schöner und schöner wird, sind die Wochenschauen in den Kinos. Was da an neuester technischer Errungenschaft mit den guten uralten Blut- und Bodenbelangen Arm in Arm spaziert, das ist eine Pracht.) Und zwar sind es vor allen Dingen die guten alten Sitten und Bräuche, die einem doch immer wieder als leuchtendes Vorbild sehr lehrreich gezeigt werden. Neulich habe ich gesehen in einer Wochenschau, da existiert in einem kleinen Ort im Rheinland, folgende uralte Sitte: In der Hochzeitsnacht muss das frischvermählte junge Paar, aus rätselhaften aber erdgebundenen Gründen, den Gipfel des nächstgelegenen Weinberges erklimmen. Dort oben warten dann schon einige Burschen und Mädeln aus dem Dorfe in alter Tracht, und nun beginnt der Reigen. Zwischen den Rebstöcken hindurch und über die kleinen, feuchten schmutzigen Erdhügel gehts die ganze Nacht bis zum frühen Morgen. Totmüde, aber doch sehr dankbar auch den alten Bräuchen, kehrt die ganze kleine Hochzeitgesellschaft am hohen Vormittag erst ins angestammte Dorf zurück. Ich habs mit eigenen Augen mit ansehen müssen – in der Wochenschau.
Dann kamen mehr so Kanonen und Tanks und Luftgeschwader, auch sehr schöne, zähe alte Sitten, und dann kam noch etwas ganz Wissenswertes: – da hat sich doch in Paris folgendes als nötig erwiesen: In Paris muss alle paar Jahre einmal der Boulevard Hausmann von jedem Verkehr freigelegt werden, und da müssen dann einige Tänzerinnen, Balletteusen von der Oper, in leichter Kleidung hinkutschiert werden und dort bei jedem Wetter auf freiem Boulevard ein wenig tanzen. Es ist recht lästig, der Pariser Gesamtverkehr leidet ja empfindlich darunter, die Gendarmerie muss sogar immer in hellen Haufen aufgeboten werden. Aber es muss sein, es muss halt sein, es ist zur Erinnerung an irgend etwas, ich glaube an den alten Hausmann, aber ich weiss es auch nicht so genau.
Also jedenfalls, ich habe mir das so angeschaut, und dann habe ich mich sehr geschämt, ich habe mir gedacht, eigentlich ist es wirklich toll: Man selber betreibt diese guten alten Dinger, diese Sitten, eigentlich viel zu selten. Ich habe nie auf einem Weinberg getanzt, geschweige denn in der Hochzeitsnacht, wäre überhaupt nicht auf die Idee gekommen. Kurzum, ich habe beschlossen, wir müssen nun versuchen, die »Pfeffermühle« wenigstens auch schrittweise jenem rückwärtsge-

wandten Idealzustand zuzuführen, der dann auch auf Weinbergen tanzen macht. Und zu diesem Zweck zeigen wir Ihnen jetzt eine Jodlerin, ein ungeheuer standes- und herkommensbewusstes Weib, das es Ihnen dann schon geben wird.

Die Jodlerin

(Jodlerin jodelt ausführlich hinterm Vorhang. Wenn er aufgeht, trägt sie herrliche Tegernseer Gewandung mit Münzen, Hirschbart und allem Zubehör.)

Das sind die Bräuche und die Sitten,
Schier tausend Jahre sind sie alt.
Sie war'n von jeher wohlgelitten, –
Und heut' erst recht, ich darf doch bitten, –
Sind uns're Sitten hochbezahlt.

Zum Beispiel die Sylvesternacht
Ist alter Bräuche voll.
Wer sowas einmal mitgemacht,
Hat sich so gründlich schiefgelacht,
Wie man es gar nicht soll.

Erst trinkt man Punsch, dann trinkt man Bier
Bei uns, und dann noch Korn.
Und dann beginnen alle wir, –
So will es Brauch und Sitte hier, –
Mit Bier und Punsch von vorn.

Wenn alle dann besinnungslos,
Geht's in die Winternacht,
Wo unser Himmel ewig gross
Der lieben Erde in den Schoss
Den weissen Schnee gemacht.

Dort legen wir uns längelang;
Der älteste im Haus –
Der bringt mit würdigem Gesang,
Nach altem Brauch, mit Kling und Klang,
Den Gartenschlauch heraus.

Er spritzt der ganzen Gästeschar
Viel Wasser ins Gesicht.
Die findet es nicht sonderbar,
Weil es von altersher so war,
Und zudem spürt sie's nicht.

Gar mancher holt' sich schon den Tod, –
Jedoch ist's alt und echt.
Solang der Weizen wächst für's Brot
Und's Bauernblut fliesst heiss und rot, –
Solang ist uns das recht.

Denn uns're Bräuche, unsre Sitten,
Schier tausend Jahre sind sie alt.
Sie war'n von jeher wohlgelitten, –
Und heut' erst recht, ich darf doch bitten, –
Sind uns're Sitten hochbezahlt.

Der schöne Wastel, mein Herr Sohn,
Der schuhplattelt so gut.
Beim Jodeln trifft der jeden Ton, –
Jetzt kennt man ihn in London schon
Und bis nach Hollywood.

Drum ham's ihn auch mit der Revu
Ins Ausland angaschiert.
Ich hab gesagt, Du Rammä, Du, –
Wie kommst Du überhaupts dazu, –
Bis Dir etwas passiert!

Heut' schreibt er schon, »die Unterwäsch'
Hab' ich aus Seide jetzt;
Ich bin sehr vornehm und sehr fesch, –«
Sein Bargeld nennt das Rindvieh »Cash«, –
So ist der aufgehetzt!

Ach, uns're Bräuche, unsre Sitten,
Schier tausend Jahre sind sie alt,
Die war'n von jeher wohlgelitten,
Und dem Herrn Sohn, ich darf schon bitten,
Werden die Bräuche hoch bezahlt.

Die Nachbarsleute mag ich nicht,
Die Sippschaft ist verhasst.
Wir treffen uns nur vor Gericht
Und schaun uns grusslos ins Gesicht,
Weil uns das halt so passt.

Wir überhaupt, bei uns zu Haus,
Wir mögen andre nie.
Wir machen uns da gar nichts draus, –
Und ungern führ'n wir ein, – nur aus, –
Nennt man das Autarkie?

Bloss hier die wunderschöne Tracht,
Die mich so ländlich schmückt,
Und mich so bodenständig macht,
Die hat mein Sohn in voller Pracht
Aus Chicago geschickt.

Ja, uns're Bräuche, unsre Sitten,
Schier tausend Jahre sind sie alt, –
Die war'n von jeher wohlgelitten, –
Und heut' erst recht, ich muss doch bitten,
Sind uns're Sitten hochbezahlt.

(Tanz.) (Gejodel.)

Kaltes Grauen

Herrschaftskinder

Wir sind die feinen, reichen,
Jungen Leute.
Wer kann sich denn mit uns
Vergleichen heute?

Wozu uns zieren?
Gute Manieren,
Die setzt ein jeder doch bei uns voraus!
Wie wir uns flegeln,
Nach allen Regeln,
Wir sind und bleiben aus dem Herrschaftshaus.

Papa sagt, die Geschäfte gehn
Gar nicht so glänzend jetzt.
Ich möchte mal 'nen Vater sehn,
Der nicht so dämlich schwätzt.

So lang mein Alfa-Romeo
Noch Hundertachtzig macht,
So lang ist das noch nicht so,
Das wäre doch gelacht.

Die Mama sagt, und sie hat recht,
Das Volk verlangt zu viel.
Und was Papa an Steuern blecht,
Das ist kein Pappenstiel.

Das Personal ist aufgehetzt.
Was mich das interessiert.
Ich habe für mein Tennis jetzt
Noch nicht genug trainiert.

Erika Mann
in ihrer Suite »Kaltes Grauen«

Mit meiner Freundin mach ich Schluss,
Die liest mir viel zu viel
Die sagt, dass man was lernen muss,
Wenn man was werden will.

Hast Du was gelernt, hast Du was gedacht?
Hast Du was gelesen, hast Du was gemacht?
Hast Du was getan, hast Du was geahnt?
Hast Du was gefördert, und was angebahnt?

Glänzend, glänzend
Wie der scherzen kann!
Hört Euch doch den Irren
Bitte an!

Wir sind die feinen, reichen,
Jungen Leute.
Wer kann sich denn mit uns
Vergleichen heute.
Wie wir uns flegeln
Nach allen Regeln,
Bei uns sieht alles schick und vornehm aus.
Wozu uns plagen?
Man wird doch sagen:
Die Kinder sind aus feinem, reichen Haus!

Der Todeskandidat

Conférence

Die wichtigste Fähigkeit, die ein Mensch heute haben kann, ist die, aus der Not eine Tugend machen zu können. Wenn alle Leute diese Fähigkeit hätten, dann gäbe es bald nur noch Tugenden auf der Welt. Der Herr, den ich jetzt hier herausschicken will zu Ihnen, ist Todeskandidat seines Zeichens und Aussehens. Passen Sie auf, wie er diese seine Not zur Tugend und die Tugend zu Geld zu machen versteht.

Der Todeskandidat

Ich bin bleich, und ich bin mager, – –
Doch so bleich war ich schon immer.
Seht, die Ärmchen, seht wie hager, –
Und die Beine sind noch schlimmer.
Seh ich nicht aus, wie ein verschmutzter Schnee?:
So weisslich-grau, so lockerer Substanz?
Dabei tut meiner Lebtag mir nichts weh,
Und ich geniess das Leben voll und ganz!

Ich bin nur Todeskandidat, ja Todeskandidat,
Bin Todeskandidat seit vielen Jahren.
Und jeder Arzt im Staat, und jeder Arzt im Staat
Hat Sonderbares schon mit mir erfahren.
Sie leben immer noch? Sie leben immer noch?
So wispert es empört von Mund zu Mund, –
Sie starben wirklich nicht, Sie starben wirklich nicht?
Sie werden, ha, ha, ha, wohl gar gesund?

Die Frauen lieben Kraft, das ist schon richtig
Und eine stramme, frohe Männlichkeit.
Doch ist was andres nebenbei noch wichtig: Mitleid!
Und wenn ein Mädchen sich mir roh entzieht,
Greif ich zum Hut und sing mein altes Lied:

Mein Kind, bin Todeskandidat, bin Todeskandidat,
Ich lebe nur noch heut' und höchstens morgen.
Sei gut zu mir, mein Kind, sei sanft zu mir, mein Kind,
Das übrige will ich dann schon besorgen.
Ich bin nicht arm, mein Kind, nur Todeskandidat, –
Sei gut zu mir, mein Kind, nur bis zum Morgen.

Geschäfte mache ich in grosser Zahl,
Mit reichen und auch gern mit armen Leuten,
Die lassen sich von mir doch jedesmal ausbeuten.
Und wenn sich einer mir brutal entzieht,
Greif ich zum Hut und sing mein altes Lied:

Mein Herr, bin Todeskandidat, bin Todeskandidat,
Ich lebe nur noch heut' und höchstens morgen.
Sein Sie kulant, mein Herr, sein Sie loyal mein Herr,
Das übrige will ich dann schon besorgen.
Ich bin nicht arm, mein Herr, nur Todeskandidat,
Sein Sie kulant, mein Herr, nur noch bis morgen!

Ich gönne mir in allem meine Meinung,
Auch in der Politik, das ist ja klar.
Ich äussre mich zu jeglicher Erscheinung,
Auch wenn das irgendwie verboten war.
Ich klebe hier und dort mal Sachen an, –
Auch wo man eigentlich nicht kleben kann.
Und andern Sachen kleb ich mal was über, –
Im Fieber!
Doch auf der Wache greif ich an den Hut
Und sing mein Lied, das klingt so arm und gut:

Ich bin doch Todeskandidat, ja, Todeskandidat,
Ich lebe nur noch heut' und höchstens morgen;
Was schade ich dem Staat, was schade ich dem Staat, –
Der hat doch andre Sorgen?!
Ich bin kein Element, – nur Todeskandidat, –
Lasst mir die Freiheit doch, – nur bis zum Morgen!

Die Tücke des Objekts

(Das ganze Licht geht plötzlich aus, das Tücke-Zwergi, in Capemäntelchen und auf Gummisohlen springt herein, hat ein Laternchen an der Brust befestigt, huscht umher.)

Kurzschluss, Kurzschluss!
Wo ist denn das Licht?
Dunkel, dunkel,
Und Du siehst mich nicht.
Macht nichts, macht nichts,
Dass mich nicht erkennst,
Mich ungeheuer kleinliches,
Mich unbeschreiblich Peinliches
Mich widriges Gespenst.

Ho ho, hi hi, ha ha, he he, –
Wie gehts, wie schmeckts?
Ich bin, dass ichs nur eingesteh,
Die Tücke des Objekts!

Dort bei meinen Sicherungen
Ist mir wieder was gelungen, –
Drähte haben sich berührt,
Was direkt zum Kurzschluss führt.

Meine Dienste sind bescheiden,
Alle Messer, die nicht schneiden,
Jedes Ding, das störrisch ist,
Dankt Ihr meiner Hinterlist.

Alle Sachen, die verschwunden,
Und nie wieder aufgefunden,
Alles, was Euch wütend macht,
Habe ich mir ausgedacht.

Hi hi, he he, ha ha, ho ho
Wo liegt's wo hängt's, wo steckt's?
Ihr giftet Euch, ich kichre froh,
Ich Tücke des Objekts.

Wenn hier oben auf der Bühne
Einer steht mit Feiermiene,
Und er singt ein ernstes Lied, –
Wisst Ihr, was ihm dann geschieht?

Ahnt Ihr, was ich ihm beschaffe?
Ich spring in die Weinkaraffe, –
diese stürzt zu Boden schwer,
Und das Fräulein hinterher.

Klirr und Klatsch, die guten Kleider, –
Alle Damen schrein und leider
Ist das ernste Lied schon aus, –
Ohne bravo und Applaus.

Ho ho, hi hi, he he, ha ha, –
Ich freu mich des Effekts,
Der Sänger schluchzt, »was da geschah,
War Tücke des Objekts!«

Fangt mich, hascht mich!
Dann seid Ihr mich los!
Ich bin winzig,
Und Ihr seid so gross.
Feigling! Feigling!
Traust Dich nicht herauf!
Hier wandle ich und handle ich,
Hier wutzle ich und hutzle ich, –
Und plötzlich hör ich auf.

Ho ho, he he, ha ha, hi hi, –
Erwischt doch und entdeckt's
Mich spürt Ihr stets,
Mich fangt Ihr nie,
Mich Tücke des Objekts!

Doktoren

(drei junge Leute)

Wir Doktoren, Toren, Toren
Haben nun doch wirklich, ach,
Alles was wir wissen müssen
Unter Dach und Fach.
Wir Doktoren, Toren,
Summa cum, magna cum
Sind nicht bös, sind nicht dumm,
Müsste das denn nicht genügen,
Um etwas zu tun zu kriegen?
Kuchen!
Suchen!

Der Erste (ziemlich blödsinniger Bierstudent mit Schmissen)

Mein Vater war vom guten alten Eisen,
»Der Junge wächst mir akademisch her.
Ich werde es der Welt und mir beweisen,
Heil akademia!« so jauchzte er.

Lotte Goslar: »Zirkustänzerin«

Er zahlte bis zuletzt, und etwas drüber,
Die Pleite hatte ihn schon auf dem Schoss,
Dann kam der Brief mit »Hilf Dir selbst, mein Lieber«
Und dann ging die Misere glücklich los.

Der Zweite (leicht verblasener, etwas eitler Gelehrtentyp)

Ich war verliebt in das, was ich studierte,
Die Wissenschaft hatt' es mir angetan,
Wenn ich des Nachts in meine Bücher stierte,
Da fühlte ich mich erst so recht als Mann.
Bin ich erst Dokter, darf ich Andre lehren
Was ich errungen habe all die Zeit,
Wird man in mir den grossen Denker ehren,
Bin ich erst Dokter, na, jetzt ists so weit.

Der Dritte (sehr sympathischer kluger, trauriger Junge)

Ich habe es gewusst, am ersten Tage:
Sinn hat das nicht, doch was hat heute Sinn?
Man steht herum und staunt vor dieser Frage,
Auch ich, der ich jetzt glücklich Dokter bin.
Ich denke, solang der Teufel los ist,
Ist es ja gleich, wie Du ihn grade nennst
Solang die halbe Welt noch arbeitslos ist,
Weisst Du genau, woran Du ihn erkennst.

Wir Doktoren, Toren, Toren.
Haben nun doch wirklich, ach,
Alles was wir wissen müssen
Unter Dach und unter Fach.
Wir Doktoren, Toren,
Summa cum, magna cum,
Sind nicht bös, sind nicht dumm,
Müsste das denn nicht genügen,
Um etwas zu tun zu kriegen?

(Stimme von hoch oben schreit): »Nein«.

Die Krankenschwester

(Sie ist säuberlich und anheimelnd uniformiert – mit weisser Haube, weisser Schürze, etc. Auf der Bühne das Fussende eines Bettes mit Fieberkurve, – der Patient unsichtbar. Die Verse des Chansons werden in leichtem, ja hüpfendem Ländler-Rhythmus gesungen, die Prosatexte ohne Begleitung gesprochen; in stetig zunehmender Stärke und rhythmisch stark betont kommen die »Refrains«.)

So, jetzt kommt die sanfte Schwester, –
Nur schön ruhig, still und brav!
Sie sind eben krank, mein Bester, –
Darum meidet Sie der Schlaf.

Unser Kopf tut weh seit gestern,
Spür'n wir unsern armen Bauch?
Ja, wir einfühlsamen Schwestern
Merken fremde Schmerzen auch.

Ist's der Fuss, der Arge, Schlimme? –
Milde herrscht im Krankenhaus.
Manchmal wächst die eigne Stimme
Mir direkt zum Hals hinaus.

Was möchten Sie? Was Kräftiges? Aber hier ist doch das feine gute Vanille-Eiseli. Das *ist* nicht kräftig?!

Der Herr Professor
Weiss das besser!
Und unser Eis ist voller Kraft und Mark.
Unser Theechen, unser Süppchen,
Nur brav schlürfen,
Armes Püppchen, –
Unser Süppchenthee macht stark!

So, – ein Schlückchen für die Mutter,
Und ein Schlückchen für die Braut.
Ei, da rutscht es gleich, wie Butter!
Na, wer klopft denn da so laut?

Nein, Besuch darf jetzt nicht kommen,
Die Besuchszeit ist vorbei.
Jetzt wird Pülverchen genommen,
Ohne Faxen und Geschrei.

(Geht zur Tür, spricht seitlich in die Kulisse)

Ja, es geht sehr ordentlich. Nein, herein dürfen Sie nicht, – wir sind müde. Der Patient erwartet Sie? Sie haben versprochen, gute Nacht zu sagen? Er wird nicht schlafen???

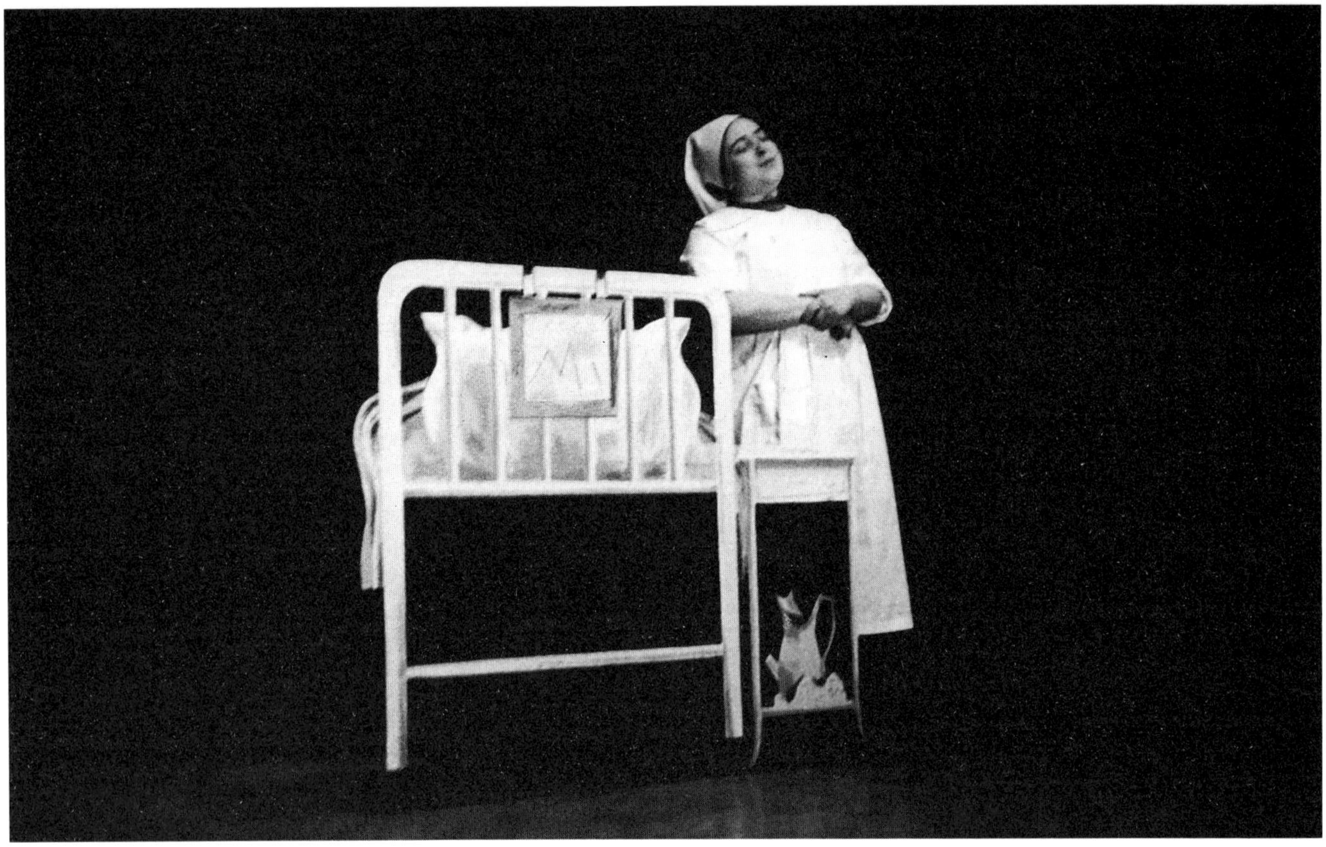

Therese Giehse: »Krankenschwester«

Der Herr Professor
Weiss das besser.
Auch ausnahmsweise dürfen Sie nicht rein.
Nein, Sie sind da nicht im Bilde,
Ich bin stark bei aller Milde, –
Und es darf nun mal nicht sein.

So, – jetzt kommt unser feines Brechmittel. *Nehmen* Sie nicht? *Was* soll ich Sie? Aber *das* hat der Herr Professor nun *ausdrücklich* verboten. Pfui, – jetzt geh ich zu einem andern Patienten!

(Wendet sich ab vom Bett, der Rampe zu, scheint von nun an »draussen«, im Dunkel, den »anderen Patienten« zu sehen)

Ach, er hört mich gar nicht kommen.
Traurig liegt's da hingestreckt, –
Fiebrig scheint man und benommen, –
Bis zum Halse zugedeckt.

So, nur still, mein armes Ländchen,
Nicht gemuckst und nicht geklagt!
Totenbrav ist das Patientchen,
Bis der Morgen wieder tagt.

Hier ist's Nacht, lasst vor den Pforten
Morgendlich die Menschheit schrein.
Hier im Haus solls allerorten
Diktatorisch dunkel sein!

Wie, – Sie möchten was sagen? Ei, was denn? Ja, oder Ja? Als dritte Möglichkeit bliebe nur noch ja, – wenn Sie das meinen…? *Was?* Ihnen gehts nicht besonders? *Sie sind hier nicht zufrieden?*

(Sehr stark)

Der Herr Professor
Weiss das besser!
Sie *sind* zufrieden, Ihnen gehts famos!
Lüge, dass man sie gequält hat!
Und den Arzt, den man gewählt hat, –
Wird man so leicht nicht mehr los!

Die Dummheit

Ich bin die Dummheit, hört mein Lied
und nehmt es nicht zu leicht.
Nichts gibt's, soweit das Auge sieht,
das mir an Dummheit gleicht.
Der Schnee ist weiss, das Meer ist tief,
ich aber, ich bin dumm,
der Teufel, der mich einstens rief,
der wusste wohl warum.
Die Menschheit fürchtet den Verstand,
sprach Satanas zu mir.
Dich hat noch keiner recht erkannt,
mein liebstes Mordgetier.
Ja, um Gotteswillen, bin ich dumm!

Der Leute Hirn verklebe ich,
ich nag an der Substanz.
Von ihrem Stumpfsinn lebe ich,
es ist ein toller Tanz.
Besonders bin ich eingestellt,
auf Herren, die regier'n.
Und die auf dieser ganzen Welt
mich freudig akzeptier'n.
Die Herren tun alles, was ich will
in blut'ger Narretei.
Und ihre Völker halten still.
Denn ich bin stets dabei.
Ja, um Gotteswillen, bin ich dumm!

Am Ende steht der Untergang,
den ich herbeigeführt.
Passt auf, es dauert nicht mehr lang,
und dann ist es passiert.
Was sagt ihr? Nein?! Ihr kennt mich jetzt?
Ich selbst hätt' es vollbracht?
Ihr meidet und benennt mich jetzt?
Was hab ich bloss gemacht...?!
Wär's möglich, dass..? Pfui, die Vernunft!
Welch tödlich sanftes Licht.
Schon bin ich ohne Unterkunft,
weh, ich begreif es nicht....
Ja, um Gotteswillen, war ich dumm!

Therese Giehse: »Die Dummheit«

K A E L T E

In Winterkaelte ward ein Jahr geboren,-
Es ist so zart,- seid sorgsam mit dem Kind!
Man hat der Jahre ~~viele~~ manches schon verloren,
Und heutzutage geht ein scharfer Wind.

Der Schnee ist blaeulich in der duennen Kaelte,-
Die kleinen Bæume frieren arm und kahl;
Zwei Raben kreisen hungrig ueber'm Felde,-
Ein Bauer stapft daher,wie Ruebezahl.

Warum ist es so kalt?
Warum tut Kaelte weh?
Warum? Die Welt wird bald
Nur lauter Eis und Schnee.

Kalt ist die Welt,- sie macht sich nichts zu wissen,
Von dem und jenem,was es leider gibt.
Gleichgueltigkeit,dies kuehlste Ruhekissen,
Ist sehr gefragt und allgemein beliebt.

Wer faselt da von Ungerechtigkeiten?
Von Mord und Marter,die zum Himmel schrein?
Was kuemmert's mich,wenn andre Leute streiten?
Lasst mich in Ruh,- ich mische mich nicht ein!

Warum sind wir so kalt?
Warum,- das tut doch weh!
Warum? Wir werden bald
Wie lauter Eis und Schnee!

Beteiligt Euch,- es geht um Eure Erde!
Und Ihr allein,Ihr habt die ganze Macht!
Seht zu,dass es ein wenig waermer werde,
In unserer schlimmen,kalten Winternacht!

Die ist erfuellt von lauter kaltem Grauen,-
Solange wir ihm nicht zuleibe gehn;
Wehrt Euch und kaempft,-und dann lasst uns doch schauen,
Ob die Gespenster diesen Kampf bestehen!

Bestehn? Ich glaub' es nicht!
Die Sonne siegt zum Schluss!
Warum? Weil solches Licht
Am Ende siegen muss!

.-.-.-.-.-.-.-.-.-.-.-

am 1. Januar,1934.
Zuerich (Hirschen).

Erika Mann: »Kälte«

Prominententhee

Personen:
DIE DICHTERIN
DER SÄNGER
DIE HAUSFRAU
DER HAUSHERR
DIE TOCHTER
DER ZAHNARZT
DER GESCHÄFTSMANN
DIE FREUNDIN

DIE HAUSFRAU (alleine, am Telephon) Liebste? Ja, Liebste, Sie müssen unbedingt kommen. Ich habe ein paar interessante Menschen hier, ein paar *wesentliche* Menschen, ganz recht, – nicht so Allerweltsprominente, wie man sie überall trifft, zum Beispiel bei der Dornbusch, der versnobten Person – Sie müssen sich eine Taxe leisten, Liebste, es lohnt, – Nein, nein, die Berühmtheiten sind noch nebenan im Speisezimmer und speisen. Ich habe nur kalte Platte gegeben, natürlich tue ich, als sei alles ganz improvisiert, es kommt billiger, freilich – Aber es genügt durchaus, wenn Sie das kleine Schwarze anlegen, Liebste – Ja, es ist Scampioni, der köstliche Tenor, und die Schriftstellerin Triebsam – Nein, ich habe auch nie eine Zeile von ihr gelesen, man kommt eben einfach nicht dazu – Gott, ich habe auch den guten Doktor Brüggemann aufgefordert, gewiss, unseren Zahnarzt – der brave Mann ist geistig so bemüht, und wir sind ihm auch noch die letzte Rechnung schuldig – Gewiss, Liebste, kommen Sie gleich – (Sie hängt ein.)
(Die Dichterin kommt von hinten.)

HAUSFRAU Meisterin! Haben Sie fertig gespeist?

DICHTERIN Danke, meine Gute – ich mochte nicht mehr. Ich esse ja eigentlich nur vegetarisch, oder höchstens etwas weisses Fleisch, ein paar Austern, etwas Kaviar, wenn es sein muss – ungefähr die Liste, die auch mein Freund, Graf Keyserling goutiert. Alle Mondnaturen essen nur Weisses. Ich dachte, mein Sekretariat hätte Ihnen das mitgeteilt. Übrigens hätten Sie mich nicht zusammen mit diesem Burschen einladen dürfen, der aus dem Halse singt.

HAUSFRAU Oh, wie plastisch Sie sich immer ausdrükken! Sie meinen den guten Scampioni?

DICHTERIN Aufrichtig gesagt: ich bin gerne die einzig Berühmte im Kreise. Dieser Bursche lässt ja keinen anderen zu Worte kommen. Er hat tatsächlich den ganzen Abend geschwatzt.

HAUSFRAU Ja, ein lebensvolles Menschenkind! Ich freue mich jedenfalls, dass Sie sich wohl bei uns fühlen. Ihre Bücher haben mir viel bedeutet. Gott, ich bin ja immer so froh für die Künstler, die durch unser Städtchen kommen, dass sie doch ein geistiges Zentrum hier finden, ein Reservoir, eine Urne, möchte ich sagen – meinen Salon.
(Der Sänger, der Hausherr, die Tochter, der Geschäftsmann, der Zahnarzt kommen von hinten.)

REFRAIN Ja, ja, der Prominententhee
Ist allgemein beliebt
Weils zu dem Prominententhee
Die Prominenten gibt.
Man setzt uns kalte Platten vor
Wir spucken Geist hinein
Wir setzen vor
Man setzt uns vor
Und jeder setzt sich möglichst vor
Um uns nur nah zu sein.

SÄNGER (schallend) Eine prachtvolle Mahlzeit! Das hilft, dem Vater auf die Mutter, wie wir Naturburschen sagen. Verzeihen Sie, Gnädigste – aber wir Musikanten haben nun eben mal nicht die frisierte Schnauze. Wir sind nicht fürs Intellektuelle. (Mit bösem Blick auf die Dichterin)

DICHTERIN (zuckt zusammen, leise) Der Kerl ist unerträglich. Es geht eine feindliche Strömung von ihm aus. Ich leide.

SÄNGER Ich bin Naturbursch, zugegeben; ein Musikant, ein Zigeuner, ohne Lebensart. Darf ich etwas ganz Gewagtes, etwas sehr, sehr Ungehöriges anstellen? Ich bitte Sie schon vorher um Pardon, gnädige Frau! Werden Sie es gewähren?
(ALLE umdrängen ihn.)

HAUSFRAU Aber gewiss doch! Wenn es nicht gar zu toll ist. Meister –

DIE TOCHTER Ach, er ist es gewiss gewohnt sich nach Tisch total zu entkleiden – –

SÄNGER Ich möchte mir eine kleine Zigarre anzünden.
(Allgemeine Bewegung der Enttäuschung)

HAUSFRAU (rettet fingerdrohend die Situation) Oh, Sie kleiner Schlingel Sie! Sie unverbesserlicher Origineller!

HAUSHERR (reicht ihm eine Zigarre.) Das ist eine gute, schwere Importe, lieber Freund, mit Andacht zu rauchen – das bekommen Sie nicht alle Tage.

HAUSFRAU Ja, mein Kuno hat eine wirkliche Beziehung zu den höheren Dingen, zur Kunstsphäre. Er war ja früher auch ein famoser Tänzer.

SÄNGER Oh, ich wusste gar nicht, dass Herr Kommerzienrat auch bei der Bühne waren?

HAUSFRAU Nein, ich meinte: Walzer tanzte mein Kuno, Mazurka, Française, mehr flotte Sachen. Ja, unsere ganze Familie hat viel Humor. Wenn mein Kuno nicht durch seine Seidenfabrik so abgelenkt wäre, hätte er seinen schönen Humor noch ganz anders entwickeln und entfalten können.

GESCHÄFTSMANN (zum Hausherrn) A propos Seidenfabrik, lieber Grütze: meinen Sie, in das Geschäft Hollbrich-Biesam sollte man einsteigen? Ich habe ja noch mein Paket unverzinslicher Rosenroter – (Er zieht ihn beiseite.)

DICHTERIN (die allein geblieben war; enerviert) Welch finsterer Abend! Grauenvoll –

HAUSFRAU (herumgerissen) Wie sagten Sie – –?

DICHTERIN Oh, das ist nur der Anfang einer neuen Poesie, der mir zufällig eben durch den Kopf ging. Diese Stimmungen habe ich oft. Ich bin eine Leidvolle.

REFRAIN Was hat man mir da vorgesetzt
Der Kerl ist ja dumm
Genug der öden Reden jetzt
Ich bin verletzt
Ich bin verletzt

ALLE Sie ist verletzt
Sie ist verletzt
Wieso denn und warum?!

HAUSFRAU Ach und ich habe vergessen, Ihnen den braven Zahnarzt Brüggemann vorzustellen. Er freut sich schon so lange darauf. Und Sie wird er interessieren: hat auch ein Buch geschrieben.

ZAHNARZT (küsst der Dichterin die Hand.) Über Wurzelhaut-Entzündungen.

DICHTERIN Wie abscheulich!

ZAHNARZT (düster) Aber eigentlich gehen meine Interessen in eine ganz andere Richtung. Natürlich bleibe ich unverstanden in der kleinen Stadt – denn ich bin Spiritist. Sie werden auch nicht mehr lange leben, gnädige Frau.

DICHTERIN Pfui doch, Sie machen mir Angst! – Waren Sie in meinem Vortragsabend?

ZAHNARZT Es tat mir so leid, dass ich nicht hingehen konnte. Aber ich hatte freilich Wichtigeres zu tun: Das Experiment mit dem fliegenden Sofa – Sie, als Denkerin, werden dafür Verständnis haben – (Er redet geheimnisvoll auf sie ein.)

TOCHTER (beim Sänger) Gewiss üben Sie immerzu, auch Nachts. Wie kamen Sie eigentlich darauf, Opernsänger zu werden?

SÄNGER Die Kunst ist etwas Geheimnisvolles, Kindchen. Wenn Sie mich einmal in meinem Hotel besuchen wollen, könnte ich Ihnen wohl mehr davon erzählen – auf meine einfache Art. Waren Sie einmal in Bayreuth? Eine weihevolle Stätte – ich hatte dort einen tollen Erfolg –

HAUSFRAU Meine Kleine singt nämlich auch, sehr vielversprechend sogar. Die ganze Familie hat ja *so* viel Humor. Nur so konnten wir ein kulturelles Zentrum werden, ein Reservoir, eine Urne –

TOCHTER Ich sammle auch Autogramme. Mein Schönstes ist das von Tauber. Ach, da kann doch kein andrer dran!

SÄNGER (kalt) Mein alter Freund Tauber ist zweiter Klasse, der Arme, niemals bis nach Bayreuth vorgedrungen, und nun auch technisch total verschlampt.

ZAHNARZT (zur Dichterin) Einst habe ich Tagore gesehen – nein, nur zufällig, von fern, auf der Strasse – sein Bart wurde mir zum ganz entscheidenden transzendentalen Erlebnis – er lässt mich immer an Dante denken. –

GESCHÄFTSMANN (vorne beim Hausherrn) Kunst ist ja was ganz Ulkiges. Aber, schliesslich, unter uns Männern: erst die Geschäfte. Also, Hollbrich-Biesam ist gut, meiner Ansicht nach –

DICHTERIN (plötzlich ganz scharf und laut) Es gibt nur einen ganz konzentrierten, essentiellen Affekt bei mir: *ich hasse die Musik.* Musiker sind von einer höllischen Eitelkeit. Die Gegenwart eines Musikers ist mir eine Marter.

SÄNGER (dröhnend) Was mich betrifft, ich lehne alle Literatur in Bausch und Bogen ab. Alle Literatur ist zersetzend. Volkverbunden und aufbauend ist einzig und allein die Musik. Die Gegenwart eines literarischen Menschen ist mir zum –

REFRAIN Was hat man mir da vorgesetzt
Das ist ja eine Kuh
Genug der öden Reden jetzt
Ich bin entsetzt
Ich bin entsetzt

ALLE Er ist entsetzt
Er ist entsetzt
Ich höre nicht mehr zu.!

TOCHTER (fliegt überraschend auf die Dichterin zu.) Was sagen gnädige Frau dazu, dass ich von Tag zu Tag fröhlicher werde?

DICHTERIN Das dachte ich mir, mein Kind. Sie waren gewiss in meinem Vortragsabend?

TOCHTER Nein – leider – ich hatte heute abend Kränzchen –

DICHTERIN Hm. Jedenfalls führen Sie ein relativ intensives Eigenleben. Sie sind unerhört stark *da.* Sie füllen den Raum.

TOCHTER Oh, meinen Sie, dass ich abnehmen sollte – –?

HAUSFRAU Meine kleine Lore dichtet nämlich auch, so ganz heimlich – zu niedlich von ihr! Sie betreibt alles ein wenig: Psychoanalyse, Schlittschuhlaufen, Stikken, Saxophon und Spanisch. Die ganze Familie hat so viel Humor.

TOCHTER Ich hätte Sie so viel zu fragen. Sicher machen Sie kolossale Studien, tags und vor allem auch nachts. Wie kamen Sie nur darauf, Dichterin zu werden? Ihr schönstes Buch ist doch sicherlich »Die springende Nonne«.

DICHTERIN Das ist von meiner Cousine.

TOCHTER Ach, es muss eine herrliche Frau sein. Ich besitze auch ein Autogramm von ihr.

DICHTERIN Ich grüsse sie nicht. Wir prozessieren. Sie hat alles von mir abgeschrieben. Die Arme! Was sie selber macht, ist grotesk.

TOCHTER Darf ich Ihnen mein Trauerspiel vorlesen? Ich habe es zufällig bei mir. Es hat nur fünf Akte. Es ist modern –

HAUSHERR (klatscht in die Hände; krächzt) Lustig, lustig, ihr Freunde! Wozu lädt man sich Künstler ein?! In meiner Jugend war das ganz anders! Stimmung, Herrschaften! (Er stapft auf die Dichterin zu, kneift sie.) Na, alte Schachtel! Das Künstlervölkchen hat hoffentlich immer noch freie Sitten.

DICHTERIN (zuckt zurück) Herr Kommerzienrat! Unerhört!

GESCHÄFTSMANN (schlägt dem Sänger auf die Schulter.) Na, und Sie, altes Haus! Sie lachen sich wohl auch eins ins Fäustchen, wenn Sie das p. p. Publikum mal wieder richtig angeschmiert haben und sich einen ordentlichen Batzen bezahlen lassen für Ihr Gebrüll!

SÄNGER (prallt zurück) Aber, mein Herr! Unerhört!

DICHTERIN Ich gehe!

SÄNGER Ich gehe auch!

DICHTERIN Geben Sie mir Ihren Arm, mein Herr! Ich fühle nun, wir gehören zusammen – trotz allem. Einheitsfront!

SÄNGER Nicht einmal Champagner hat es gegeben! Ich bin zu Ihrer Verfügung, meine Dame – voll und ganz. (Sie gehen, Arm in Arm. – In der Tür prallen sie auf die Freundin.)

FREUNDIN (schaut ihnen entgeistert nach.) *Das* waren die Prominenten? Ich habe mir ein Taxi genommen.

HAUSFRAU Oh, Liebste, Sie kommen zu spät! Und es war *so* gemütlich!

REFRAIN Ja, ja, der Prominententhee
Ist allgemein beliebt
Weils zu dem Prominententhee
Die Prominenten gibt.
Ich setzte kalte Platte vor
Sie spucken Geist hinein
Sie setzen vor
Ich setze vor
Wir alle waren völlig Ohr
Und jetzt sind wir allein.
Ja, ja, der Prominententhee
Ist allgemein beliebt
Weils zu dem Prominententhee
Die Prominenten gibt.

»1. 1. ...Smoking. Mit Eltern – Golo zum ›Hirschen‹. Pfeffermühlen-Premiere. Sehr großer Abend. Gedrängte Fülle. Spannung. Stärkste Wirkung des Programms, künstlerisch wie moralisch. Glanznummern: Jodlerin, Kitschpostkarte, Kinderlieder, Krankenschwester (demonstrativer Beifallssturm nach der politischen Strophe.), die Dummheit. Sybille, erstaunlich dazugelernt. Tänzerin Goslar, höchst komisch. E. schön...« Soweit Klaus Manns Anmerkungen in seinem Tagebuch nach der zweiten Schweizer Premiere der »Pfeffermühle« in Zürich am 1. Januar 1934.

Das neue Programm, in dem sich nur noch fünf Texte aus der Münchner Zeit wiederfanden, war ungleich politischer, aggressiver als das des Jahres 1933. Die Presse reagierte – zumindest soweit sie das Zürcher Gastspiel betraf – wiederum begeistert. Mit diesem Programm gastierte die »Pfeffermühle« sechs Wochen lang im fast immer ausverkauften »Hirschen«. Der Schweizer Pianist Werner Kruse gehörte als zweiter Pianist neben Magnus Henning zum Ensemble.

Tänzer hatte es, mit einer Ausnahme, in der »Pfeffermühle« von Anfang an gegeben. Im November und Dezember 1933 war es die Schweizerin Marie-Eve Kreis gewesen. Doch erst mit Lotte Goslar, die in Klaus Manns Tagebuchnotiz als »höchst komisch« erwähnt wird, kam der Grotesk-Tanz in das Programm. – Valeska Gert hatte diesen Tanzstil in den 20er Jahren auf den Berliner Kabarettbühnen »brettl-fähig« gemacht, sogar ein eigenes kleines Kabarett-Unternehmen damit betrieben. So gehörte diese Mischung aus tänzerischen, schauspielerischen und clownesken Elementen auch in das politische Kabarett der 30er Jahre, bildete in ihm sogar eine gewisse Ergänzung und im Falle der »Pfeffermühle« ohne Zweifel eine wesentliche Bereicherung.

Lotte Goslar, die Dresdnerin, war kurz bei Mary Wigman gewesen, ging dann aber zu ihrer großen Lehrmeisterin Gret Palucca. Sie arbeitete Ende der 20er Jahre erfolgreich in Berlin, u.a. auch beim »Kabarett der Komiker«. Im Januar 1934 begann ihre »Pfeffermühlen«-Zeit. Ergänzung und Bereicherung des »Pfeffermühlen«-Programms war sie, weil sie – ebenso wie Erika Mann in ihren Texten – mit den Mitteln des Tanzes Geschichten erzählte; satirische, anklagende, poetische, anekdotische, auch witzig-kalauernd, burlesk und grotesk. Alles das, was sich über Erika Manns Erzählweise sagen läßt, trifft auf Lotte Goslars Tanzstil zu. Sie tanzte lauter kleine Dramen, Märchen, Geschichten: vom »Unwirsch« und vom »Wirsch«, vom »Vamp«, vom »Helden«, vom »Rasseweib«, vom »Dichter« und vom »bösen Kind«.

»Pfeffermühle«

Seit einigen Monaten hat die Schweiz auf künstlerischem Gebiet eine kleine Sensation. Erika Manns »Pfeffermühle« bildet das Tagesgespräch. Sie hat bereits in Zürich, Basel, Bern, Winterthur, St. Gallen und vielen andern Schweizer Städtchen und Städten geradezu Triumphe gefeiert. Besonders erstaunlich in einer sonst zu überschwänglichem Enthusiasmus wenig neigenden Gesellschaft. Woher dieser Erfolg? Berechtigt er zum Optimismus? Hat das Publikum wirklich den konventionellen Kabarettkitsch endlich satt bekommen, dessen abscheuliche Seichtheit allerdings nicht mehr zu überbieten war?

Erika Manns mutige und ernste Arbeit scheint die Frage zu bejahen...

Immer sind es die Enterbten des Glücks, die widerrechtlich oder ›durch die gebrechliche Einrichtung dieser Welt‹ Entrechteten, denen Erika Manns ganze Liebe gehört. Sie führt die, die sonst im Hintergrund des Lebens warten müssen, leise und nicht ohne melancholische Zärtlichkeit nach vorn. Jetzt stehen sie ganz deutlich und grell an der Rampe...

Peitschenhiebe, nicht zu heftige, knallen; obwohl revolutionär-kritisch im Angriff, fällt kein übertriebenes Wort. Von der ersten bis zur letzten Nummer eine geistige Atmosphäre. Dies allein ist wohltuend. Hier weht klare, oft angenehm scharfe Luft, deren zugespitzte und heitere Formulierungen selbst dieses nüchterne Schweizer Publikum entzückten. Denn es tobte vor Beifall, überschüttete Erika Mann, ihren Komponisten Henning, vor allem aber die in ihrer vitalen Gestaltungskraft an die junge Yvette Guilbert erinnernde Therese Giehse immer wieder mit Dank und Anerkennung.

Wilhelm Herzog im Neuen Tagebuch,
2. Jg. 1934, Nr. 1

Eine milde Pfeffermühle

Zürich, Anfang Januar 1934

Vor einigen Jahren sang in einem Berliner Kabarett Rosa Valetti ein Chanson mit dem Refrain: »Es sitzt bei uns nicht richtig«. Dies Lied wurde in seinem letzten Vers und in dem hinreissenden Vortrag der Valetti zu einer mächtig getrommelten Warnung an die Adresse Deutsche Republik. Die Valetti hämmerte im Rhythmus ihres Textes so vehement auf ihr Publikum los, dass man kaum sitzen bleiben konnte. Ein unvergleichliches Kabarett-Erlebnis für mich – bis zu diesen Tagen, in denen ich Therese Giehse im Züricher Kabarett »Die Pfeffermühle« sah. Als »Krankenschwester« steht sie am Bett eines Patienten. Eine strenge, massive Krankenschwester, die sich auf den »Professor« ehern-unerbittlich wie auf das furchtbare Fatum beruft. In der letzten Strophe ihres Gedichts ist der Patient ein ganzes Land. Monumental steht die breite, stämmig-untersetzte Therese Giehse da und spiegelt im schmerzgefurchten Gesicht das Grauen über die Verwesung des Patienten. Eine furchtbare, kalte Totenglocke hört man, wenn sie dann donnernd den »Professor« als höchste, letzte, unerbittliche Autorität anruft. Ein Schrei aus Entsetzen und Anklage, ein erschütternder Schrei. Später ist sie, in einer anderen Nummer, ›Die Dummheit‹. Ein Riesenweib mit einem Gelock, das halb von der Loreley und halb von der Mänade stammt. Man nehme die Berolina und die Bavaria und noch einige Dutzend anderer monumentaler Weiber, man gebe ihrem Typus den Zug der Intransigenz, der eisernen Enghorizontigkeit, des unüberwindbaren Widerstands der Dumpfheit – und man hat die »Dummheit« der Therese Giehse. Wer sie gesehen hat, für den ist das Wort Dummheit kein Abstraktum mehr: sondern die bekannteste, unvergesslichste, fürchterlichste Person.
Diese »Pfeffermühle« ist Erika Manns Werk… Erika Mann hat es sich schwer gemacht. In den 24 Nummern ihres Programms gibt es kaum die üblichen Füllsel oder Kopien uralter Zugnummern. Es steckt Witz in ihren Einfällen. Und ihre Conférence ist ausserordentlich sympathisch durch dies Zusammen, das ihr eigentümlich ist: eine weiche, milde Menschlichkeit und eine Ironie, die oft schon mehr als Ironie ist – Tapferkeit…

Ludwig Marcuse im Pariser Tageblatt, Januar 1934

Lotte Goslar erinnert sich: »Ich trat im Februar 33 in Prag auf und ging nicht mehr nach Deutschland zurück, bis Hitler vorbei war, obwohl ich viele Verträge in Deutschland hatte und nicht jüdisch bin.
Meine Tänze entstanden immer aus der Musik heraus. Wenn die Stimmung einer Musik (lustig, melancholisch, albern, frech) etwas anrührt, was ich vielleicht schon vor vielen Jahren gedacht oder erträumt habe, dann kann das – nach vielem Ausprobieren – zu einer Nummer werden. Mit der Giehse oder Erika wurde nie etwas besprochen. Ich hätte so gar nicht arbeiten können. Das Resultat wäre intellektuell und ›trocken‹ gewesen.
Man ließ mir auch völlige Freiheit, Neues zu erfinden. Ich war nie eine ›politische‹ Tänzerin; mein Interesse galt den menschlichen Beziehungen. Wessen der Mensch fähig ist, im Guten und im Bösen. Und das paßte sehr gut in das »Pfeffermühlen«-Programm.
Natürlich zeigte ich den Beiden, was ich zu tanzen gedachte, aber ich besinne mich auf keinerlei Schwierigkeiten. Manchmal waren die Tänze auch reiner Unfug. Das ›Rasseweib‹ zum Beispiel war eine Satire auf Sex, der ›Held‹ war ein Feigling in Unterhosen, der so tat, als ob er mächtig wäre…« (Brief Lotte Goslar, 22. 8. 1989)
Am 13. Februar 1934 fand »unter großen Ovationen« die 50. Vorstellung des 2. Exil-Programms im Zürcher »Hirschen« statt. Wenige Tage später tingelten Erika Mann und ihre Mitstreiter ein zweites Mal durch die Schweizer Provinz. Wenn auch den deutschen Kabarettisten noch durchweg Sympathie begegnete, erste national getönte, fremdenfeindliche Stimmen erhoben sich dennoch im Laufe dieser Tournee. Es wurde ihnen »gefährliche großstädtische Zersetzung« vorgeworfen, man betonte, daß man sich seine »politischen Urteile ohne Erika« zu bilden im Stande sei, und bestritt, »daß dieses Ueberbrettel wertvoll und notwendig für die literarische und geistige Kultur der Schweiz wäre.« (Aarauer Tagblatt, 20. 2. 1934)
An anderer Stelle behagte einem der Kritiker »der Spott auf die deutsche Erneuerungsbewegung« nicht (Der Bund, 17. 4. 1934). Auch die Eidgenossen hatten eben – wenn auch nur für kurze Zeit – eine relativ starke, faschistische Bewegung, mit der es die »Pfeffermühle« noch zu tun bekommen sollte.
Zunächst klangen die nationalistischen Stimmen in der Presse noch verhalten. *Daß* sie sich zu Wort meldeten, wen wundert's? Die Stoßrichtung der »Pfeffermühle« war klar erkennbar, trotz listig und phantasievoll durch-

gehaltener »Strategie des Indirekten«. Ein Text wie »Kinderlied« ist so anspielungsreich, daß jeder ihn verstand. Dieses Lied wurde vorgetragen von der kindlich-zarten Sybille Schloß. Die Wirkung war – wie Magnus Henning erzählt – gespenstisch. Erika Mann hatte in ihrem Text wohlbekannte Volkslieder durch leichte Abwandlung einiger Zeilen ins Grausige gewendet. Magnus Hennings Musik tat das Ihre hinzu: der Komponist versuchte, den Effekt des Grauens zu verstärken, indem er die lieblichen Originalmelodien verfremdete, womit er eine unheimliche, frostige Atmosphäre erzielte. Und Sybille Schloß – in ihrem Kinderkleidchen auf der Bühne stehend – schuf eine traurig-makabre Stimmung, in der es totenstill wurde im Publikum.

Das Lied vom »Koch« – in München war es ein Jahr zuvor von Max Schreck uraufgeführt worden – hatte Erika Mann sicher mit vollem Bedacht in den zweiten Teil dieses neuen Programms wiederaufgenommen. In Zürich war dieser Koch der junge, politisch sehr engagierte Robert Trösch.

»Trösch spielte den Koch mit großen ausladenden Gesten, die Schamlosigkeit, die unverhüllte Demagogie, den selbstgefälligen Betrug betonend. So machte er seinem Publikum klar, wer sich zu diesem Koch begibt, hat nur die Wahl zwischen: friß oder stirb.« So Werner Mittenzwei in seinem »Exil in der Schweiz«.

Nach dem sechswöchigen Gastspiel im Zürcher »Hirschen« verließ Robert Trösch die »Pfeffermühle«. Er folgte einer Einladung Gustav von Wangenheims nach Rußland. Schon Ende 1931 hatte er zu Wangenheims proletarischem Theaterkollektiv »Truppe 31« in Berlin gehört. In Moskau erkrankte er lebensbedrohlich. Klaus Mann, der im Sommer 1934 an einem sowjetischen Schriftstellerkongreß teilnahm, notierte in seinem Tagebuch: »17. VIII. Nachmittags bei Trösch im Krankenhaus. Entsetzlicher Eindruck. Er muß wohl bestimmt sterben. Totenfarbe; skelettmager...« Erika Mann soll dafür gesorgt haben, daß ihm seine Braut nachreisen konnte (»man muß sammeln, damit sie die Reise schafft, – es ist doch traurig; so ein idealistischer Kleiner.«) Er starb keineswegs. Nach seiner Rückkehr in die Schweiz gehörte er zum Ensemble des »Cornichon«, dem Nachfolgekabarett der »Pfeffermühle« im Zürcher »Hischen«. – Obwohl Schweizer, entschied sich Robert Trösch nach dem Krieg, in Deutschland zu leben – in Deutschland Ost. Er ging nach Berlin, arbeitete an der Berliner Volksbühne und bei der DEFA, und erhielt 1956 den Staatspreis der DDR.

Das zweite Exilprogramm der »Pfeffermühle« stand unter dem Motto »Kaltes Grauen«. »Das hat den Leuten Gänsehäute über den Rücken gejagt, schaurig komisch«, so Erika Mann in ihrem Rückblick.

»Die schaurigste Nummer war die ›Dummheit‹, dargestellt von Therese Giehse. Therese stand zu diesem Zweck auf einem kleinen Sockel, monumental, wie von Daumier entworfen, und hatte an ein rosafarbenes Babykleid, eine strohfarbene Perücke. Sie sah aus, wie die personifizierte und grauenerregende Dummheit und sang meinen, von Eugen Auerbach vertonten Text. Diese Nummer erregte besonderen Anstoß bei den deutschen Regierungsvertretern. Sie war aber auch besonders wirksam. Und«, fügte Erika Mann noch hinzu, »soweit ich sehe – wenn ich mich nicht irre – es ist die Dummheit, die wir am meisten zu befürchten haben.«

Der erste öffentliche politische Protest kam nicht einmal von seiten der deutschen Regierungsvertreter. Ein aufgeregter Herr aus Leipzig – Urlauber in dem St. Moritzer Hotel, in dem die »Pfeffermühle« am 17. und 18. 2. aufgetreten war – hatte sich Notizen gemacht und gedroht, er werde »nach seiner Rückkehr diese Notizen an gegebener Stelle abliefern«.

St. Moritz lebte und lebt vom Fremdenverkehr. Weit über 20% der winterlichen Feriengäste der Saison 1933/34 kamen aus dem Deutschen Reich, zum Zeitpunkt des »Pfeffermühlen«-Gastspiels waren 40% der Gäste des besagten Hotels Deutsche. Verständlicherweise fürchtete die Hotelleitung den Zorn der deutschen Klientel und meldete den Fall an das Politische Department in Bern. Es soll zu einem regen Schriftwechsel zwischen Bern und Berlin gekommen sein. Die Angelegenheit endete damit, daß der Schweizer Kulturattaché in Leipzig dem über die antideutschen Auslassungen so erbosten Herrn das Bedauern der Hotelleitung übermittelte.

Von diesem Vorfall wird Erika Mann wohl nichts erfahren haben. Die »Pfeffermühle« setzte ihre Schweizer Tournee bis Ende April fort. Wie gewohnt mit großem Erfolg. Aus Basel – wo das Kabarett den ganzen März über gastierte – schrieb Erika Mann am 12. 3. an ihre Mutter: »Wir sind täglich ausverkauft (im 450-Personen-Saal), man sagt, das ganze Elsass komme in Autos zu uns. Das nimmt mich auch nicht Wunder, denn Basel *hat* gar nicht so viele Menschen.«

Am 22. 3. machte Thomas Mann einen Abstecher nach Basel; in seinem Tagebuch heißt es: »Aßen ½8 im Speisesaal zu Abend und gingen zu Fuß zum nicht fernen Lokal der ›Pfeffermühle‹, dem ›Gambrinus‹, wo man uns, ohne Kartenausfolge, Plätze anwies […] der Saal stark besetzt, fast ausverkauft. Aber das Publikum erwies sich als recht stumpf, wenn es auch mit gläubigem Beifall nicht kargte und namentlich bei politischen Gelegenheiten Überzeugung bekundete. Ein junger dummer Mensch, Flüchtling aus Deutschland, setzte sich uns lästig auf die Haut. Es war sehr warm, aber das Programm, worin die Geräusch-Imitationen des Sohn-Rethel uns neu waren, unterhielt mich, zuweilen interessierte mich Hennings Musik, und Erikas Produktion flößte mir wieder die väterlich-befangene Ergriffenheit ein, die ich kenne. Die Giehse fehlte empfindlich.«

1934

Basel
Gambrinus
1.–28. III.

Ab 14. Premierenprogramm
ohne Jodlerin und Dummheit.
Krankenschwester – E. Mann statt
Giehse. Walter Mehring – eigene
Dichtungen

Erikas »Freundin und künstlerische Hauptgenossin« lag im Krankenhaus, mußte sich operieren lassen und fiel für vier Wochen aus. An ihre Stelle trat – zumindest wohl zeitweilig – Walter Mehring. Hier im Baseler »Gambrinus« soll er seinen »Emigrantenchoral« vorgetragen haben. Ein Text, der so ergreifend und gleichzeitig so wenig larmoyant die psychische Befindlichkeit der Emigranten schildert, hatte bisher auf der Bühne der »Pfeffermühle« gefehlt:

Der Emigrantenchoral

Werft
Eure Herzen über alle Grenzen
Und wo ein Blick grüsst, werft die Anker aus!
Zählt auf der Wandrung nicht nach Monden,
Wintern, Lenzen –
Starb eine Welt – ihr sollt sie nicht bekränzen!
Schärft
das Euch ein und sagt: Wir sind zu Haus!
Baut Euch ein Nest!
Vergesst – vergesst
Was man Euch aberkannt und Euch gestohln!
Kommt Ihr von Isar, Spree und Waterkant:
Was gibt's da heut zu holn?
Die ganze Heimat
Und das bisschen Vaterland
Die trägt der Emigrant
Von Mensch zu Mensch – von Ort zu Ort
An seinen Sohl'n, in seinem Sacktuch mit sich fort.

Tarnt
Euch mit Scheuklappen – mit Mönchskapuzen:
Ihr werdt Euch doch die Schädel drunter beuln!
Ihr seid gewarnt: das Schicksal lässt sich da nicht uzen
Wir wolln uns lieber mit Hyänen duzen
Als drüben mit den Volksgenossen heuln!
Wo Ihr auch seid:
Das gleiche Leid
Auf 'ner Wildwestfarm – einem Nest in Poln
Die Stadt, der Strand, von denen Ihr verbannt:
Was gibt's da noch zu holn?
Die ganze Heimat und
das bisschen Vaterland
Die trägt der Emigrant
Von Mensch zu Mensch – von Ort zu Ort
An seinen Sohl'n, in seinem Sacktuch mit sich fort.

Werft
Eure Hoffnung über neue Grenzen –
Reisst Euch die alte aus wie 'n hohlen Zahn!
Es ist nicht alles Gold, wo Uniformen glänzen!
Solln sie verleumden – sich vor Wut besprenzen –
Sie spucken Hass in einen Ozean!
Lasst sie allein
Beim Rachespein
Bis sie erbrechen, was sie Euch gestohln
Das Haus, den Acker – Berg und Waterkant.

Der Teufel mag sie holn!
Die ganze Heimat und
das bisschen Vaterland
Die trägt der Emigrant
Von Mensch zu Mensch – landauf
landab
Und wenn sein Lebensvisum abläuft,
mit ins Grab.

1934

Ascona
Teatro San Materno
.22.25. VIII.

Sozusagen frei – Ortmayer
Unwirsch – Goslar
Kitschpostkarte – Schloß – Henning
Jodlerin – Giehse
Vamp – Goslar
Kinderlied – Schloß
Märchenaff – E. Mann
Reportage – Ensemble
Kaltes Grauen
Hungerkünstler – Ortmayer
kleine Tänzerin – Goslar
Krankenwärter – Giehse
Tücke – Schloß
Koch – Pahlen
Jungfrau – Goslar
Krankheit – Giehse
Kälte – Mann

Moritat – Pahlen
Alräunchen – Goslar
Schutzengel – Giehse
Träumerei (Komplexe) – Schloß
Zugegeben – Ortmayer

am Flügel:
Henning-Kruse
27. VIII.

1934

Souvenir – Goslar
Schutzleute – Pahlen – Ortmayer
reicher Mann – E. Mann
Frau X – Giehse
Spionage – Ensemble
Variété
Stimmungssängerin – Giehse
Eins v. d. Girls – Goslar
Harlekin – Mann
Zauberer – Pahlen
Schattenkind – Schloß
Untermann – Ortmayer
Liebesbrief – Schloß
Held – Goslar
Schönheitskönigin – Giehse
(Nummernschilder – Schloss)
siehe 27. VIII ohne Schutzleute
siehe 20. August

Flügel:
Henning-Kruse

27. August. 1. Sept.
3. Sept 5. Sept.

Mit diesem Programm wagte sich die »Pfeffermühle« über die Schweizer Grenzen hinaus: die Truppe zog im Mai und Juni das erste Mal durch Holland. Über dieses Land als »Jagdrevier« der »Pfeffermühle« wird noch zu berichten sein.

Ein Abstecher nach Straßburg war geplant. Doch Mitte Juni berichtet Erika Mann ihrem Bruder Klaus: »In Straßbourg gab es a) keine Bewilligung und zwar war dieselbe keineswegs verschleppt, sondern nicht erteilt worden, aus politischen Gründen.

B) erscheinen diese Bedenken durchaus gerechtfertigt, das Pflaster dort ist verflucht heiß, an dem Tag, den wir dort zubrachten, wurde auf offener Straße ein Mann neben Magnus, ein anderer in Ortmayrs Nachbarschaft einfach erschossen. Daß Kaiser [der Agent der Pfeffermühle] eine Krawallbude allererster Ordnung gemietet hatte, in der fast nur Militär verkehrte, erwähne ich der Ordnung halber, zudem war es so heiß, daß keine Mücke ins Theater wollte, – kurz wir liessens und die Truppe hat nichts zu murren, sie darf im August nach Ascona und damit basta. Wo sie im Herbst hin wird dürfen, steht noch dahin.«

Der Name Ortmayr ist gefallen. Heinrich Ortmayr, ein Schauspieler aus Österreich, war inzwischen zur Truppe gestoßen. Er hatte am Düsseldorfer Schauspielhaus gearbeitet und mit dem Schauspieler und erstem Düsseldorfer Nachkriegsintendanten Wolfgang Langhoff »Kunst gegen die Nazis und Großkopfeten« gemacht – Langhoff mußte ins Konzentrationslager, Ortmayr emigrierte und reiste ein Jahr lang mit der »Pfeffermühle« durch Europa. Wie für viele, die nur kurz dabei gewesen sind, bildete auch für Heinrich Ortmayr die »Pfeffermühle« nur ein kleines Gastspiel in einem langen Schauspielerleben. Die recht ausführlichen biographischen Daten über ihn im Deutschen Bühnenjahrbuch enthalten keinen Hinweis auf diese Zeit.

Im August 1934 also »durfte« die Truppe ins Teatro San Materno auf dem Monte Vertià nach Ascona. Dieses kleine, moderne Kammerspielhaus war erst sechs Jahre zuvor als »Haustheater« für die Ausdruckstänzerin Charlotte Bara errichtet worden. Doch nicht nur Sakrales, Mystisches wurde auf dem Monte Verità geboten, und die »Pfeffermühle« war keineswegs das einzige politische Kabarett, das in dieser Siedlung von Kultur- und Lebensreformern auftrat. Bemerkenswert ist, daß Erika Mann für ein sicher sehr anspruchsvolles Publikum aus den bisher bekannten Texten zwei vollkommen verschiedene Programme zusammenstellte.

Einige Briefzitate aus dieser Zeit sollen hier einen kleinen Einblick geben in die Arbeitsweise und Stimmungslage der Truppe und ihrer Prinzipalin. Wo immer Erika Mann sich auch befand in den Jahren des Exils, fast jede Woche schrieb sie einen Brief an ihre Mutter, ließ sie teilnehmen an ihrem gehetzten Emigrantenleben, das ihr aber doch auch Spaß gemacht haben muß. Der Ton, in dem diese Briefe verfaßt sind, ist weitgehend gutgelaunt, trotz vieler Widrigkeiten nie verdrossen.

»22. August (Ascona) ... Ich habe ja soviel zu tun, Moorcheli, – man glaubt es kaum.

Die Eröffnung, vorgestern, verlief sehr glanzvoll, durchaus ausverkauft und ungeheuer beklatscht. Heute wird es, laut Vorverkaufsbericht, ebenso sein. Dann kommt, mit diesem Programm, nur noch der Samstag – und Montag muss schon das andere heraus, – für welches unser wertvoll spinnender Ortä erst angelernt werden muss. Und *wir* haben es auch schon wieder ganz vergessen. Die Leute kommen aus der ganzen Umgegend herbeigeströmt, – es ist nur so wenig Platz im Theater (knappe 200), sodass wir, nach Abzug der Spesen, nicht genug verdienen können. Goslar klagt und Kruse schimpft, – *hinter meinem Rücken* versteht sich, denn mir *ins Gesicht*, sind alle die Liebekriecherei in dienstbötlicher Person.«

»Ascona, 27. 8. 1934 O, Frau Süßengut [...] Heute ist unsere zweite Premiere. Bisher war alles in, wie man uns staunend versichert, für hier völlig unwahrscheinlicher Weise ausverkauft. Keiner will etwas derart je in Ascona erlebt haben. Und bei dem Vortrag im Rahmen der ›Eranos-Tagungen‹, [...] dort in der anspruchsvollen Spinn-Villa, sprach man sich in der Pause so allgemein und stürmisch über unsere alte Mühle aus, daß die amtierenden Professoren ganz beleidigt und benachteiligt waren. [...] Morgen fangen die Proben fürs neue Programm an, es steht aber immer noch nicht fest, ob es in Basel oder Zürich zuerst exekutiert werden soll. Adieu – Sklenkiherzchen (ein neuer Mitarbeiter) hat den Vertrag geschickt, – dafür wird Ortmayr auch immer blödsinniger. Pahlen hat Krach mit Theres, – dös ist gsund. Die Deine E.«

»Ascona, 7. 9. 34 ... Morgen fahren wir nach Lugano, – *Kursaal*, – dort sind wir Samstag und Sonntag. Dann kommen wir nochmal zurück, bleiben bis den Samstag drauf (den 15.) und dann fahren wir für neun Tage nach Luzern, Goldener Adler, weil wir ein sehr günstiges Angebot von dort (freie Station und Verpflegung für alle, neben 90% der Abendeinnahmen) nicht zurückweisen zu dürfen meinten. Freilich ist es anstrengend, denn man spielt täglich, Sonntags zweimal und daneben die Proben. Aber einmal musste die Schule ja in voller Wucht wieder einsetzen.«

»Die Dinge sagen, die heute gesagt werden müssen«

Das dritte Exil-Programm, Basel 3. 10. 1934

Basel
Rialto
1934 3.–21. Oktober

Reiselied — Schloss	Text: vermutlich Erika Mann
Grenzen — Ortmayer	Text: Erika Mann – Darsteller: Heinrich Ortmayr
Bräunchen — Goslar	Lotte Goslar
Megaphon — Giehse	Text: Hans Sahl – Darstellerin: Therese Giehse
Nutznießer — Sklenka – Pahlen, Ortmayer – Schloss	Text: E. Mann – Darst.: H. Sklenka, I. Pahlen, H. Ortmayr, S. Schloß
Brief — E. Mann	Text: Klaus Mann – Darstellerin: Erika Mann
Revoluzzer — Pahlen	Text: Erich Mühsam – Darsteller: Igor Pahlen
Weil ich will — Giehse	Text: Erika Mann – Darstellerin: Therese Giehse
Mann der Stunde — Pahlen	Text: Erika Mann – Darsteller: Igor Pahlen, Lotte Goslar
Witwe — Goslar	Lotte Goslar
Stimmungsbild (Giehse) — Sklenka – Giehse – Ortmayer, E. Mann – Pahlen – Schloss	Text: E. Mann – Musik: M. Henning – Darsteller: Ensemble
Märchen	Conférence Text und Vortrag: Erika Mann
Hans im Glück — Sklenka	Text: E. Mann – Musik: W. Kruse – Darsteller: H. Sklenka
Katerlieschen — Schloss	Text: Erika Mann – Darstellerin: Sybille Schloß
Schlaraffenland — Pahlen	Text: Erika Mann – Darsteller: Igor Pahlen
Märch v. Gänsekind — Goslar	Lotte Goslar
Hexe — Giehse	Text: Erika Mann – Darstellerin: Therese Giehse
S'Trummele — Ortmayer	Text: Erika Mann – Darsteller: Heinrich Ortmayr
Seejungfrau — Schloss	Text: Klaus Mann – Darstellerin: Sybille Schloß
Lügenprinz — E. Mann	Text und Darstellung: Erika Mann
Märch v. Schaf — Goslar	Lotte Goslar
Fischerin — Giehse	Text: E. Mann – Musik: E. Auerbach – Darstellerin: Th. Giehse
Lauter Märchen — E. Mann	Text und Darstellung: Erika Mann

am Flügel:
Magnus Henning
Werner Kruse

Das Fräulein vom Reiseburau

Nach Venedig, einmal Dritte -
Ueber München - Brenner. Brennero
Hier das Fahrscheinheftchen, bitte.
Nordlandtour bis Petsamo -
Wo der Möwe stolzes Schwingen
Uebers Eismeer glitzernd steigt ,
Ihre Schreie glasig klingen,
Während weiss der Eisberg schweigt -
Wo in vorweltlichen Räumen
Bär die Bärin grimmig neckt - -
Ach, in meinen grossen Träumen
Schöner noch als im Prospekt.
Die Welt soll gross sein,
Sagt Cook.
Es soll etwas auf ihr los sein.
Erstaumlich genug.
Wenn ich ein lustiges blödes Vöglein wär
~~Hätt ich~~ Wär ich auch mal dabei

Côte d'Azur, zivile Preise,
Train directe, Paris-Nice-Cannes.
Dollar-Line. Die Südseereise,
Die ich nur empfehlen kann.
Wo das Elefantenschreien
Durch den Urwald gellend tönt,
Halb verhext von Papageien
Weisse Dame lüstern stöhnt.
Wo die Schlinggewächse schwanken,
Schwarzer Mann, im Busch versteckt -
Ach, die schweifenden Gedanken
Wissen mehr als mein Prospekt.
Die Welt soll gross sein,
Sagt Cook.
Es soll so viel auf ihr los sein -
Unglaublich genug.
Wenn ich ~~hinten~~ an meiner Bluse zwei Flügelein hätt,
Wär ich auch mal dabei.

Vierter Klasse nach Hannover?
Soll die Hochzeitsreise sein?
Gott, es ist ein bisschen power,
Ohne Wien und ohne Rhein -
Wo der Rheinfall - Liebste, siehst du?-
Obberammergau umspült,
Und am Prater - Kind, geniesst du? -
Allerhand Verborgnes blüht.
Wie auf überglänztem Plane
Alle Länder hingestreckt -
Ach, die Welt, wie ich sie ahne,
Bietet mehr als ihr Prospekt.
Die Welt soll gross sein,
Sagt Cook.

Es soll so viel so viel auf ihr los sein.
Traurig genug.
Wenn ich kein Fräulein vom Reiseburau wär,
Hätt ich auch was davon.

K. M.

Noordwijk
17. VII. 34.

POLITIE 'S-GRAVENHAGE

GEEN BEZWAAR tegen opvoering
's-Gravenhage 1 MAART 1935 19 .
De Hoofdcommissaris van Politie,
namens dezen
De Hoofdinspecteur van Politie,
Chef der Afdeeling Zedenpolitie enz.,

Sybille Schloß:
»Fräulein vom Reisebüro«

Zeitungsanzeige zum 3. Programm der »Pfeffermühle« in der Schweiz ab 3. 10. 1934 im Theatersaal des neu eröffneten Schwimmbades »Rialto«

Grenzen

Wenn einer eine Reise tut
Dann kann er was erzählen
Zum Reisen braucht man Reisemut
Ein fernes Ziel zu wählen.
Recht reichlich Geld, ein gutes Schiff
Ein Flugzeug oder Wagen
Vermögen dich in kurzer Frist
Von Pol zu Pol zu tragen.

Mit ihrem starken Motorrad
Macht Grossmama die Runde.
Von Berg zu Meer, von Wald zu Stadt
Gut 80 in der Stunde.
Nur wenn sie an die Grenze kommt
Vom ersten Land zum zweiten
Dann dauert es zwei Tage dort
Das ist nicht zu bestreiten.

Oh, die Grenzen, ach die Grenzen
Grenzenlos begrenzt sind wir
Abgeriegelt und versiegelt
Dort bleibt dort und hier bleibt hier.

Halt! Douana! Zollvisite!
Grenzpassage! Halt! Ihr Pass!
Wo sind die Papiere bitte!
Halt! Das Päckchen wiegt etwas!

Transitvisum abgelaufen!
Halt! Hier dürfen Sie nicht rein!
Und hier heisst es Stempel kaufen!
Halt! Dafür sind Sie zu klein!

Das Carnet hat Butterflecken
Badeschwämmchen kostet Zoll!
Gleich werd ich noch was entdecken
Was ich nicht entdecken soll.

Hab ihm schon 6 Zigaretten
Ohne Gnade konfisziert!
Wenn Sie auch noch Kognak hätten
hätte ich Sie arretiert!

Was steht hier auf diesem Zettel?
Ist der Stock ein Schiessgewehr?
Geben Sie den ganzen Bettel
Gleich zum Kontrollieren her.

Zeigen Sie mal Ihre Zähne
Ist nicht zuviel Gold im Mund?
Ihre kleine Schosshyäne
Scheint uns etwas ungesund.
Morden Sie den Präsidenten?
Wie sind Sie denn eingestellt.
Jaa, es gibt an allen Enden
Soviel Dummheit auf der Welt.

Oh, die Grenzen, ach die Grenzen
Grenzenlos begrenzt sind wir.
Abgeriegelt und versiegelt.
Dort bleibt dort und hier bleibt hier.

Die Wolke aus dem Nachbarland
Kommt unverzollt herüber
Wir dulden es noch vorderhand
Doch wir verböten's lieber.

Ein heim'scher Regen wird geschützt.
Sobald ein Weg gefunden
Wird auch der Wolken frohes Zieh'n
Durch's Weltall unterbunden.

Die Technik fault in ihrem Stall
Wo soll sie fürder glänzen
Denn Grenzen, Grenzen überall
Und überall nur Grenzen.

Pakete schicken geht nicht mehr
Die Post kommt aus der Mode
Der letzte der was schicken sollt
Der ärgert sich zu Tode.

So kommt denn alles auf den Hund
Was man so herrlich glaubte
Der gute alte Völkerbund
Der wackelt mit dem Haupte.

Oh, die Grenzen, ach die Grenzen
Grenzenlos begrenzt sind wir
Bist du drüben,
Ich bin hüben.
Ich bleib dort.
Und du bleibst hier.

Das Megaphon

In jener Welt, die Lüge heisst,
Bin ich schon lange tätig.
Ich habe weder Hirn noch Geist.
Doch das ist heut nicht nötig.
Ich hetze hier, ich hetze dort
Die Menschen aufeinander.
Ich stehe stramm bei jedem Wort
Im Dienst der Propaganda.

Ich bin kein Mensch, seht mich nur an,
Bin nur ein Megaphon, das spricht.
Ein Mund aus Blech, der schreien kann.
Doch selber denken kann ich nicht.

Ein Neger, der aus Rio war,
Ging einst mit mir nach Westen,
Er nahm mich in die Negerbar
Und zeigte mich den Gästen.
Doch als er grad' beim Singen war,
Verbot man ihm die Lieder.
Es schlugen in der Negerbar
Ihn ein paar Weisse nieder.

Du bist kein Mensch, sieh Dich nur an,
Bist nur ein Megaphon, das spricht,
Ein Herz aus Blech, das schluchzen kann,
Doch selber fühlen darfst Du nicht.

Schon oftmals lieh ich meinen Mund
Den Mächtigen der Erde.
Es hängt an meinem Trichterschlund
Die grosse Menschenherde.
Wenn Roosevelt eine Rede hält,
Wenn Wallstreets Banken krachen,
Wenn Lubitsch seine Filme dreht,
Dann öffn' ich meinen Rachen.

Ich bin kein Mensch, seht mich nur an
…

Jüngst sah ich einen neuen Staat,
Den man »legal« gegründet hat.
Die Männer standen auf vom Skat
Und riefen: »Heil dem neuen Staat!«
Doch viele, die einst mitgemacht,
In gleichem Schritt und Tritte,
Es hat der Staat sie umgebracht,
Weil das bei ihm so Sitte.

Ich bin kein Mensch, seht mich nur an,
Bin nur ein Megaphon, das spricht.
Ein Staat aus Blech, der morden kann,
Doch Ordnung schaffen kann ich nicht.

Die Welt vergeht, die Erde stirbt,
Ich brülle wie im Fieber,
Ich bin die Macht, die euch umwirbt,
Ich bin euch allen über.
Kein Unrecht, das ich nicht verschwieg,
Kein Recht, das ich nicht beugte.
Ich sammle für den nächsten Krieg,
Die Geister, die ich zeugte.

Ich bin kein Mensch, seht mich nur an,
Bin nur ein Megaphon, das lacht.
Ein Kopf aus Blech, der rüsten kann –
Weh euch, wenn ihr nicht bald erwacht.
Es deckt ein großes Leichentuch
Europas letzte Erben …
Allons enfants, es ist genug!
Zerschlagt die Lüge, zerschlagt den Betrug
In Trümmer und in Scherben.

Die Nutzniesser

ERFINDER (kommt mit einem kleinen Modell. Eifrig)

Schaun Sie mal, was ich erfunden habe:
S' ist ein kleines Segelboot, das fliegt.
Und dazu hat es die selt'ne Gabe,
Dass es, so wie ich's erfunden habe,
Aus der leeren Luft Betriebsstoff kriegt.

Ich bin froh, ich werde Geld verdienen.
Die Erfindung macht mich Armen reich.
Schau'n Sie mal, – ich demonstrier es Ihnen, –
Warten Sie, – jetzt flattert es sogleich.

EIN HERR (tritt hinzu)

Sie erlauben, Sie gestatten, –
Sind Sie selbst der Herr Erfinder?
Was Sie da erfunden hatten,
Ist ein Spielzeug nur für Kinder.

ERFINDER Irrtum, Irrtum, Herr, und Lüge!
Es ist eine grosse Sache!!
Sehr verwendlich, – auch im Kriege!
Schaun Sie mal, wie ich es mache.

1. HERR Na, is schön, ich wills erwerben, –
Zahle bis zu hundert Franken.
Her damit, kurioser Scherben.
So. Sie können sich bedanken.

2. HERR (tritt hinzu. Zum ersten)

Sie erlauben, Sie gestatten:
Sind Sie der von dem Patente?
Was Sie da erworben hatten,
Eventuell erwerben könnte.

1. HERR Grosse Sache, – auch im Kriege, –
Kostet lumpige tausend Franken.
Ich bin tot, wenn ich betrüge, –
Hier, – Sie können sich bedanken.

3. HERR (tritt hinzu. Zu den beiden ersten)

Sie erlauben, – Sie gestatten!
Trust für Nickel, Stahl und Eisen, –
Was Sie da erworben hatten,
Schick ich gratis mit auf Reisen.

1. UND 2. HERR Doch wir bleiben dran beteiligt, –
Prozentual an dem Patente.

3. HERR Selbstverständlich, freilich, freilich!

1. UND 2. HERR Das gibt eine nette Rente.

ERFINDER Meine Herr'n, ich hab es doch erfunden, –
S' ist ein kleines Segelboot, das fliegt.
Es befriedigt anspruchsvollste Kunden.
Ist es recht, dass der, der es erfunden,
Nun nicht mehr als hundert Franken kriegt?

DIE HERREN Wir sind die Nutzniesser,
Nutzniesser,
Nutzniesser,
Wir haben das Patent!
die Fabrik,
den Vertrieb!
Wir sind die Nutzniesser,
Nutzniesser,
Nutzniesser,
Wir haben den Gewinn,
das Verdienst.

ERFINDER Halt' den Dieb!

HERREN Herr, Sie können sich bedanken, –
Schliesslich sind Sie bloss Erfinder!

ERFINDER Für das ganze hundert Franken!
Und ich habe sieben Kinder.

DIE HERREN Wir sind die Nutzniesser,
Nutzniesser,
Nutzniesser, –

ERFINDER Gibt es da keinen Schutz?

HERREN Wir niessen nutz.

ERFINDER Das sind die Nutzniesser,
Nutzniesser,
Nutzniesser, –

HERREN Wir sind da ganz getrost, –
Nutzgeniest, –
Hatschi, –
Prost!

QUERIDO VERLAG · AMSTERDAM

KEIZERSGRACHT 333 · TELEFON 45921

AMSTERDAM,

BRIEF

Ich hätte dir, du liebes altes Stück,
Schon lange schreiben sollen.
Doch du weisst ja, wie schwer es ist.
Es ist so schrecklich schwer.

Brief

Ich hätte dir, du liebes altes Stück,
Schon lange schreiben sollen.
Doch du weisst ja, wie schwer es ist.
Es ist so schrecklich schwer.

Der Tag vergeht so schnell mit tausend Dingen.
Am Abend leg ich das Papier zurecht.
Dann wage ich den Brief nicht anzufangen,
Weil ich mich fürchte, dass er traurig wird.

Es war so gut von dir, dass du mirs selber
Geschrieben hast. Dein Bruder hinterliess
Kein Wort für mich. Ganz wortlos ging er fort.
War auch für dich nichts da? Gar keine Zeile?

Und ihr wardt Geschwister. Aber keinen Namen
Trägt er für mich. Wie ich es möchte
Darf ich ihn doch nicht nennen. Also bleib ich still.
Ich habe keinen Namen, ihn zu rufen.

Ich habe nichts zu denken, als nur dies:
Wie leicht vermeidbar es gewesen wäre,
Und dass man ihn doch hätte halten können.
Man hat so viel versäumt. Es liegt an uns.

Das glaubst du nicht? Es zog ihn gar zu sehr?
Er wollte sich von uns nicht halten lassen?
Er hat das Dunkle inniger geliebt
Als alles andre? Mehr als dich und mich?

Das weiss ich schon. Ich hab's so oft gedacht,
Dass es mich müde macht, es noch zu denken.
Er hat das Dunkle fürchterlich geliebt.
Er liebte aber auch die hellen Dinge.

Das Helle war nicht hell, es war beschmutzt.
Da fand er, dass das Dunkle reiner wäre.
Er war erst sechsundzwanzig. War kein Weg
Aus diesem bittren Jungsein mehr für ihn zu finden?

Er litt darunter, dass er nichts verdiente.
Es sind doch so viel andre stellungslos.
Er hätte sicher wieder was gefunden.
Er war zu anspruchsvoll. Man braucht Geduld.

Man braucht Geduld. Es wird viel Arges kommen.
Man trägt es nicht, wenn man nicht doch vertraut –
– Ganz heimlich, weisst du –, dass sich im Gemeinsten
Und Grausigsten ein Andres vorbereitet.

Er hasste, was heut herrscht. Wir hassens auch.
Er aber tat es masslos, hoffnungslos. –
Man hätte ihn gebraucht. Während der
grossen Kämpfe,
Die kommen werden – und nachher erst recht.

Was für ein Hochmut, sich davonzustehlen,
So abzuwinken –: »Weg, lasst mich allein!«
Schon war er schwerelos. Schon lernt er fliegen.
Hebt Flügel. Steigt. Wir starren hin und spüren

Ein Herz so schwer wie Stein – das neubeschwerte
Wird uns am Fliegen und am Fliehen hindern.
Wir müssen drunter bleiben. Unser Platz
Ist mittendrin. Du hältst doch mit mir aus?

Ich kann mir nächstens einmal Urlaub nehmen.
Dann komme ich zu dir. Wir wollen reden.
Nicht nur von ihm. Von allem. Das tut gut.
Sei brav inzwischen. Ich wills auch versuchen.

Wir können doch nichts schaffen, als nur jeden Tag
Uns Mühe geben, diese arme Welt
Dem etwas etwas ähnlicher zu machen,
Was unser stolzer Bruder, der Leichtgewordene,
ertragen hätte.

Der Revoluzzer

Der deutschen
Sozialdemokratie gewidmet

War einmal ein Revoluzzer,
Im Zivilstand Lampenputzer;
Ging im Revoluzzerschritt
Mit den Revoluzzern mit.

Und er schrie: »Ich revolüzze!«
Und die Revoluzzermütze
Schob er auf das linke Ohr,
Kam sich höchst gefährlich vor.

Doch die Revoluzzer schritten.
Mitten in der Straßen Mitten,
Wo er sonsten unverdrutzt
Alle Gaslaternen putzt.

Sie vom Boden zu entfernen,
Rupfte man die Gaslaternen
Aus dem Strassenpflaster aus,
Zwecks des Barrikadenbaus.

Aber unser Revoluzzer
Schrie: »Ich bin der Lampenputzer
Dieses guten Leuchtelichts.
Bitte, bitte, tut ihm nichts!

Wenn wir ihn' das Licht ausdrehen,
Kann kein Bürger nichts mehr sehen,
Lasst die Lampen stehn, ich bitt!
Denn sonst spiel' ich nicht mehr mit!«

Doch die Revoluzzer lachten,
Und die Gaslaternen krachten.
Und der Lampenputzer schlich
Fort und weinte bitterlich.

Dann ist er zuhaus geblieben
Und hat dort ein Buch geschrieben,
Nämlich, wie man revoluzzt
Und dabei doch Lampen putzt.

Weil ich will

Die Dame:

Spürt Ihr die Sinnlichkeit?
Sie weht herauf zu mir,-
Die gute Sinnlichkeit umwebt mich wie ein Wind.
Sie kommt von Mann und Weib
Und sie kommt, sag und schreib,
Von Katz und Maus und Hund und Ding und Kind.

Ich selbst bin kalt wie Schnee,
Mir tut das Herz nicht weh
Ich spüre hier nicht viel und gar nichts hier.
Jedoch ich weiss genau,
Als willensstarke Frau,-
Ich will die Sinnlichkeit für Mensch und Tier.

Weil ich will,
fasziniere ich,
Weil ich will,
reussiere ich.
Weil ich will,
drum begehrt man mich,
Wie ich will,
So verehrt man mich.

Das ist auf Erden so:
Die Menschen werden froh,
Wenn einer irgend etwas wirklich will.
Sie freun und neigen sich
Und sie verbeugen sich,
Sie senken Ihre Stirn und halten still.

Was so ein Wille~~n~~ will,
Ist wirklich einerlei,-
Wenn er das Schlechte will,
Ists auch egal.
Es kommt nur darauf an,
dass ~~ob~~ einer wollen kann,-
Denn dann gehorchen wir
Ihm allemal.

Weil er will,
schenkt man ihm die Macht,
Weil er will,
Wird der Tag zur Nacht,
Weil er will,
Heisst das Schlechte gut,
Weil er will,
Stinkt die Welt nach Blut.

Ich überlege mir
~~In meinem Köpfchen hier~~,- hinter dem Löckchen hier
/worüber Ihr gewiss nicht lachen sollt!/:
Wie wär denn bitte das,-
Wenn einer mal zum Spass
Was ausgesprochen Gutes wollen wollt?!

Und ganz von ungefähr
Käm so ein Wille her,
Und sagte jeden Tag: ich will, ich will.
Ich will Gerechtigkeit
Und eine neue Zeit
Und Frieden überall, das ist mein Ziel.

Und:
Weil er will
Ordnet sich die Welt,
Weil er will,
Kriegt der Arme Geld.
Weil er will
Wirds mit einem Schlag,
Wie er will
In den Köpfen Tag.

Jeder schreit:
Ich habs längst gesagt,
Höchste Zeit,
dass er einer wagt,-
Was der will,
Das hat Richtigkeit,
Und so bleibts
Jetzt und alle Zeit.

Therese Giehse:
»Weil ich will«

Der Scharfrichter: »Mann der Stunde«

Mann der Stunde

Na, nun raten Sie mal, wer ich bin?!
Trag ich nicht den Chapeauclaque wie einer,
Der in der Gesellschaft mittendrin, –
Ein gelehrter, oder gar noch feiner?

Wartet nur, ich helf Euch auf die Spur, –
Spreche einfach über mein Vermögen.
Augenblicklich ist die Konjunktur
Ausgezeichnet und ein wahrer Segen.

Na, wer bin ich?
Na, wer bin ich?
Na, na, na, wer könnt ich sein?!
Bin ich Dichter?
Bin ich Richter?
Ganz kalt, –
Wärmer, –
Aber: nein!

Riech ich nicht nach Erde und nach Blut?
Und nach schönen Unbedenklichkeiten?!
Ja, ich hab zum Grässlichsten den Mut!
Wurzle tief in sagenhaften Zeiten.

Freilich galt ich nicht als stubenrein, –
Das warn damals kindische Bedenken.
Heute bin ich stolz und reich und fein.
Kein Minister möchte mich mehr kränken.

Künstler bin ich und als solcher kühn, –
Greif hinein ins volle Menschenleben.
Na, – nu raten Sie mal, wer ich bin, –
Kopf herunter, ich will Antwort geben!:

Bin Scharfrichter,
Bin Scharfrichter, –
Ja, ich richte wahrlich scharf.
Hau in Eile
Mit dem Beile
Kopf um Kopf ab
Weil ich darf!

Herrlich, herrlich, ist doch mein Beruf.
So korrekt und amtlich wie nur einer.
Hochgepriesen, der dies Ämtchen schuf,
Gönner vieler, und zuletzt auch meiner.

Schnellgerichte setzen mich in Brot, –
Ich bin glücklich und der Mann der Stunde.
Weib und Kindlein kennen keine Not,
Vater Staat ist mir ein guter Kunde.

Kopf herunter!
Kopf herunter,
Ach wie ist das Leben schön!
Nach der Arbeit
ist gut Ruhen,
Freudig kann man schlafen gehn.

Wie, – Sie üben noch an mir Kritik?
Meckern frech nach Kritikasterweise?
Dumme Wühlmaus, tun Sie sich nicht dick!
Volk hat keinen Raum für solche Mäuse.

Was ist los? Mich will man töten jetzt?
Auf der Stelle und in solcher Eile?
Neue Herrn sind über mich gesetzt?!
Und man tötet mich *mit meinem Beile?!*

Also bitte, –
also bitte, –
Lieber einen Tag als Leu
wünsche ich geköpft zu haben, –
Denn als Lamm, –
Es ist vorbei, –
Lebt denn wohl, –
Es ist vorbei!

Meinen Kopf ab,? Unvorstellbar, –!
Und man hat mich schon beim Schopf?
Leben will ich, – nur noch leben, –!!
Gott, wo steht mir bloss der Kopf?!

Stimmungsbild

Wien

DER DEUTSCHE (zur Deutschen) Siehste, Mausi, das is nu son richtiger Heuriger – grossartig was?!
(Es schiesst)
WASCHERMADL Jessas, jetzt schiessen's scho wieder!
DIE DEUTSCHE (aufgeräumt) Feuerwerk, – gell!?
DIE AMERIKANERIN I think, it's the most romantic place, I ever saw (es schiesst wieder) and so peacefull!
DER DEUTSCHE (zum Waschermadl) Na, und Sie stehn hier auch wie hingemalen, wird wohl schnellstens anders werden. Bisschen Betrieb hier, wenn ich bitten darf, Shangsongs, Musik, – los, mal los!
FIAKER (zum Schusterbub) Geh, sing was für Herrn Baron.
SCHUSTERBUB Wer kann bei meinem Anblick zweifeln?
I bin a Weaner Schusterbua.
I trotz dem Tod und allen Teufeln,
I bin a klassische Figur.
Stets bin ich keck und ausgelassen, –
Von Not und Krise keine Spur,
Pfeif meine Liedeln auf der Gassen,
Die einer klassischen Figur.
WASCHERMADL I bin a Waschermadl, betrachten Sie mich nur,
Vom G'sichtl bis zum Wadl, a klassische Figur,
So sauber, so keck, so voll Wiener Hamur,
Wie mich der Herrgott g'schaffen hat, als klassische Figur.
FIAKER I bleib an alter Weaner Fiaker,
I hab an Charme und an Hamur,
Bin so gemütlich wie auch wacker,
Bin halt a klassische Figur.
Vom Steffi bis zum Prater
Brauch ich vier Stunden nur,
I bin wie scho mei Vater,
A klassische Figur.
AMERIKANERIN Well, I think it's marvellous.
DER DEUTSCHE Etwas mehr Schmiss müsste hin!
DIE DEUTSCHE Schon rein blutsmässig ...
SCHUSTERBUB (zur Amerikanerin)
I weiss auf der Wiesen ein kleines Hotel ...
FIAKER (ruft hinüber) A geh, das ist doch versteigert!
WASCHERMADL Du lieber Steffi, heut geht sowas schnell
Und einer fahrt nach'n andern zur Höll,
Weil der Himmel den Zutritt verweigert.
FIAKER Dabei soll doch der Herrgott a Weaner sein.
WASCHERMADL I frag mi manchmal, warum.
SCHUSTERBUB Wien, Wien, nur du allein
Sollst nachts die Stadt meiner Träume sein,
Denn am Tag bin ich auch nicht so dumm.
AMERIKANERIN Well, I think, its marvellous!
DER DEUTSCHE Etwas mehr Schmiss müsste hin!
DIE DEUTSCHE Schon rein blutsmässig ...
DIE WIENER Und der Himmel hängt voller Geigen,
Wer am Galgen hängt, der ist tot.
Wer am Galgen hängt, der muss schweigen.
WASCHERMADL Und recht g'schamig glüht's Morgenrot.
SCHUSTERBUB Ich möcht amal nimmer in Grinzing sein,
beim Wein, beim Wein, beim Wein.
WASCHERMADL I hass' das Burgtheater,
FIAKER Und ich den Kaiser Franz.
SCHUSTERBUB Es blüht kein Baum im Prater.
WASCHERMADL Die Welt hat keinen Glanz.
DIE WIENER Die Welt is uns verdorben,
Weil wir so hungrig sind.
FIAKER Mei Stolz is, ich bin doch a echt's Weaner Kind,
an echt's Weaner Kind, an echt's Weaner Kind.
WASCHERMADL Es ist halt a Kreuz, dass wir so hungrig sind.
FIAKER Aber i bin an echt's Weaner Kind!
AMERIKANERIN Well, I think, it's marvellous!
DER DEUTSCHE Etwas mehr Schmiss müsste hin!
DIE DEUTSCHE Schon rein blutsmässig .....
FIAKER Schusterbub, was ham wir für ein Herz?
SCHUSTERBUB Ein goldenes.
FIAKER Für was is alles bei uns?
SCHUSTERBUB Für die Katz.
FIAKER Auf was kommt alles bei uns?
SCHUSTERBUB Auf den Hund.
FIAKER Wohin noch?
SCHUSTERBUB Vom Johann auf den Richard ... Strauss.
FIAKER Wann'd noch Wagner g'sagt hättst,
hätt i Di umbracht! Wohin noch?
SCHUSTERBUB In den deutschen Tonfilm.
FIAKER (sehr drohend) Und wohin noch?
SCHUSTERBUB Glücklich ist, wer vergisst,
FIAKER Und wer keine Zeitung liest.
WASCHERMADL Alles neu macht der Fey
Denn der war mit dabei!

Erika Mann, Hans Sklenka und Therese Giehse: »Stimmungsbild«

SCHUSTERBUB I pfeif,
FIAKER I sing,
WASCHERMADL Ich lache,
DIE WIENER So sind wir von Natur,
Kennen keine Rache,
Denn sie ist nicht die Sache
Der klassischen Figur.
AMERIKANERIN Well, I think, it's marvellous.
DER DEUTSCHE Etwas mehr Schmiss müsste hin.
DIE DEUTSCHE Schon rein blutsmässig ...
FIAKER Die Welt liebt uns von Herzen,
Sie filmt und tut und macht,
Freut sich an unsern Scherzen,
Da gibt sie nicht recht acht.
SCHUSTERBUB Erst wenn's zu spät ist, schliesslich,
Im übernächsten Jahr,
Und gar nicht mehr erspriesslich
Bemerkt die Welt verdriesslich
Wie nötig Hilfe war.
WASCHERMADL Dann greift sie in die Tasche,
Und – halt's mi z'ruck – sie zahlt,
Zahlt die Gute, Rasche,
Doch wir sind längst schon Asche,
Verloren, tot und kalt.
DIE GÄSTE (erheben sich zum Aufbruch.)
AMERIKANERIN (sehr gelangweilt) Well, I think, it's marvellous.
DER DEUTSCHE Etwas mehr Schmiss müsste hin!
DIE DEUTSCHE Schon rein blutsmässig .....
WASCHERMADL Bleim's da, wir bitten Ihnen,
Sie wern sich heimisch fühln.
SCHUSTERBUB Auf den Barock-Ruinen
Tun wir noch Mozart spieln.
FIAKER Bei uns, wie im Museum
Tagt bald der Völkerbund,
Er betet ein Tedeum,
Und schon sind wir gesund.

(Der Donauwalzer ertönt, während der andere Flügel katholische Weisen spielt. Es schiesst. Die Wiener drehen sich im Kreis, jeder allein tanzt, wie in einer Pfütze stehend, seinen Walzer. Die Fremden sitzen an ihren Tischen.)

AMERIKANERIN Well, I think, it's marvellous.
DER DEUTSCHE Etwas mehr Schmiss müsste hin!
DIE DEUTSCHE Schon rein blutsmässig .....

Der Vorhang fällt.

Lauter Märchen

Conférence

(Die Dekoration ist ein Meer, und ein grosses phantastisches Spinnennetz in dem, schon jetzt, zu Anfang der Revue die Dekorationsstücke hängen, die im Laufe der Revue Verwendung finden.)

DER MÄRCHENDICHTER *(kommt mit einem grossen Buch, das er für den weiteren Lauf der Revue behält.)* *Lauter Märchen, – jetzt kommen lauter richtige Märchen, wie sie im Märchenbuch stehn und wie das Volk und die Dichter sie erfunden haben in grauer Vorzeit und zu ihrer reinen Belustigung. Heut erzählt man sie den kleinen Kindern und allenfalls noch die Freunde von der rückwärts gewandten Sorte nehmen sie für sich in Anspruch und für ihre romantisch-chaotische Denkungsart. Lasst doch einmal sehen, was sich zuträgt in diesen Geschichten und ob sie nicht vielleicht für uns geschrieben worden sind, auch für uns, – gerade für uns und ob es nicht unsere eigene, sonderbare Menschenwelt ist, – die sich – noch immer, – in ihnen spiegelt.*

Erika Mann: »Märchendichter«

Hans im Glück

(Der blonde Junge ist sehr jung, geht auf zerrissenen Turnschuhen, trägt nur zerfranste Hose und zerfetztes Hemd. Ab und zu schlägt er ein Rad, wandelt auf den Händen, steht auf dem Kopf. Sein Vortrag ist sehr unschuldig und von einer träumerischen Heiterkeit. Zum Schluss, da er sich mit ausgebreiteten Armen rückwärts dem dämmernden Prospekt nähert, singt er leise und wie verklärt.)

Soll ich was von mir berichten?
Ja, – ich bin der Hans im Glück;
Ich weiss mehrere Geschichten,
Doch sie liegen weit zurück:

Als ich noch ein kleiner Knabe
Namens Hans gewesen bin,
Hatt' ich schon als gute Gabe
Einen stets zufriednen Sinn.

Meine Eltern hatten Felder
Und sie waren wohlbestallt;
Doch die guten goldnen Gelder
Wurden nicht im Kasten alt.

Plötzlich gingen sie zur Neige,
Und ich rief, was grämt ihr euch?!
Wartet mal, was ich euch zeige, –
Armut macht das Leben reich!

Wie sich das trifft,
Nein, wie sich das schickt, –
Ich war meiner Lebtag noch nie so beglückt.
Das leidige Geld ist nun endlich dahin, –
Was ich für ein Hans im Glück immer bin!

Arbeit war gar schnell gefunden,
Ich verdiente Brot und Bier;
Täglich tat ich es zehn Stunden,
Das war reichlich, glaubt es mir.

Als dann die Regierung tagte,
Nahm man mir die Arbeit fort;
Ich war froh, weil ich mir sagte:
Es war furchtbar mühsam dort.

Wie sich das trifft,
Nein, wie sich das schickt!
Ich war meiner Lebtag noch nie so beglückt!
Die leidige Arbeit ist endlich dahin, –
Was ich für ein Hans im Glück immer bin!

Frei war ich wie Wind und Regen,
Konnte drin spazieren gehn.
Ei, was war das für ein Segen,
Und wie war die Welt so schön!

Und ich schrieb im Überschwange
Irgendwo auf einen Stein:
Na, jetzt dauert's nicht mehr lange, –
Der Minister ist ein Schwein.

Als dann die Regierung tagte,
Musst' ich schleunigst ausser Lands,
Weil ein Freund von mir mir sagte:
Du stehst auf der Liste, Hans.

Und so lief ich in die Ferne,
Schritt vor Schritt und Bein vor Bein;
Ach, ich laufe schrecklich gerne,
Und es soll bekömmlich sein.

Wie sich das trifft,
Nein, wie sich das schickt!
Ich war meiner Lebtag noch nie so beglückt.
Die leidige Heimat ist endlich dahin, –
Was ich für ein Hans im Glück immer bin!

Meinen Hut und meine Weste
Die verlor ich irgendwo;
Es war jedenfalls das Beste
Und auch das bequemste so.

Meine Schuhe sind zerrissen,
Nächstens darf ich barfuss gehn;
Das ist angenehm zu wissen, –
Auf den Wiesen geht sich's schön.

Um mein Glück noch zu vollenden,
Konfisziert' man meinen Pass;
Ich geb' gern mit vollen Händen
Und besass noch immer was:

Beispielsweise Bürgerrechte,
Und man nahm sie bald zu sich;
Ob ich sie behalten möchte,
Danach fragte keiner mich.

Wie sich das trifft,
Nein, wie sich das schickt, –
Ich war meiner Lebtag noch nie so beglückt.
Die leidigen Rechte sind endlich dahin, –
Was ich für ein Hans im Glück immer bin!

Frei bin ich von aller Schwere,
Leicht bin ich und ohne Zwang;
Habe nichts als meine Ehre,
Und um die ist mir nicht bang.

Schliesslich kommt es dann ans Sterben,
Und der Tod ruft freundlich – Hans! –
Ein'ge dich mit deinen Erben!
Doch ich blinzle in den Glanz;

Ohne Testament und Mühe
Darf ich gleich hinübergehn, –
Eines Tags in grauer Frühe
Kann man mich entschwinden sehn.

Wie sich das trifft,
Nein, wie sich das schickt, –
Ich war meiner Tage noch nie so beglückt.
Das leidige Leben ist endlich dahin, –
Was ich für ein Hans im Glück immer bin!

Conférence

MÄRCHENDICHTER Ich blättere in meinem grossen Buch und lese:

Es war einmal ein schmutziges kleines Gassenkind, das träumte, es wäre im Himmel.

(Märchenpantomime vom Gassenkind)

MÄRCHENDICHTER (bringt einen Tisch, nimmt die Tassen, Teller, etc. aus dem Netz, – deckt den Tisch, spricht dabei:)

Erinnern Sie sich noch an das Märchen vom Katerlieschen und vom Frieder? Das Katerlieschen war so dumm, – was der Frieder ihm nicht sagte, das wusste es auch nicht. So kam viel Unglück über das junge Paar, – denn eine Frau, die gar nichts weiss, als das was der Mann ihr sagt, die ist gar übel dran. Ich blättere in meinem grossen Buch und lese:

Es war einmal ein Katerlieschen.

(Tut als fiele ihm plötzlich etwas ein, – ein wichtiges Dekorationsstück, das er vergessen hat, – läuft in die Kulisse, – zieht wie eine willenlose Puppe, das Katerlieschen hervor, das er an den Tisch placiert.)

Katerlieschen

Herrjeh, herrjeh, herrjemineh,
Das Katerlieschen bin ich.
Mach alles falsch, wo ich auch steh,
Mir selbst tut das am meisten weh,
Wär auch gern klug und sinnig.

Herr Frieder, so heisst mein Gemahl,
Sagt oft zu mir im Grimme:
»O, Katerlieschen, welche Qual,
Schon wieder falsch und noch einmal!«
Er sagts mit tiefer Stimme.

Wenn ich die Schublig angebrennt
Und streu schlau Zucker drüber
Damit man es nicht gleich erkennt,
Dann ruft der Frieder: »Sapperment,
Ich will verhungern lieber!«

Wie kann ich das vorher wissen?
Sowas ist zuwider.
Frieder, lieber Frieder,
Hättst mirs eher sagen müssen!

Erst kürzlich kam ein feiner Herr
Und sagte: »Katerlieschen,
Ich bin Dir gut und noch viel mehr,
Zeig einmal Frieders Geldsack her
Und leih ihn mir ein bißchen.«

Kaum hatte er das teure Geld,
Ist er schon fortgelaufen,
Heissa, wie schnell, quer übers Feld,
Mich deucht, er wollt für dieses Geld,
Uns etwas Schönes kaufen.

Als er dann gar nicht wiederkehrt,
Nur Frieder kam der Wege,
Und rief: »Mein Katerlieschen wert,
Wo ist das Geld, das mir gehört?«
Da gab es nichts als Schläge.

Wie kann ich das vorher wissen?
Sowas ist zuwider!
Frieder, lieber Frieder,
Hättst mirs eher sagen müssen!

Dann kam der grosse Krieg daher,
Mit Trommeln und Trompeten,
Mit Blumen vorn am Schiessgewehr,
Es freuten sich die Menschen sehr,
Im gleichen Schritt zu treten.

Gleich ward der Frieder Leutenant,
Gleich war ich stolz und selig.
Ich hätt ihn beinah nicht erkannt,
So schön war er und elegant,
So tapfer und so fröhlich.

Der Frieder kam nicht mehr zurück,
Es hat ihn wer erschlagen.
Der Frieder war mein ganzes Glück,
Das kommt nie, nie, zu mir zurück
Es ist schwer zu ertragen.

Wie konnt ich das vorher wissen?
Sowas ist zuwider.
Frieder, allerliebster Frieder,
Hättst mirs eher sagen müssen.

Schlaraffenland

Der Reisende

Ich komme direkt aus Schlaraffenland
Ganz zufällig hab ichs gefunden.
Erst ging es durch Wälder, dann ging es durch Sand,
Dann wurde es fremder und unbekannt,
Es dauerte zehneinhalb Stunden.

Das lachte und blühte, das wuchs und gedieh,
Von Kräutern, Gemüsen und Früchten.
Wie glatt und wie fett betrug sich das Vieh!
So schmackhafte Kühe erblickt ich noch nie!
O könnt ichs so schmackhaft berichten:

Den Berg aus Kartoffeln erkannt ich sogleich –
Er lag in der Abendsonne.
An köstlichster Zutat war man dort reich,
Man holte die Fischlein aus freundlichem Teich
Und röstete sie mir zur Wonne!

O welch himmlisches Entzücken
O welch Jubel-Jubel-Traum
Sich an solcher Kruste letzen
Sich in solche Sahne setzen
O man gönnt sichs kaum
O man gönnt sichs kaum

Wie herrlich ists im Schlaraffenland.
Wie klug sind dorten die Leute!
Die rupfen die Kräutlein nicht mit der Hand,
Die arbeiten wenig und haben erkannt:
Maschinen arbeiten heute!

Für jede Verrichtung, für jedwede Müh'
Hat man dort ein Maschinchen erfunden.
Das rackert und ackert wie's vielliebe Vieh
Ermattet und klaget und zaget nie:
Die Arbeit ist ganz überwunden!

O welch himmlisches Entzücken
O welch Jubel-Jubel-Traum
So die Rädchen zu verrücken
Und die Hebelchen zu drücken
Und man merkt es kaum
Und man merkt es kaum

Dann ging ich weiter, und trau, schau, wem –
Ich traf viele Männer in Tränen
Da rief ich: Ihr Frechen, ihr habts so bequem,
Ihr solltet euch mal tüchtig schämen!

Da sprachen die Leute, und schluchzten dabei
Zu Herzen gehend und grässlich:
Wir haben gar nichts, nicht Brot und nicht Ei,
Ach hätten wir Arbeit, so hart sie auch sei!
Wir habens traurig und hässlich!

Man lässt uns nicht an das Essen dran
Und nicht einmal an die Maschinen
Da arbeitet oft nur ein einzelner Mann
Von früh bis spät, bis er dann nicht mehr kann,
Und wir dürfen gar nichts verdienen.

O welch teuflisches Erbarmen
O welch Höllen-Höllen-Traum
Furcht und Mitleid mit uns Armen
O welch schreckliches Erbarmen
Und man glaubt es kaum
O man glaubt es kaum.

Ich schritt fürbass im Schlaraffenland
Und sah: man baute Kanonen!
Man hatte Gifte und Gase zur Hand,
Die hielt man gegen Leute gewandt
Die auch im Schlaraffenland wohnten!

Die Früchte verfaulten derweilen am Baum,
Es starben im Wasser die Fische!
Die dummen Schlaraffen merkten es kaum:
Durchschossen, durchsurrten, durchtobten den Raum,
Dass Einer den Andern erwische!

Genau wie ein Hase so bin ich gerannt
Damit die Flucht mir gelinge.
Ich hatte genug vom Schlaraffenland,
Das vor mir kein Sterblicher noch gekannt,
So wahr ich hier stehe und singe.

O wie schön ists auf der Erde
Und wie anders eingericht
Denn die hungernden Schlaraffen
Sind weit dümmer als die Affen!
Doch wir Menschen nicht!
Doch wir Menschen nicht!

Conférence

MÄRCHENDICHTER *Ich blättere in meinem grossen Buch und lese, – es war einmal eine alte Hexe.*

(Schon während seiner letzten Worte ist die Hexe im Hintergrund vor dem Meer sichtbar geworden, – wie überhaupt während der ganzen Revue die Figuren in unmittelbarem Zusammenhang mit den beschwörenden »es war einmal« Worten des Märchendichters auftreten!)

Die Hexe

Ich bin die Hexe Gruselsehr, –
Mich zu beklagen kam ich her, –
Und mal ein Wort zu wechseln.
Im dunkelfeuchten Tannenwald
Da wohn ich einsam, arm und kalt,
Ich schlaf auf Spreu und Heckseln.

Ich werde fürchterlich verkannt, –
Seit langer Zeit in Stadt und Land, –
Nur weil ich hässlich scheine, –
Mir schiebt man alles in die Schuh,
Man ruft: »Verwünschte Hexe, Du,
Spring fort, ich mach Dir Beine.«

Die Nase und das Zottelhaar, –
Mit dem ich früh gesegnet war,
Ererbt ich von den Müttern, –
Da man als Hexen uns erkannt,
Hat man uns allezeit verbrannt,
Kann einen das verbittern?

Ein Fräulein bin ich, gut und zart,
Von frommer Zucht und feinster Art, –
Recht sittiglich und friedlich.
Sagt, unter uns, ein männlich Wort:
Nähm einer mir die Nase fort,
Dann wär ich doch ganz niedlich.

Bei »männlich« fällt mir etwas ein, –
Es könnte doch zum Beispiel sein,
Dass mich ein Gatte freite, –
Es könnte! Leider kann es nicht, –
Denn sichtigt einer meiner Gesicht,
Dann sucht er gleich das Weite.

Und ist am Ende er ein Schwein,
Schon soll ich es gewesen sein,
Die ihn darein verwandelt, –
Die Hexe wars! Das Nasenweib!
Sie hat zum blossen Zeitvertreib
Den Edelmann verschandelt!

Oft stiehlt man mir den Besenstiel, –
Mein Gott, er kostet ja nicht viel, –
Nur braucht ich ihn zu Kehren!
Mein Kaffeesatz ist täglich fort, –
Bübisch versteckt, bald hier, bald dort, –
Ich mag mich gar nicht wehren!

Ich denk, die Hände still im Schoss,
Die Ungerechtigkeit ist gross,
Sie ist es stets gewesen.
Der Kater schnurrt, es tickt im Holz,
Ich bin auf meine Nase stolz
Und auch auf meinen Besen.

Wie ich hier steh in Blus und Rock, –
War ich der Menschheit Sündenbock
Durch viele hundert Jahre.
Mich kriegt im Grund sie niemals satt,
Weil sie mich dringend nötig hat,
Das ist das Sonderbare.

Mit Euch zu plaudern kam ich her,
Ich gute Hexe Gruselsehr,
Und etwas auszurasten.
Ein wahres Glück, dass heutzutag,
Von einem Teil der Schimpf und Plag
Die Juden mich entlasten.

MÄRCHENDICHTER *(räumt ab, richtet und bereitet die Bühne für den mit den 5 Freunden.)*

Der mit den 5 Freunden

Vier von meinen Freunden hiessen
Jean und Fritz und Jack und Jo
Und der fünfte hiess Enrico,
Alle waren jung und froh.

Sie besassen miteinander
Einen hübschen jungen Hund.
Und sie liebten ihn von Herzen,
Er war zärtlich und gesund.

Jean und Jo und Jack und Rico
Hatten je ein Spielgewehr.
Fritz lud seins mit grossen Steinen,
Damit es gefährlich wär.

Einmal ärgert ihn das Hündchen,
Da schoss Fritz mit einem Stein,
Ohne's vorher anzukündgen,
Mitten in das Tier hinein.

Jean und Rico weinten leise
Jack und Jo wehklagten sehr,
Aber Fritz in seiner Weise
War stolz auf das Schiessgewehr.

Jack war sehr entrüstet,
Jean verhielt sich abwartend,
Rico behielt sich weitere Schritte vor
Aber Fritz hat, nach einem entschiedenen Dementi,
sein Bedauern ausgesprochen.
Der Fall war hiemit beigelegt.

Später gab es dann ein Mädchen,
Welches schön und liebenswert,
Daher es von meinen Freunden
Herzlich-schmerzlich ward begehrt.

Eines Nachts zu später Stunde,
Jean und Rico schliefen fein,
Jack und Jo warn voller Sehnsucht,
Drang Fritz bei dem Mädchen ein.

Lass mich doch, so rief das Mädchen,
Aber Fritz nach Kriegerweis,
Schlug ihr tüchtig in die Fresse
Dabei ward ihm wohl und heiss.

Dann verschleppte er die Ärmste,
Die wie tot darniederlag,
Jean und Jo und Jack und Rico
Merkten's erst am nächsten Tag.

Jack war sehr entrüstet,
Jean verhielt sich abwartend,
Rico behielt sich alle Schritte vor,
Jo zeigte sich über das Vorkommen enttäuscht,
Aber Fritz hat, nach einem entschiedenen Dementi,
sein Bedauern ausgesprochen
Der Fall war hiemit beigelegt.

Roh und grässlich warn die Zeiten,
Hass und Mord warn grosse Herrn,
Jean und Jo und Jack und Rico
Lebten nicht besonders gern.

Fritz jedoch in alter Frische
Schoss sich durch, von Sieg zu Sieg,
Ihm behagte noch das Ärgste,
Hungersnot und Bandenkrieg.

Tausende von armen Leuten
Gingen so allmählich drauf.
Das ist so in solchen Zeiten
Und man achtet nicht darauf.

Aber eines morgens fand man,
Und geriet nun doch in Wut,
Haufenweis Staatsoberhäupter
Mausetot in ihrem Blut.

Jack's Präsidenten
Jean's Ministerpräsidenten,
Rico's Regierungschef,
Jo's König.

O, was war das für ein Klagen
Und was für ein Wehgeschrei,
Jeder musste nunmehr sagen,
Dass dies doch die Höhe sei.

Und nach gründlichem Bedenken
Kam man dann zu dem Beschluss,
Dass man gegen solche Mörder
Irgendwie was machen muss.

Tatsächlich war Jack sehr entrüstet,
Jean verhielt sich abwartend,
Rico behielt sich alle Schritte vor,
Jo zeigte sich über die Vorkommnisse in ungewohntem
Grade enttäuscht. Aber Fritz hat, nach einem entrüsteten
Dementi, sein Bedauern ausgesprochen.
Der Fall war hiemit beigelegt.

MÄRCHENDICHTER *Einen Fisch-Schwanz, aber keine Seele, hat die kleine See-Jungfrau. Sie liebt nicht und leidet nicht. Da aber der schöne junge Prinz kommt, der sie zu sich holt, auf sein Schloss, – fängt sie an, ihn zu lieben und schon ist auch das Leid nicht mehr fern. Kaum weiss er, dass sie einen Fischschwanz hat, schickt er sie zurück, der Menschenmann, ins kühle Element. Da sitzt sie nun und weint. Was nützt ihr jetzt die Seele.*

(Während der letzten Worte, hat er die Requisiten der »Seejungfrau« herbeigebracht, Seepferdchen, erleuchtetes und Handarbeit. Zuletzt kommt sie selbst heraus und singt:)

Märchen von der kleinen Seejungfrau

Es war ein Haus ganz ersten Ranges,
Wo ich erfolgreich tätig war.
Voll plätschernden Gelächters klang es
Durch Spiegelsaal, Salon und Bar.

Die stattlichen Besucher kamen
In schönen Wagen, oft von weit;
Wir höchst perfekten jungen Damen
Empfingen sie im Abendkleid.

»Herbei, Ihr Nixen!« rief die flotte
Frau Chefin, redlich und gewandt.« –
Das feine Haus war als »die Grotte«,
Wir als das Nixenvolk bekannt.

Oh, Du kleine kalte,
Etwas rätselhafte Seejungfrau!
– Flüsterte mein dicker Kavalier –
Selbst da ich Dich halte,
Fühl ich mich so weit entfernt von Dir.
Deine Augen sind so eisig blau.
Spürst Du gar nichts?

Ob sie glühten, schluchzten, brannten –
Mich erschütterts keine Spur.
Was die Freier »lieben« nannten,
Nannten wir nur »faire l'amour«.

Spöttisch dachte ich: Erzähle
Du nur ruhig, wie Liebe brennt,
Ich trag in mir, statt der Seele,
Ein gar kühles Element.

Plätschernd leicht vergehn die Tage,
Gehn die Jahre, sanft und glatt.
Da kam Kuno, Kuno sage –
Was mich so verwandelt hat.

Oh, ich arme kalte,
Ganz verwirrte Seejungfrau!
Welch verhängnisvoller Kavalier!
Selbst da ich Dich halte,
Bin ich doch nicht nah genug bei Dir.
Deine Augen sind so sanft und grau.
Wie ichs spüre!

Er war ein Herr aus besseren Kreisen,
Sehr ernsthaft, freundlichen Gesichts.
Jedoch, es sollte sich erweisen:
Assessor Liban hatte nichts.

So folgte ich ihm aus dem Schimmer,
Des Grottenschlosses, und er nahm
Mich mit in sein möbliertes Zimmer.
Oh welches Glück! Oh welche Scham!

Oh süsse Scham, von seinem Munde
Zu lernen, was ich kaum versteh!
Was schmerzt mich da wie eine Wunde?
Die neue Seele. Sie tut weh.

Oh, ich fassungslose,
Aus dem Element gerissne Seejungfrau!
Du gestrenger, seelenvoller Kavalier!
Selbst da ich Dich kose,
Sprichst Du noch so furchtbar ernst mit mir.
Was Du meinst, begreif ich nicht genau.
Und ich lausche Dir.

Doch der Hunger macht auch noch gescheite,
Seelenvolle Menschen desparat.
Es war wirklich arg mit unsrer Pleite.
Ist es unverzeihlich, was ich tat?

Da er schlief, in finsterster Minute,
Schlich ich in die »Grotte«, zu den Herrn.
Seinetwegen ward ich noch mal Nutte –
Nicht aus Leichtsinn tat ichs, und nicht gern.

Kuno merkte, dass da was nicht stimmte –
Dass ich trieb, was er so grässlich nennt –
»Teufelsnixe!« schrie der sehr Ergrimmte.
»Scher Dich weg, und in Dein Element!«

Ach, was bleibt mir kalten,
Unselig – beseelten Seejungfrau?
Ganz zum Ekel ward mir jeder Kavalier.
Dich, mein Liebling, darf ich nicht mehr halten.
Aber etwas von mir blieb bei Dir.
Was es ist, das weiss ich nicht genau.
Ist es meine Seele?

Der Prinz von Lügenland

Ich bin der Prinz von Lügenland,
Ich lüg, dass sich die Bäume biegen, –
Du Lieber Gott, wie kann ich lügen,
Lüg alle Lügner an die Wand

Ich lüge so erfindungsreich
Das Blau herunter von den Himmeln.
Seht Ihr die Luft von Lügen wimmeln?
Es weht der Wind vom Lügenteich.

Der liebe Sommer naht sich jetzt,
Schon spriessen Knospen an den Bäumen,
Lieb Veilchen gelb die Wiesen säumen,
Im Kriege ward kein Mann verletzt.

Ha, Ha, Ihr glaubts, ich merk' es ja.
Ich kanns in Euren Mienen lesen.
Obwohl es lügenhaft gewesen,
Steht es vor Euch wie Wahrheit da.

Lügen ist schön,
Lügen ist gut,
Lügen bringt Glück,
Lügen schafft Mut,
Lügen haben hübsche lange Beine.
Lügen macht reich,
Lügen sind fein,
Wirken wie wahr,
Waschen Dich rein,
Gehn wie Hündlein folgsam an der Leine.

Bei mir daheim im Lügenland
Darf keiner mehr die Wahrheit reden, –
Ein buntes Netz von Lügenfaden
Hält unser grosses Reich umspannt.

Erika Mann: »Lügenprinz«

Bei uns ists hübsch, wir habens gut,
Wir dürfen unsre Feinde morden.
Verleihn uns selbst die höchsten Orden
Voll Lügenglanz und Lügenmut

Wer einmal lügt, dem glaubt man nicht,
Wer immer lügt, dem wird man glauben.
Zum Schluss lässt sich's die Welt nicht rauben,
Dass er die lautre Wahrheit spricht.

Lügen ist recht,
Lügen ist leicht,
Alles ist gut,
Wenn man's erreicht, –
Lügen sind zu unserm Zweck die Mittel.

Lügen bringt Ruhm
Dem Lügenland,
Lügen sind bunt
Und elegant;
Dumme Wahrheit geht in grauem Kittel.

Ein Prinz bin ich aus Lügenland,
Ich will die Wahrheit überdauern.
Verborgen hinter Lügenmauern,
Halt ich den wahrsten Stürmen stand.

Ich misch das Gift, ich schür den Brand,
Nur so schütz ich mein Reich vor Kriegen.
Wer mir nicht glaubt, den straf ich Lügen,
Ich selbst, der Prinz von Lügenland!

Die Welt hat gern mit mir Geduld,
Und sollt' sie auch zu Grunde gehen.
Mich hört man auf den Trümmern krähen:
Daran sind nur die andern Schuld!

Lügen sind sanft
Lügen sind fein
Machen Euch still
Singen Euch ein,
Bis zu einem grässlichen Erwachen.
Lassts nicht geschehn!

(Hier geht die Vortragende nach vorn, reisst sich die Kappe vom Haar, und schleudert die letzten vier Zeilen beschwörend ins Publikum.)

Glaubt ihnen nicht
Schleudert die Wahrheit
Ins Lügengesicht!
Denn die Wahrheit ganz allein kanns machen!

Conférence

MÄRCHENDICHTER *Wir kennen alle das schöne alte Grimmsche Märchen vom Fischer und syner Frau. Ich blättere in meinem grossen Buch und lese: »Es war einmal des Fischers Frau.«*

(Die Fischerin erscheint, wie alle anderen Figuren, der Revue, während seiner letzten Worte.)

Des Fischers Frau

(Das wie immer primitive Bühnenbild hat diesmal einen surrealistischen Einschlag: Seesterne, Muscheln, bunte Fische in Netzen gefangen, hängen neben angedeuteten Gobelins und anderen Restbeständen aus fürstlicher, ja, päpstlicher Behausung. Des Fischers Frau ist kostümlich, wie bezüglich der Maske zweigeteilt: Rechts, stattlich geschminkt, trägt sie allerlei Hälften ihrer prächtigen Vergangenheit, – eine halbe Kaiserkrone, ein Stück Purpur und Hermelin, ein Stück weisses Papstgewand; links, die Miene grau und verfallen, erscheint sie nicht nur so arm wie ihr Ursprung, vielmehr jammervoll mitgenommen und zerstört: Nichts als Fetzen, in denen Überbleibsel von Angel- und Fischgeräten sich verfilzt haben. Dem Text entsprechend fällt das Scheinwerferlicht auf Prunk oder Elend.)

Ich bin dem Fischer seine Frau –
Ich wett', Ihr kennt mich recht genau –
Ich hab es weit getrieben;
Im See schwimmt ein verwunschner Butt,
Der alles uns zu Liebe tut,
So steht es aufgeschrieben.

Erst waren wir, dass Gott erbarm,
Nur Fischersleute, klein und arm,
Wir hatten nichts zu beissen.
Ich schickt' den Mann zum Zauberfisch,
Von wegen Haus und Bett und Tisch,
Er tat, wie ihm geheissen:

Manntje, Manntje, Timpe te –
Buttje, Buttje, in der See.

Da war'n wir reich, wir hatten Geld,
Und alles Gute auf der Welt –
Ich war noch nicht zufrieden;
Ich sagte: »Ich will König sein,
Da wär ich einflussreich und fein –
Der Butt soll mir das bieten«.

Der gute Fischer, mein Gemahl,
Lief eilends hin und noch einmal –
Der Butt macht' mich zum König.
Der Fischer rief: »Die Krone blitzt,
Du bist so schön, wie Du da sitzt!«
Mir war es noch zu wenig.

»Eh dass ich noch nicht Kaiser bin«,
Rief ich in herrisch stolzem Sinn,
»Eh hab ich keine Ruhe!«
Der Fischer sagte: »Das ist viel
Und ist ein gar gewagtes Spiel,
Ich weiss nicht, ob ich's tue.«

Manntje, Manntje Timpe te –
Buttje, Buttje, in der See.

Dann lief er doch, und gleich und schon
War ich der Kaiser auf dem Thron
Und absolut allmächtig.
Ich durfte richten, wie ich wollt',
Die Wehrmacht stand in meinem Sold –
Wie war ich wild und prächtig!

Da kam der Fischer als mein Mann
Mit einem neuen Vorschlag an,
Er sagte: »Frau, lass wählen!
Dann kommt es einmal an den Tag,
Ob uns das Volk auch wirklich mag,
Wir woll'n die Stimmen zählen!«

Ich schickt' das Volk zur Urne hin;
Weil ich der höchste Richter bin,
Kann ich mir das erlauben.
Das Resultat war trotzdem schlecht,
Da fälschte ich es mir zurecht,
Dem Kaiser muss man glauben.

»Hei«, rief der Fischer, »jetzt ist's fein,
Du darfst auf immer Kaiser sein,«
Ich aber sprach: »Mitnichten.
Der Butt, dem Du die Freiheit gabst,
Macht mich nun jedenfalls zum Papst.
Geh hin, er soll es richten!«

Manntje, Manntje, Timpe te –
Buttje, Buttje, in der See.

Ich wurde Papst, mein heilig Wort
Pflanzt man durch alle Länder fort,
Man murmelt's auf den Knieen;
Wallfahrten tat man zu mir her,
Mir schmeichelte das alles sehr –
Wie hoch war ich gediehen!

Der Fischer sagte: »Frau, Du bist,
Voll Herrlichkeit und Hinterlist,
Gebläht bist Du zu schauen,
Dein Auge blickt so stolz wie dumm,
Du bist fürwahr ein Unikum,
Unter den Fischerfrauen.«

Da ich jedoch nicht ganz bei Trost,
Hat es mich grenzenlos erbost,
Dass ich nicht Gott geworden.
Ich sagte: »Fischer, geh zum Butt,
Dass er dies letzte Wunder tut,
Dann kriegst Du einen Orden.«

Mein Mann, der Fischer, wurde blass,
Er stammelt: »Frau, Herr Papst, ach lass
Dein Herz von dieser Sünde.«
»Nein«, schrie ich, »nein, jetzt ist's soweit,
Ich will, dass man in Ewigkeit
Mich auch noch göttlich finde.«

Manntje, Manntje, Timpe te,
Buttje, Buttje, in der See.

Schwarz war der See, der Donner grollt,
Der Fischer, der es nicht gewollt,
Lief hin zum Butt und zittert:
»Ach, ach und o, groß ist die Not,
Mein Weib, der Papst, will sein wie Gott ...«
Da schwieg der Butt erbittert.

Dann aber fing er an zu schrein
Und höllisch Feuer anzuspein,
Die Welt begann zu wanken.
Fort waren Papstpalast und Schloss
Und Söldnerheer und Waffentross
Und Kapital und Banken.

Ich selbst steh' nackt und obdachlos
Und aller meiner Würden bloss,
Und will nun lieber sterben.
Mein Beispiel aber bleibt zurück
Bedenkt es recht zu eurem Glück,
Und rennt nicht ins Verderben!

Manntje, Manntje, Timpe te! ...

(Die letzte Refrainzeile ist voller Entsetzen und wird wie als Beschwörung gehaucht, – ein »Mene, Mene, Tekel, Upharsin«)

Lauter Märchen, nichts als Märchen,
Wers nicht glaubt, der irrt sich eben.
Lauter Märchen, nichts als Märchen, –
Ganz entfernt von Zeit und Leben!

Märchenhans und Märchenlieschen,
Märchenprinz und Märchenwunder.
Ja, da lächeln wir ein bisschen, –
Er ist lieb, der alte Plunder.

Immerhin, bei Licht besehn,
Kann man aus den Märchen lernen, –
Was des Fischers Frau geschehn,
Liegt es denn in solchen Fernen?

Diese 5 verschiednen Freunde
Sind sie wirklich nur gewesen, –
Oder dieses Katerlieschen,
Hexenfrau und Hexenbesen.

Das Schlaraffenland daneben.
War einmal und ist noch heute, –
Immer bleiben sie am Leben,
Märchenland und Märchenleute.

Die Moral von den Geschichten?:
Wer sie merkt wird schlau und heiter;
Denn was Volk und Dichter dichten,
Was sie träumerisch berichten,
Bringt uns leicht ein Stückchen weiter.

Lauter Märchen, lauter Märchen, lauter Märchen!

(Während seiner letzten Worte, die von dem durchgehenden »lauter Märchen«-Motiv musikalisch untermalt werden, sind im Hintergrund sämtliche Märchenfiguren aufgetreten, die im Chor seine Worte mitsingen. Der Vorhang fällt.)

Ende der zweiten Revue, LAUTER MÄRCHEN.

»Im Theater gab der Zuschauer James Schwarzenbach bei der Darbietung ›Weil ich will‹ und so nach dem Wiener Sketch ›Grinzing‹ (d.i. ›Stimmungsbild‹) mit einer Militärordonanzpfeife das Signal zu Lärmszenen. Es wurde gepfiffen, Rufe ›Pfui‹ und ›Use mit de Jude‹ ertönten; Tränengasampullen wurden zu Boden geworfen. Es entwickelte sich eine Keilerei...« (Zürcher Stadtratsprotokoll vom 15. 12. 1934).
Die Keilerei hatte sich am 16. November im Kursaal entwickelt, dem neuen Spielort der »Pfeffermühle« in Zürich. Nach der Premiere des dritten Exil-Programms in Basel und einer wieder sehr erfolgreichen Schweiz-Tournee konnte die Truppe in Zürich nicht wieder zurück in den gewohnten »Hirschen«. Hier hatte sich am 1. 5. 1934 ein Schweizer Kabarett etabliert. Hausgemacht gewissermaßen: das »Cornichon«. Als einheimische Initiative war es von der Schweizer Presse begreiflicherweise sehr gefeiert worden. Was Erika Mann – begreiflicherweise – sehr ärgerte: »Ja, die ganze Cornichon-Sache ist schlichthin ekelerregend und dass es, wie die Zitig (Zeitung) meint, typische Cornichon-Technik ist, nach harmlosem, bis lyrischem Anfang, politisch zu werden, ist sehr gelungen, zum Schießen und zum Totlachen. Aber, was will man machen, wir sind nun einmal arme Heimatlose, und der Nationalismus ist groß an allen Enden. Schweizerisch bleibt schweizerisch und wenn es zehnmal ein so freches wie schwaches Plagiat von Ausländischem darstellt. Ich muß mich damit trösten, daß unsere Sache, wie unsere Darsteller einfach viel viel besser und eigener *sind*, – und ganz der Hoffnung leben, daß dies strichweise auch von anderen erkannt werde.« – Man muß hinzufügen, daß das »Cornichon« – die kleine Essiggurke – zu einer sehr schlagkräftigen und wirkungsvollen Waffe gegen den Schweizer Faschismus wurde.
Die Keilerei im Kursaal bedeutete – rückblickend gesehen – den Anfang vom Ende für die »Pfeffermühle« – des »erfolgreichsten und wirkungsvollsten theatralischen Unternehmens der Emigration«, so Klaus Mann im »Wendepunkt«.
Erika Mann neigte dazu, den Auslöser für die handgreiflichen Proteste in einer privaten Verleumdungskampagne gegen sie zu sehen: der »Zuschauer James Schwarzenbach«, das war der Cousin einer sehr innigen Freundin von Klaus und Erika Mann, der zarten,

begabten Annemarie Schwarzenbach, Schriftstellerin, Photographin. Sie kam aus einer reichen, sehr konservativen Schweizer Industriellenfamilie, in der man Sympathien für den Nationalsozialismus hegte. Erika Mann über Annemaries Mutter: »stramme Nationalsozialistin« (18. 4. 33 Brief an Eva Herrmann). Annemaries Liebe zu den Mann-Geschwistern war der verzweifelte Versuch, einer übermächtigen, fast gewalttätigen Mutter zu entrinnen. Erika wurde von ihrer Freundin Annemarie als »Göttin der Befreiung« empfunden. Verständlich, daß die Mutter diese Freunde ihrer Tochter haßte und vor allem Erika zu vernichten suchte.
Das Lied »Weil ich will« spielt bei diesem Kampf eine Schlüsselrolle: Annemarie Schwarzenbachs Mutter war die Tochter des Schweizer Generals Ulrich Wille, Urheber der Schweizer Wehrverfassung. Ihrem Bruder, dem Offizier und Oberstkorpskommandant Ulrich Wille wurden enge Kontakte zu Hitler, Goebbels und anderen Nazi-Größen vorgeworfen, in denen die Sozialdemokraten die Neutralität der Schweiz bedroht sahen. Nationalrat Schneider startete eine Aktion gegen Wille.
Magnus Henning erinnert sich an den Alltag der »Pfeffermühle« und die Züricher Krawalle: »Erika Mann war eine ausgesprochen begabte und flinke Texterin, von Klaus Mann stammten nur sehr wenige Texte. Abends nach der Vorstellung überlegten Erika und ich oft neue Ideen für Texte. Am nächsten Morgen hatte sie über Nacht die Texte bereits gedichtet und ich konnte die Musik schreiben.
Ich hatte folgendes Konzept: Die erste Strophe sollte von der Natur, die zweite von den Menschen und die dritte Strophe dann von der Politik handeln. Zu diesem bewußten Programm komponierte ich oft sentimentale bis kitschige Musik, um damit die Zuschauer für die dritte Strophe zu gewinnen. Ich vertrat die Ansicht, wenn man nicht auch lustig ist, erobert man kein Publikum. Die Giehse war oft dagegen. Sie war für ernste und politische Lieder, darum hat sie auch viele politische Texte bekommen.
Ich las auch jeden Morgen die Lokalpresse am Auftrittsort. Erika flocht dann am Abend in die Conférence das eine oder andere ein.
In Zürich sah der Impressario Hans Kaiser die ›Pfeffermühle‹. Er managte das Kabarett eine Saison lang: 1933/34. Mit ihm war man nicht sehr glücklich, da er eher faul war und zuviel Einnahmen verlangte. Die folgenden Schweizer Tourneen organisierte Erika Mann allein. Sie war außerordentlich geschickt im Umgang mit Ämtern und Behörden. Außerdem hatte ich in jedem Land einen zweiten einheimischen Pianisten, um so leichter eine Spielbewilligung zu bekommen. In der Schweiz wurden erst nach den Krawallen im November 1934 mancherorts Bewilligungen notwendig, vorher ging alles problemlos.
Die Krawalle in Zürich entstanden um das Chanson ›Weil ich will‹. Die ›Pfeffermühle‹ meinte den Willen Hitlers, nationalsozialistische Schweizer bezogen es auf den Oberst Wille. Dieser war ein Onkel von Erika Manns Freundin Annemarie Schwarzenbach. Ihre Mutter haßte die Freundschaft ihrer Tochter mit den jungen Manns und der Giehse. Die Freunde hatten Hausverbot bei der Familie Schwarzenbach-Wille.
Für die ersten Unruhen waren die privaten Antipathien Anlaß. Nachher übernahmen die Fronten die Krawalle, das waren die Schweizer Nazis. Einmal gab es eine Bombendrohung. Das ganze Ensemble zitterte, aber es passierte nichts. Man spielte unerschrocken, natürlich mit Angst, das Programm. Richtig bedroht war man jedoch nicht. Erika Mann und die Giehse hatten auch noch nach der Vorstellung Angst, die anderen nicht.
Robert Trösch hatte als Unterstützung für die ›Pfeffermühle‹ kommunistische Freunde organisiert.
Das Gemeinschaftsgefühl der ›Pfeffermühle‹ war sehr, sehr gut. Man war fröhlich und fühlte sich nicht im Exil. Es gab keine großen Krache«
Aus dem Tagebuch von Thomas Mann vom 12. November 1934: »Gestern Nacht kehrte Erika heim, als ich bei der Abendtoilette war [...] E. berichtete, die hiesigen Nationalsozialisten hätten ein Flugblatt verteilt: ›Nationalrat Schneider und die Pfeffermühle‹, worin der Politiker intimer Beziehungen zu E. bezichtigt wird und von dieser außerdem als ›Kinderschänderin‹ die Rede ist. Nach E's Überzeugung steht im Hintergrund die alte Schwarzenbach, ihre Hysterie und ihr kapitalistischer Angsthaß. E. hat Schneider nie gesehen. – Der Fall hat schaurigen Zeitstil und kennzeichnet auch die Verhältnisse in der Schweiz...«
Und die waren durchaus so, daß sich an diesen vermutlich aus Privatinteressen entfachten Kampf die »Nationale Front« und andere nationale Gruppierungen der Schweiz anhängten. Ende Oktober 1934 hatte ja die nationalsozialistische Tageszeitung »Die Front« die »Pfeffermühle« ein »politisches Hetzkabarett« genannt und verbreitet, sie sei mit ihren »kulturbolschewistischen Helfern« auf einem »geschäftstüchtigen Hetzfeldzug«. Töne, die von manchem braunen Eidgenossen mit Sicherheit als Signal zum Angriff verstanden worden waren.

Zwischen dem 16. und 21. November nun ging es hoch her im noblen, üppig ausstuckierten Kursaal zu Zürich. Die Polizei nahm an die hundert Verhaftungen vor. Schlag- und andere Waffen wurden beschlagnahmt. Antisemitische und fremdenfeindliche Parolen wurden laut. Getreu dem Vorbild ihrer deutsch-nationalen Meister brüllten die Schweizer Erneuerer:

»Juda verrecke!«

»Raus mit den Emigranten!«

»Eidgenossen erwacht!«

Zürichs Polizei und der Stadtrat verteidigten die »Pfeffermühle« tapfer: Polizeibewachung vor dem Kursaal, Polizeischutz für Erika Mann. Im Stadtrat wurde klargestellt, daß es sich bei den Mitgliedern der »Pfeffermühle« keineswegs um Emigranten handele, alle seien im Besitz gültiger Pässe. Brave Schützenhilfe.

Dennoch nahm Erika Mann Änderungen im Programm vor: Ab dem 17. November spielte man z.B. das Chanson »Weil ich will« nicht mehr. Es taucht erst wieder am Ende des Gastspiels im Kursaal auf. Und »Fischerin ohne Wahlstrophen« heißt es im von Therese Giehse gewissenhaft geführten Aufführungs-Verzeichnis. – Gerade diesem Teil des Liedes, den »Wahlstrophen«, hat die deutsche Geschichte durch das Verhalten der SED-Politiker in der DDR zu abermaliger Aktualität verholfen.

Die »Fischerin« – das ist Erika Manns politische Version des Grimm'schen Märchens »Vom Fischer und seiner Frau«: »König, Kaiser, Papst wurde sie, bis der Himmel sie zerschmetterte, weil sie nämlich Gott selber werden wollte, in ihrer unvergleichlichen Hybris. Unvergleichlich? Aber wir verglichen mit einem Lebenden in aller Stille und das Publikum, in schweigendem Übereinkommen, verglich mit uns.«

»Gesinnung darstellen« nannte Erika Mann diese Methode. Zu der »Fischerin« – dargestellt von Therese Giehse – hatte der Kritiker der Neuen Zürcher Zeitung bereits zu Beginn des Zürcher Gastspiels am 5. November 1934 angemerkt: »In eurem letzten Programm habt ihr Zustände angegriffen, jetzt greift ihr Personen an. Wie voll hat die Giehse früher die Dummheit dargestellt, das war wie eine versaftigte Zeichnung von Rops, jetzt stellt sie des Fischers Fru dar, aber diese Fischers Fru ist nichts anderes, als ein bestimmter Staatsmann. Ihr hackt nicht auf den Zustand, sondern auf den Namen ein. Wie tagespolitisch seid ihr da und dort geworden, statt zeitpolitisch.« (Neue Züricher Zeitung, 5. 11. 1934)

Andernorts fällt diese deutlich gegen Hitler-Deutschland gerittene Attacke auch auf, doch die neue Schärfe wird als angemessen empfunden: »Die ›Pfeffermühle‹ charakterisiert die Unkultur, führt Klage gegen Barbarei, führt Kampf gegen den Faschismus. Die ›Pfeffermühle‹ kämpft für die Menschenrechte, für die Kultur, die Freiheit. Das ist Zeitkabarett.« So die Zürcher Zeitung »Volksrecht« am 5. November 1934.

Der Kern dieser Kritik trifft um so mehr zu, als Erika Mann in das Programm vom Oktober 1934 zum Gedenken an Erich Mühsam dessen Text vom »Lampenputzer« aufgenommen hatte. Der revolutionäre Dichter

Gegen die Wühlerei der Emigranten!

Oeffentliche Protestkundgebung

in der „Stadthalle"

Mittwoch, den 21. November, 20.15 Uhr.

Es sprechen: **Henne, Tobler, Wirz**

Gegen das jüdische Emigrantenkabarett

„Pfeffermühle", in der alles Nationale und Vaterländische in den Schmutz gezogen wird,

Prof. Mannheim, der auf der Bühne des Zürcher Schauspielhauses sein jüdisches Gift verspritzt und die Völker verhetzt,

Dr. Fritz Adler, den Ministermörder und Sekretär der II. Internationale, der die schweizerische Gastfreundschaft mißbraucht und mit frecher Dreistigkeit dem Schweizervolk Lehren erteilen zu müssen glaubt,

Dr. Kurt Löwenstein, der seine minderjährigen Schüler „zu Studienzwecken" in die Bordelle führte und dem Schweizer Arbeiter marxistisch-jüdische Asphalt-„Kultur" beibringen will,

Für die radikale **Säuberung der Schweiz vom ganzen Geschmeiß ausländischer Emigranten,** das sich schon allzulange in unserem Lande breit macht.

Zur Deckung der Unkosten wird eine Eintrittsgebühr von 30 Cts. verlangt.

Kartenvorverkauf auf der Gauleitung, Zähringerstr. 25 und an der Abendkasse.

NATIONALE FRONT

H. ROTH ZÜRICH

Flugblatt zur öffentlichen Kundgebung der Nationalen Front in Zürich am 21. 11. 1934

war 1919 in München an der Gründung der ersten Räterepublik auf deutschem Boden beteiligt gewesen, saß 1920 bis 1924 wegen Hochverrats in mehreren bayerischen Haftanstalten und wurde nach dem Reichstagsbrand am 28. Februar 1933 umgehend von den Nationalsozialisten verhaftet. Am 10. Juli 1934 war er von SS-Leuten im Konzentrationslager Oranienburg ermordet worden.

Liest man die Texte dieses dritten Exilprogramms – es ist das aggressivste der »Pfeffermühle« – wird klar, daß es diese explosive Wirkung haben mußte, bei aller weiterhin angestrebten Strategie des Indirekten – »Lauter Märchen«!

Nach der Röhm-Affaire herrschte Hitler nun uneingeschränkt. Niemand konnte ihn mehr für eine vorübergehende Erscheinung halten, eine »Übergangsgestalt«. Die Trauer darüber und die verständliche Wut artikulierten sich in Erika Manns Texten immer deutlicher. Ihre Angriffe auf das nationalsozialistische Deutschland wurden unerbittlicher, schärfer.

So richtet sich »Der Mann der Stunde« unverhüllt gegen die Willkürjustiz des 1934 gegründeten Volksgerichtshofs und die »Sondergerichte«, durch die der politische Gegner kaltblütig beseitigt wurde, ohne je eine Chance zur Verteidigung zu bekommen: »Hau in Eile Kopf um Kopf ab, weil ich darf...«

Und das von Therese Giehse vorgetragene Chanson »Weil ich will« war unmißverständlich auf die brutal genutzte Machtfülle Hitlers gemünzt. – Dieses Chanson zeigt, wie ewig jung die alten Lieder bleiben können, vor allem, wenn sie sich gegen totalitäre Machtstrukturen richten. »Weil ich will« war für Erika Mann der Appell an ihr Publikum, an die verändernde Macht der Willenskraft zu glauben. Der Text hat – 55 Jahre nach seiner Uraufführung – durch die Ereignisse in der DDR im Herbst 1989 eine eindrucksvolle Bestätigung gefunden.

Trotz der Verbrechen, die Hitler schon in den ersten Jahren nach der Machtergreifung beging, ließ man ihn gewähren; Europa schaute zu. Darauf spielt der Text von den »Fünf Freunden« an. Mit Österreich hatte es sich die »Pfeffermühle« durch den Sketch »Stimmungsbild« so vollends verdorben, daß ein geplantes Gastspiel in Wien nicht stattfand. Übrigens wurde in diesem Sketch eine kurzfristige Änderung vorgenommen: man spielte ihn nach den Zürcher Krawallen ab 17. November »ohne Fey-Strophe« – wie es im Aufführungs-Verzeichnis heißt. Emil Fey war Führer der faschistischen Organisation »Heimwehr« in Wien und gehörte als Staatssekretär für das Sicherheitswesen zur Regierung Dollfuß.

Das österreichische »Pfeffermühlen«-Mitglied Hans Sklenka war im übrigen »sehr ängstlich, daß wir ihm was schaden in seinem Ruf«, wie Erika Mann an ihren Bruder Klaus schrieb. – Seit Oktober gehörte Hans Sklenka – »in den Klaus leidenschaftlich verliebt ist«, wie Thomas Mann in seinem Tagebuch festhielt – zur Truppe der »Pfeffermühle«. Er kam aus Wien, von der Akademie für Musik und darstellende Kunst und hatte in der Wiener Kabarettszene bereits Brettl-Erfahrung erworben. Er war nicht nur als Schauspieler engagiert, sondern saß zeitweise neben Magnus Henning am zweiten Flügel. Klaus Mann schrieb eigens für ihn einige Texte. Sklenka war kein Emigrant. Nachdem die »Pfeffermühle« in Europa keine Auftrittsmöglichkeiten mehr bekam, spielte er in Wien und München Theater. Nach dem Krieg wurde er als Musiker und Musikberater beim Österreichischen Rundfunk tätig, machte im Theater am Kärtnertor Kabarett neben Helmut Qualtinger und Louise Martini und trat im Theater in der Josefstadt auf.

Erika Mann wehrte sich gegen die Angriffe der Frontisten. Sie stand jeden Abend an der Seite ihrer Mitstreiter auf der Bühne des Kursaals. Sie gab zudem am 22. November 1934 eine Erklärung ab, die auch in einigen Zeitungen veröffentlicht wurde, unter anderem im sozialdemokratischen »Volksrecht«. Das Blatt war von Anfang an uneingeschränkt für die »Pfeffermühle« eingetreten.

Erika Mann
bei
Dr. Thomas Mann
Küsnacht

Küsnacht,
den 22. November 1934
Schiedhaldenstrasse 33

Sehr geehrte Redaktion,

Ich gestatte mir, Ihnen untenstehend eine Erklärung abzugeben mit der höflichen Bitte, sie in einer Ihrer nächsten Nummern gefl. erscheinen zu lassen. Für Ihr liebenswürdiges Entgegenkommen danke ich Ihnen zum voraus allerbestens.
Für eine Belegnummer Ihrer Zeitung wäre ich Ihnen sehr verbunden.

Mit vorzüglicher Hochachtung,
Erika Mann

Anläßlich der Begebenheiten in meiner »Pfeffermühle« ist soviel geschrieben worden, dass ich nun auch ein paar Worte dazu sagen möchte. Worte, die nicht die Begebenheiten betreffen sollen, sondern nur die »Pfeffermühle«...
Was wirft man uns vor? Ohne auch nur einen Beweis anhand eines unserer Gedichte zu liefern, ruft man, wir seien eine »Hetzbühne«, die alle »Ideale« »in den Schmutz ziehen«. Wir missbrauchten aufs Unerhörteste das »Gastrecht«, indem wir unseren »Privatdreck« über die reinen Wiesen der Schweizerlandschaft ergössen. »Besten Gruss Anonymus«. Wäre ein Krieg, der kommen könnte, unser Privatdreck? Ist die Not, sind die Irrtümer und die Verbrechen, die auf der Welt geschehen, unser Privatdreck? Welche »Ideale« werden in den Schmutz gezogen, welches »Gastrecht« wird missbraucht, wendet sich einer gegen Unterdrückung und Gewalt?
Die »Pfeffermühle« ist ein kleines Unternehmen, ein Kabarett, das unterhalten soll, das mit Musik- und Tanzeinlagen, mit Liedern und Szenchen den Gästen die Zeit vertreibt, während sie bei ihrem Wein sitzen. Ich weiss, dass solch eine »Kleinkunstbühne« fast nichts bedeuten kann innerhalb des grossen Welttheaters. Aber ebenso sehr weiss ich, dass jede künstlerische Arbeit ihre »Gesinnung«, ihre innere Haltung haben muss und dass es wertlos wäre, auch nur »Kabarett« zu machen und Liedchen zu schreiben, wenn nichts dahinter stünde, keine Meinung, kein Glaube und keine Hoffnung.
Die »Pfeffermühle« ist keine »Hetzbühne«, sie ist keine »Parteibühne« und kein »Emigranten-Theater«. Sie ist eine Vereinigung von jungen Leuten der verschiedensten Nationalität (Schweizer, Deutsche, Russen, Oesterreicher), die sich Mühe gibt, auf anständigem Niveau unterhaltend zu sein und auf unterhaltende Art nachdenklich. »Die Pfeffermühle gibt zu bedenken...«, – könnte über unseren Programmen und Einladungen stehen. Wir versuchen, in der leichten Form, die wir uns gewählt haben, die schweren Dinge zu sagen, die heute gesagt werden müssen, – und wir hätten allen Grund, uns zu schämen, wollten wir jemals damit aufhören...

Die »Neue Zürcher Zeitung«, der auch Thomas Mann in dieser Angelegenheit schrieb, verzichtete auf einen Abdruck. Thomas Mann hatte die Lage schon richtig eingeschätzt, als er in seinem Tagebuch am 24. 11. notierte, daß die Zeitung »ohne richtig umzuschwenken« weder die Erklärung Erika Manns noch seinen Brief bringen könne.
Für die »Pfeffermühle« wird es nun schwer, die beabsichtigte Schweiz-Tournee, nach dem Ende des Zürcher Gastspiels am 30. November, wie geplant durchzuführen. Im Dezember 1934 bringt sie es auf ganze neun Vorstellungen in kleineren Schweizer Orten.
Fast alle Kantone verbieten die Auftritte des ausländischen Kabaretts. Nicht immer wird offen gesagt, man habe Angst vor einer Wiederholung dessen, was sich in Zürich zugetragen hatte. Oft erfolgt der Hinweis auf eigene Theater und andere heimische Veranstaltungen, denen die »Pfeffermühle« konkurrierend entgegenstünde. Die »Pfeffermühle«: das seien eben Ausländer und »wesensfremde Kost«.
Der Beschluß des Kleinen Landrats von Davos, wo die »Pfeffermühle« um Spielerlaubnis nachgesucht hatte, enthüllt eine ganz besondere Bewilligungspraxis: Sich auf die Unruhen in Zürich beziehend, die »nationale Kreise« verursacht hätten, verbietet der Kleine Landrat am 5. 12. 1934 die »Pfeffermühle«: »Die Tendenz des Kabaretts ist offensichtlich gegen die Verhältnisse im Dritten Reich gerichtet. Nun besitzt der Kurort Davos eine prozentual so starke, ansässige deutsche Kolonie, wie wohl keine andere Schweizer Gemeinde, und ist außerdem stark von deutscher Klientel besucht, welche beide Bevölkerungskomponenten außer allem Zweifel mehrheitlich auf dem Boden des gegenwärtigen deutschen Staatsregimes stehen. Die kulturelle Bedeutung des Kabaretts ›Pfeffermühle‹ kann vom Kleinen Landrat aber unmöglich so hoch eingeschätzt werden, daß es sich rechtfertigen würde, durch die Bewilligung von Gastspielen die Beziehungen innerhalb der Einwohnerschaft unserer Gemeinde Davos trüben zu lassen. Schließlich darf gesagt werden, daß Davos der Familie des Herrn Thomas Mann keine besondere Dankespflicht schuldet, da dessen ›Zauberberg‹ durch die darin enthaltene tendenziöse Schilderung des Kurlebens zweifellos eine Schädigung des Kurortes zur Folge gehabt hat.«
In St. Gallen darf die »Pfeffermühle« auftreten. Hier trägt Erika Mann erstmals ein Gedicht von Gottfried Keller vor: »Die öffentlichen Verleumder«. Ein Gedicht von frappierender Aktualität:

Die öffentlichen Verleumder

Ein Ungeziefer ruht
In Staub und trocknem Schlamme
Verborgen, wie die Flamme
In leichter Asche tut.
Ein Regen, Windeshauch
Erweckt das schlimme Leben,
Und aus dem Nichts erheben
Sich Seuchen, Glut und Rauch.

Aus dunkler Höhle fährt
Ein Schächer, um zu schweifen;
Nach Beuteln möcht er greifen
Und findet bessern Wert:

Er findet einen Streit
Um nichts, ein irres Wissen,
Ein Banner, das zerrissen,
Ein Volk in Blödigkeit.

Er findet, wo er geht,
Die Leere dürft'ger Zeiten,
Da kann er schamlos schreiten,
Nun wird er ein Prophet;
Auf einen Kehricht stellt
Er seine Schelmenfüße
Und zischelt seine Grüße
In die verblüffte Welt.

Gehüllt in Niedertracht,
Gleichwie in einer Wolke,
Ein Lügner vor dem Volke,
Ragt bald er groß an Macht
Mit seiner Helfer Zahl,
Die, hoch und niedrig stehend,
Gelegenheit erspähend,
Sich bieten seiner Wahl.

Sie teilen aus sein Wort,
Wie einst die Gottesboten
Getan mit den fünf Broten,
Das klecket fort und fort!
Erst log allein der Hund,
Nun lügen ihrer tausend;
Und wie ein Sturm erbrausend,
So wuchert jetzt sein Pfund.

Hoch schießt empor die Saat,
Verwandelt sind die Lande,
Die Menge lebt in Schande
Und lacht der Schofeltat!
Jetzt hat sich auch erwahrt,
Was erstlich war erfunden:
Die Guten sind verschwunden,
Die Schlechten stehn geschart!

Wenn einstmals diese Not
Lang wie ein Eis gebrochen,
Dann wird davon gesprochen
Wie von dem schwarzen Tod;
Und einen Strohmann baun
Die Kinder auf der Heide,
Zu brennen Lust aus Leide
Und Licht aus altem Graun.

„DIE PFEFFERMÜHLE"

Die »Pfeffermühle« kehrt der Schweiz für ein Jahr den Rücken. Erst im November 1935 wird sie für eine vierte Schweiz-Tournee wiederkommen.
Es ist viel von der »Lex Pfeffermühle« geredet worden, einem Gesetz, das ausländischen Kabaretts mit politischer Tendenz das Auftreten im Kanton Zürich verbieten sollte. »In der ›Offiziellen Sammlung der Gesetze, Beschlüsse und Verordnungen des Eidgenössischen Standes Zürich‹ gibt es ein solches Gesetz nicht.« Das ist das Ergebnis der sehr umfangreichen Recherchen Susanne Gisel-Pfankuchs.
Zweifellos haben die frontistischen Krawalle in Zürich ihre Wirkung gehabt: die »Pfeffermühle« tritt im Jahre 1935 – im Rahmen ihrer Schweiz-Tournee – in Zürich nicht mehr auf. Es scheint, als hätten die Nazis einen weiteren Sieg über Erika Mann errungen. In München hatten sie 1932 begonnen, ihr das Theaterspielen zu verbieten, im Juni 1935 wurde sie ausgebürgert; mit deutlichem Hinweis auf ihr »im Ausland umherziehendes Kabarett« wurde ihr die deutsche Staatsbürgerschaft aberkannt.

»Ich ackere jeden Tag woanders im Schweiße meines Angesichts«

Die Tourneen der »Pfeffermühle« 1935 und 1936

»Die Schweiz wird auch immer unangenehmer. Wann endlich wird der Mond urbar. Aber es ist wohl nicht gestattet, diese Zeit woanders zuzubringen, als eben hier unten und die Frage ist bloß, wird man das alles überleben. Wenn ja, ist es gut, und wird nicht zu teuer bezahlt sein.« Das schrieb Erika Mann im November 1934 einem Freund. Die »Pfeffermühle« stand vor der Zerreißprobe in den nationalistischen Zürcher Krawallen, die sie dann ja überlebte.

Die knapp eineinhalb Jahre, die ihr auf europäischem Boden blieben, waren die unruhigsten, bewegtesten für die »Pfeffermühle«. 85 Gastspiele innerhalb von 15 Monaten: in der Tschechoslowakei und in Holland, in Luxemburg und in Brüssel, und einmal kehrte sie auch in die Schweiz zurück. In kleinen Orten blieb man einen Tag, in etwas größeren zwei bis vier Tage und in großen Städten bis zu vier Wochen. »In größeren Städten gehen wir zum Friseur und in die American Bar. In kleineren gibt es, nachmittags, kein Kino. Das ist ihr Hauptnachteil.« schrieb Erika Mann am 1. 5. 1935 an ihre Mutter.

Das Jahr 1935 begann in Prag und damit auch die erste Tournee durch die Tschechoslowakei. Es gehe alles gut, schrieb Erika Mann am 6. 2. an ihren Vater. »Wir haben die Säle voll, obwohl wir von der Aufführung eines weiteren Programmes aus verschiedenen Gründen Abstand nahmen, – und nur einige wenige Nummern austauschten. Dass mir zum Beispiel amtlich verboten wurde, jenen Gottfried Keller (das schöne Gedicht, Du weisst schon) zum Vortrag zu bringen, weil es zu aktuell sei, wirft ein trauriges Licht auf die Verhältnisse wie sie im Grunde sind, darf von mir aber nur ganz nebenher und *sehr geheim* erwähnt werden, damit nichts davon nach Holland dringt und uns dorten Schwierigkeiten bereitet. (Auch nichts davon in die *Schweiz!*) Wir bleiben hier bis zum 9. Dann kommt, vom 10. bis 12., Stadttheater Teplitz-Schönau, – 13. Stadttheater Brüx, – 15. Deutsches Theater Mährisch-Ostrau, 16. mit 19., per Adresse Ferry Rosen, Nova 42., Brünn. Vermutlich wird am 20. und 21. noch Bratislava sich hinzugesellen, – aber bis dahin habt Ihr noch eine Nachricht. In Zürich hoffe ich am 23. Mittags zu sein, um am 25. früh nach Luxemburg weiter zu fahren, wo wir zwei Abende für den Volksbildungsverein abgeschlossen haben. Alles war sehr mühsam, und ich glaube, dass es trotz alledem der letzte Europäische Winter ist, den man in der Lebensform ›Pfeffermühle‹ wird verbringen dürfen. Man wird sehn.«

Die Tschechoslowakei galt als eines der wenigen europäischen Länder, das den Emigranten aus Hitler-Deutschland »die Arme geöffnet hat« – wie Heinrich Mann es in seinem Rückblick schilderte.

Dennoch war die Angst der tschechischen Regierung (mit Thomas G. Masaryk und Eduard Benesch an der Spitze) vor dem Faschismus, vor allem vor dem einheimischen, nicht zu unterschätzen. In der tschechischen Republik lebte eine relativ einflußreiche, deutschsprachige Minderheit in den Grenzgebieten Böhmens und Mährens. Es gab eine beachtliche nationalsozialistische Bewegung, die Sudetendeutsche Partei. Natürlich nahm der Einfluß der deutschen Nationalsozialisten auf die deutsche Minderheit und diese Partei zu, nachdem Deutschland faschistisch geworden war. Die Regierung der Tschechoslowakei befürchtete eine Ausweitung der faschistischen Bewegung auf das ganze Land, andererseits wollte sie den totalen Bruch mit dem Deutschen Reich vermeiden.

Der Hinweis Erika Manns, sie habe »das schöne Gedicht« von Gottfried Keller (»Die öffentlichen Verleumder«) in Prag nicht rezitieren dürfen, muß wohl als

Ausdruck der Furcht vor politischen Auseinandersetzungen mit den Nationalsozialisten gewertet werden.
Das Programm, das die »Pfeffermühle« auf ihrer ersten Reise durch die Tschechoslowakei bot, enthielt ohnehin nur wenige der politisch brisanten Texte, wie sie uns aus den vorangegangenen Programmen bekannt sind: »Krankenschwester«, »Koch«, »Dummheit« und »Kinderlied« waren die profiliertesten; sie saßen wohlverteilt zwischen Lyrischem und Komischem und auch Leichtgewichtigem.
Im »Prager Tageblatt« stand am 20. Januar 1935: »Zehn junge Leute [laut Aufführungsverzeichnis waren es neun], von denen jeder ein Talent ist, haben sich zusammengetan, um in Tänzen, Sängen, Rezitationen der Welt, an der sie leiden, ihre resigniert-melancholisch-aggressive Meinung zu sagen. Aber diese Welt, die nicht empfindsam ist, hat eine höchste Empfindlichkeit gegen jedwede Kritik allenthalben entwickelt, wo man in deutscher Sprache singt und spricht, und so hat sie von der Gefühlssynthese, in der jene zehn sich zusammenfanden, nur Resignation und Melancholie übriggelassen – leise flehen die Lieder der Pfeffermühle nach einem neuen Licht und einer besseren Zeit. Leise, aber melancholisch und mit graziöser Pathetik werden viele Dinge des Tages betrachtet, aber keine Aktualität des Tages wird angeschnitten – mehr Dikkens als Swift. Die Geschwister Erika und Klaus Mann haben neun Zehntel der literarischen Leistung bestritten, Erika ist der pointiertere, Klaus der philosophischere Kopf, aber beide in die Form vernarrt, beide auch im Kabarett streng gegen sich selbst und verantwortungsbewußt. [...] Ihr Leitmotiv klingt so: ›Wir sprechen nicht von hohen Kunstgesängen, denn wir sind nicht größenwahnsinnig; wir sprechen nicht von Politik, denn wir sind nicht wahnsinnig.‹ – Das einzige Mitglied dieses Ensembles, das nicht auf Fußspitzen zu gehen braucht, ist die Tänzerin Lotte Goslar – ein Nonplusultra von revolutionärem Gestus und neuem Geist. Sie fegt einfach fort, was je als Tanz gegolten, und ersetzt es durch ein in der Fratze beschwingtes, in der Dissonanz klingendes parodistisches Spiel von höchstem Elan. Sie und Therese Giehse, die Diseuse, die in zahmen Worten Feuer und Wucht gibt, wurden besonders leidenschaftlich gefeiert. Sybille Schloß ist lebendig gewordener Pascin. Die Musik von Magnus Henning – am Klavier Magnus Henning und Walter Süßkind – geht ins Blut, der Abend vor ausverkauftem Haus war ein rauschender Erfolg.«
Auch die radikal antifaschistisch orientierte, deutschsprachige Exilzeitschrift »Der Gegen-Angriff« ging am 24. 1. 1935 relativ milde mit Erika Mann und der »Pfeffermühle« um: »Das Programm der Pfeffermühle ist nicht gleichmäßig – es kann nicht gleichmäßig sein, weil es, um existieren zu können, das bürgerliche Publikum braucht, das sich auf hergebrachte Art unterhalten will. Aber die Konzessionen, die die Pfeffermühle dem Publikum macht, sind geringer als die Konzessionen, die das Publikum der Pfeffermühle und ihren künstlerischen Absichten machen muß [...] Daß man in der Pfeffermühle leise und verhalten ›kämpft‹, ändert nichts daran, daß man sich bemüht, den Abscheu gegen den Faschismus zu wecken und wach zu halten...«
Abgesehen von der Mitteilung Erika Manns an ihren Vater, sie habe das Gedicht von Gottfried Keller in Prag nicht aufführen dürfen, gibt es für diese erste Tournee der »Pfeffermühle« durch die Tschechoslowakei keine weiteren Belege für eine direkte Zensur. Doch der Druck des faschistischen Deutschen Reiches auf die Regierung der Tschechoslowakei nahm zu. Immer wieder hatte es Ausweisungen kommunistischer Emigranten gegeben, wogegen tschechoslowakische Intellektuelle protestierten; immer wieder stießen Ausstellungen des genialen Photomonteurs John Heartfield auf Proteste des deutschen Gesandten in Prag; er wachte darüber, daß das Deutsche Reich nicht verunglimpft würde. Als die »Pfeffermühle« nach einer sehr erfolgreichen Holland-Tournee und zwei Monaten Sommerpause im August 1935 in die Tschechoslowakei zurückkehrte, hatte sie es ungleich schwerer als noch zu Anfang des Jahres.
In den deutschbesiedelten Grenzgebieten war die Stimmung besonders gereizt. Erika Mann charakterisiert dies in einem Brief an ihre Mutter, den sie am 2. August 1935 aus dem traditionsreichen Kurort Marienbad schrieb. Hier begann die zweite Tournee der »Pfeffermühle« durch die Tschechoslowakei: »Natürlich ist es ekelhaft hier [...] Bei völlig abscheulicher Grundeinstellung der Bevölkerung wäre das Bad tatsächlich geliefert und könnte sowohl zumachen, als abbrennen, wenn aus irgendeinem Grunde die Juden fernblieben. Das scheint man denn doch zu fürchten, – und so duckt man sich, während dieser beiden Sommermonate. Man hetzt unterirdisch (wir hätten beinah keinen Saal bekommen und sitzen nun in einem schlechten, entlegenen!), aber man darf nicht mucksen, – um so weniger, als die tschechischen Staatspolizeien, – die neben den städtischen jetzt überall errichtet sind, sehr scharf zu sein scheinen und leicht mal einen verhaften, der nicht

gut tut. Laßt uns hoffen, daß es ›hält‹, wenigstens solang wir da sind. Die Vorstellung war im großen Saal fast ausverkauft, – lauter Juden, schien uns, – viele deutsche, die sich freuten, ohne zu applaudieren, – nicht besonders anregend, alles in allem…«
»Ich ackere jeden Tag woanders im Schweiße meines Angesichts«, hatte Erika Mann am 1. Mai 1935 an ihre Mutter geschrieben – aus Holland, wo die »Pfeffermühle« eine dreimonatige Tournee absolvierte, bevor sie in die Tschechoslowakei zurückkehrte; mit fast neuem Ensemble übrigens. Denn am Ende der Hollandreise hatten sich vier vertraute Mitarbeiter von der »Pfeffermühle« getrennt: Sybille Schloß, Heinrich Ortmayr, Hans Sklenka und Igor Pahlen. »Der begabte junge Russe« hatte, so eine Schweizer Zeitschrift, »mit seinem balladesken Ton eine besondere Note in das Programm gebracht.«
In Wien hatte Erika Mann ihre neuen Mitstreiter gefunden: die sehr junge Kitty Mattern als Nachfolgerin für Sybille Schloß und den Medizin studierenden Schauspieler Paul Lindenberg. Beide waren am »Theater am Naschmarkt« beschäftigt gewesen. Lindenberg, einer der beliebtesten und erfolgreichsten Kabarettisten dieses kleinen Theaters, hatte es nur verlassen, um sein Medizinstudium zu beenden. Er reiste als »Dr. med.« mit der »Pfeffermühle« durch die Lande.
Hinzu kam auch Jaro Klüger, der eigentlich Daniel Brozowsky hieß. Er hatte sein Handwerk an der Wiener Akademie für Musik und darstellende Kunst gelernt. Er war außerordentlich vielseitig. Vom Macky Messer bis zum Profesor Bernhardi hat er fast alles gespielt zwischen Wien und Basel, Teplitz-Schönau und Breslau. Ihn fand Erika Mann wohl ebenfalls im Wiener »Theater am Naschmarkt«.
War das Leise, das Verhaltene des ersten »Pfeffermühlen«-Programms den tschechischen Kritikern Anfang des Jahres bereits aufgefallen, so glaubten sie nun, beim zweiten Gastspiel, die harte Hand des Zensors zu spüren. Ein bisher unveröffentlichter Brief Erika Manns an ihre Mutter bestätigt das durchaus. Am 18. August 1935 schrieb sie aus Prag, wo das »Pfeffermühlen«-Gastspiel am 16. begonnen hatte: »Es ist nimmer schön, wie einem zugesetzt wird, – und dabei: wie unnötig. Unsere Texte lagen doch 4 Wochen hier auf der Zensur, – aber am Tage der Premiere um 11 Uhr erst wurde bekannt gegeben, dass ⅔ des Programms gestrichen war. Erst dachten wir, wir würden nicht spielen können, dann kroch ich zu Amte und brachte in zweistündiger Verhandlung einiges wieder frei. Die besten und liebsten Sachen natürlich fielen trotzdem, – alles, was nur ein bisschen nach irgendwas aussah. Dabei ist die Zensur von der Regierungspartei gestellt! Es ist typisch, so unwichtig man es nennen könnte.« Und bitter fügte sie hinzu: »Die sozialdemokratische Presse natürlich greift uns an – wir seien ›sanft, indirekt, ungepfeffert‹. Ohrfeigen! [...] Besuch ist recht gut, in Anbetracht des Sommers, – der beste Besuch von allen Gastspielen, die hier waren. Hoffentlich bleibt er. Auch ist es ja ganz angenehm wieder einmal in einer grossen Stadt zu sein und in einer, in der die Nazis nicht die Mehrheit haben. In Teplitz, – Aussig und so, war es doch zum Schluss recht unheimlich. Besonders in Aussig, wo wir vor 1200 Leuten in einem Bierbums spielten. In D. [Deutschland] das muss gesagt sein, wäre die Disziplin nicht möglich gewesen, mit der jene sich in die ›Legalität‹ einleben. Kein Plakat verschmiert, kein Zwischenruf, – alles still und brav.«
Gespielt hat die »Pfeffermühle« im Spätsommer 1935 eine Revue: »Professor Doofschütz' Bekehrung«, die aus bereits bekannten Texten und Tänzen zusammengestellt wurde. Die Conférence, als eine Art Rahmenhandlung, verbindet die Nummern: Erika Mann unterhält sich – als Conférenciere – mit einem annähernd 100jährigen, verblödeten, in alles Militaristische vernarrten Professor, der unversehens in die »Pfeffermühle« gerät. »Gestatten: Doofschütz!« »Das erklärt vieles, entschuldigt aber nichts.« Er erwartet nun in diesem Etablissement zackig-militärische Übungen mit volksbildendem Charakter im Stil der neuen Zeit. Er soll durch die ihm vorgeführten Lieder und Tänze davon überzeugt werden, daß es viele Dinge auf der Welt gibt, die weit volksbildender wirken, als ausgerechnet Kriegsübungen.
Die Revue enthielt das Lied »Weil ich will« und einen weniger gespielten Sketch, »April April«, in dem es heißt:

»In Deutschland lebt ein jeder frei und gern, –
Ob blond, ob braun, ob Jude oder Christ.
Man weiss sich stark, drum liegt Gewalttat fern.
Achtung geniesst sogar der Kommunist.«

Die Bauern, denen diese Geschichte erzählt wird, freuen sich, doch bekommen sie zu hören:

»April, April, April, April,
Wer's glaubt wird selig, oder nicht…«

Und am Schluß dieses Sketches müssen sich die Bauern eingestehen: »Ach, unsereins fällt doch auf alles rein!«

Erika Mann 1935,
gemalt von Paul Citroen

Der zweite Teil des Abends enthielt immerhin »Des Fischers Frau«; doch vermochte auch dieses, so eindeutig gegen Hitler-Deutschland gerichtete Lied die skeptische Presse nicht umzustimmen. Der »Gegen-Angriff« meinte, was der Zensor übriggelassen habe, sei »eine indirekte Form der entfernten Anspielung« (31. 8. 1935).

Erika Manns organisatorisches Talent war bewundernswert. Das Jahr 1935, das sie und ihre Truppe von der Tschechoslowakei nach Holland und wieder in die Tschechoslowakei geführt hatte, sollte in der Schweiz zu Ende gehen. Das war schon deshalb von Bedeutung, weil das Weihnachtsfest im Hause Mann – auch in den unruhigsten Zeitläufen – möglichst im Familienkreis gefeiert wurde, »nach alter Weise« (Klaus Mann). Es war das dritte Weihnachten im Exil. Und die Theaterprinzipalin schaffte es tatsächlich, für die Jahreswende 1935/36 eine Tournee durch die so spröde Schweiz auf die Beine zu stellen.

Doch bevor es »nach Hause« ging – und das war in diesen Jahren immer da, wo der Schreibtisch des Familienoberhaupts stand – lernte die »Pfeffermühlen«-Truppe die Tschechoslowakei so richtig kennen. Erika Mann an ihre Mutter: »Prossnitz, am 14. September 1935 [...] In Brünn war es ja wieder ganz famos. Der Riesensaal 4mal vollst, – haben auch gut verdient, und nicht alles der Masarykvolkshochschule geschenkt [...] Ein Glück, – denn die scheusslichste aller Kleintourneen, die unser Trottel [der tschechische Agent der »Pfeffermühle«] uns im Anschluss einbrockte, kostet viel Geld, dafür aber auch eine ganze Menge Kraft. Mikulow, Jilava, Prostjewo, Olomouc, Mährisch-Ostrau, Zilina, Bratislava, heisst die Parole und vordem hiess sie auch noch Oppava; letzteres jedoch, *auf* dem Grenzstrich erbaut, der uns von den unsern trennt, wurde rechtzeitig von mir abgesagt, denn wozu? In diesen kleinen Orten sind die Spesen viel zu hoch, im Vergleich mit den Einnahmemöglichkeiten, – grad ärgern kann man sich. Wanzen gibt es auch. Eben ausgezogen, aus dem Prossnitzer Grand-Hotel, weil sie gar zu emsig waren.« Ein drittes Mal kehrte die »Pfeffermühle« noch in die Tschechoslowakei zurück. Diese Tournee führte sie gefährlich nah an die Grenze des Deutschen Reiches. Man hatte sich auf Einladung der Sozialdemokratischen Partei verpflichtet, in Bodenbach zu spielen. In diesem grenznahen Ort – so erinnerte sich Erika Mann im Rückblick – waren die Nationalsozialisten mit ihrem Führer Konrad Henlein besonders schlagkräftig. Ministerpräsident Benesch hatte die tschechische Staatspolizei aus den sudetendeutschen Gebieten abgezogen, und die Regierung machte Erika Mann darauf aufmerksam, daß man die ausländische Truppe dort nicht schützen könne. Erika Mann dachte daran, das Gastspiel abzusagen, sie wollte keine Proteste provozieren und den Nationalsozialisten keinen Vorwand liefern, mit Schlägertrupps gegen sie und die Sozialdemokraten vorzugehen. Sie bot an, den Vertrag in gegenseitigem Einvernehmen zu lösen. Doch die Sozialdemokraten bestanden auf dem Gastspiel; sie baten inständig darum, denn wenn die »Pfeffermühle« nicht aufträte, wäre das geradezu eine Aufforderung an die Nationalsozialisten, die Sozialdemokraten, die sich ohnehin in einer verzweifelten Lage befanden, vollends zu zerschlagen.

Die Truppe der »Pfeffermühle« entschied schließlich gemeinsam, in Bodenbach aufzutreten, und die Vorstellung verlief – wie sich Erika Mann erinnerte – ohne Zwischenfälle. »Nach der Vorstellung brachte uns eine große Gruppe von Arbeitern ins Hotel, und am nächsten Tag begleiteten uns die Arbeiter zum Bahnhof, damit uns nicht auf dem Wege dorthin noch etwas zustieße.« Sie selbst habe es allerdings fast »erwischt«: »Ich war nicht rechtzeitig fertig und schickte infolgedessen die Truppe mit den Arbeitern zum Bahnhof. Es mußte auch Gepäck aufgegeben werden, denn wir führten ja unsere Dekoration überall mit uns. In letzter Minute erst eilte ich zum Bahnhof, stürzte in die Schalterhalle, um mein Billett zu kaufen, und was lacht, oder besser stiert mir entgegen? Mein Führer! Und deutsche Uniformen trugen die Beamten! Die deutschen Naziuniformen. – Die Grenzstation Bodenbach hatte zwei Bahnhofshallen, eine tschechische und eine deutsche...« Erika Mann war wohl geistesgegenwärtiger als die deutschen Bahnbeamten, sie entkam jedenfalls in den tschechischen Teil des Bahnhofs.

Wie gefährdet politisch engagierte Emigranten lebten, zeigt unter anderem das Beispiel des Journalisten Berthold Jacob, den die Nationalsozialisten besonders haßten, weil er Machenschaften der »Schwarzen Reichswehr« enthüllt hatte. Er wurde 1935 aus der Schweiz nach Deutschland entführt und nur durch äußersten Druck der Schweizer Regierung wieder in die Schweiz zurückgebracht.

Und der bekannte Fall des Schriftstellers Heinz Liepmann macht deutlich, daß von den Nationalsozialisten Verfolgte auch in Holland nicht immer friedlich leben konnten. In Holland hatten bereits im ersten Halbjahr nach Hitlers Machtergreifung 15000 deutsche Emi-

Schaukastenaushang der »Pfeffermühle« in Prag 1936

granten Zuflucht gesucht. Holland war – wie Erika Mann sagte – das »ertragreichste Jagdrevier« für die »Pfeffermühle«.

Die europäischen Nachbarn des Dritten Reiches hatten für die Behandlung des Flüchtlingsproblems letztlich einen Modus gefunden, der, auf einen einfachen Nenner gebracht, lautete: niemand darf das Staatsoberhaupt einer fremden Macht verunglimpfen, beleidigen, angreifen. Was anderes aber war der politische Widerstand gegen das Regime der Nationalsozialisten? Heinz Liepmann hatte in seinem Roman »Das Vaterland« den Reichspräsidenten Hindenburg der Korruption bezichtigt und verschwand, als er 1934 mit einem gültigen Paß nach Amsterdam kam, erst einmal im Gefängnis. Es folgte ein Prozeß und die Abschiebung nach Belgien. – Soviel zum Fall Heinz Liepmann als Hinweis darauf, daß die »Pfeffermühle« auch in Holland nicht unangefochten auftreten konnte. Hier war sie im Laufe ihrer Existenz dreimal auf ausgedehnte Tourneen gegangen; immer schlossen sich Gastspiele in Belgien und Luxemburg an. Auch hier waren die Erfolge überwältigend, die Presse »ovationell«, wie Erika Mann ihrer Mutter immer wieder meldete. Auch hier wurden die Texte der »Pfeffermühle« zensiert. Als *ein* Beispiel für viele mag der Text »Die Hexe« gelten.

Im Archiv der Münchner Stadtbibliothek befindet sich ein Exemplar dieses Textes, der von der holländischen Polizei in S'Gravenhage am 1. März 1935 mit einem Zensurvermerk versehen wurde: Unter Weglassung der letzten Zeile, in der die Hexe sich erleichtert darüber äußert, daß die Juden einen Teil ihres traurigen Schicksals mittragen, ist das Lied zur Aufführung freigegeben! Magnus Henning erinnert sich freilich, daß man sich an diese Auflage keineswegs hielt. Therese Giehse sang das Lied von der Hexe Wort für Wort, auch die letzte Zeile.

Das Genre Kabarett war in Holland so gut wie unbekannt. Menno ter Braak brachte es den Holländern durch seine »Pfeffermühlen«-Kritiken nahe. Der bedeutende Schriftsteller, Kultur- und Literaturkritiker ließ die »Pfeffermühle« während ihrer drei Holland-Tourneen nicht aus den Augen. Seine analysierenden Besprechungen, die hier auszugsweise wiedergegeben werden, sind das Genaueste, was über die »Pfeffermühle« geschrieben wurde.

Menno ter Braak nahm sich beim Überfall der deutschen Truppen auf Holland am 10. Maif 1940 das Leben. Thomas Mann schrieb in Erinnerung an ihn, dessen schöpferische Kritik er als Passion, als Kunst

Zensurstempel des Hofkommissariats in Holland vom 1.3.1935 unter der Programmnummer »Hexe«

bezeichnet hatte: »Die Schmutzflut des Nazismus, die sich 1940 über sein schönes, gesittetes Land ergoß, war ihm physisch unerträglich. Er, der sich einen ›Politicus zonder Partij‹ zu nennen liebte, war in Wahrheit ein militanter Partisan –.«

Kritiken aus Holland von Menno ter Braak:

»Het Vaderland 2. Juni 1934

... Es gibt in Holland genug gute ›Kleinkünstler‹, aber das Niveau des Repertoires der Pfeffermühle erreichen sie nirgends; nicht weil sie technisch und in ihren Ausdrucksmitteln weniger können, sondern weil sie auf eine völlig andere Atmosphäre eingestellt sind; ich sage nicht: auf ein anderes Publikum, denn darum handelt es sich nicht. Auch bei der Pfeffermühle kann man sich vortrefflich amüsieren, dies Amüsement aber hat einen satirischen Beigeschmack von hohem Gehalt...

Erika Mann singt z.B. ein kleines Lied über Schnee und Kälte; völlig natürlich verwandelt sich dieser konkrete ›Fall‹ in die Kälte der Welt; Igor Pahlen zaubert mit der

treffsicheren Mimik seiner ›Koch‹-Gebärden die Satire auf ein gewisses idealistisches ›Eintopfgericht‹ so geistreich hervor, daß man mitgerissen wird von diesem Rhythmus, ob man will oder nicht...
Zum großen Teil ist das auch den vortrefflichen Texten zu danken, die meistens von Erika Mann selbst sind. Die Texte sind spirituell, ohne forciert zu sein, sie eignen sich ganz besonders gut für diese leichte, schwunghafte Interpretation.
Erika Mann als Conférenciere, die die verbindenden Worte zwischen den Nummern spricht, tut das auf ziemlich ungewohnte Weise, nämlich nicht im Ton von: nun ja, wir verstehen einander; sondern was sie zu sagen hat, hat mehr die Form eines selbständigen Monologs, und doch hat sie sehr schnell Kontakt mit dem Publikum. Es wird sofort jedermann deutlich, daß hier keine Ansagerin, sondern eine Schauspielerin spricht, und daß das ›Ansagen‹ ihr Mittel ist, um ein bestimmtes Ziel zu erreichen...
Man muß Therese Giehse nennen, eine renommierte Schauspielerin aus München, eine Frau ohne Effekthascherei, ohne billige Schöntuerei, aber mit einer starken faszinierenden Persönlichkeit; es geht ihr allein um die Sache selbst. Sie hat einen rauhen Humor, der all ihren Rollen einen besonderen Charakter gibt. Und sie hat auch die Gabe, große Gestalten zu schaffen, die man nicht so leicht vergißt (die ›Krankenschwester‹, die ›Dummheit‹, ›Frau X‹). Besonders fein und nüanciert ist Sybille Schloß, sowohl in ihrer Parodie eines Filmsterns, als in ihrem Tanz ›Tücke des Objekts‹ und in ihrem ›Kinderlied‹...«

»Het Vaderland – 3. März 1935

DIE PFEFFERMÜHLE

Ein neues Programm, das dem vorigen gleichkommt... Ich habe schon bei der Premiere im vorigen Jahr geschrieben, daß die Pfeffermühle eine Idee repräsentiert. Die Idee bekommt in diesem Kabarett die Form eines Märchens...
Das Märchen ist die Wirklichkeit, aber zugleich die Unwirklichkeit, ... es ist ein Dokument der Volksweisheit, worin der moderne Mensch seine eigenen Weisheiten und Dummheiten zurückbekommen kann, es ist ein Born der Moral, gerade weil es selbst so wunderbar ohne jede Moral ist. Erika Mann hat eine Vorliebe für das Märchen als ein Mittel, um »die Wahrheit zu sagen«... Zweifellos ist die Kombination von Kabarett *und* Märchen der allerbeste Teil des Abends. Die Texte von Erika Mann zeichnen sich vor allem durch den plötzlichen Übergang von der einen Sphäre in die andere aus; ungezwungen übrigens, das Spiel mit der Wahrheit ist ganz natürlich und zeugt von einer reinen weiblichen Intuition. Es wäre sehr wohl möglich, daß Erika Mann, wenn sie nicht so durch diese Idee der Wahrheit und Gerechtigkeit gepackt wäre, ausgezeichnete Märchen auch ohne moralische Tendenz schreiben könnte...«

»Het Vaderland – 16. März 1935

THERESE GIEHSE

Interview mit einer großen Schauspielerin.
›Man muß an seine Rolle glauben können‹.

Wer einer Vorstellung der Pfeffermühle beigewohnt hat, wird mit mir wohl darin übereinstimmen, daß eins der bedeutendsten Mitglieder der Gesellschaft Therese Giehse ist. Man übertreibt wohl nicht, wenn man sagt, daß sie eine große Schauspielerin ist.
Therese Giehse unterscheidet sich von den meisten berühmten Schauspielerinnen dadurch, daß sie in ihrem Spiel alles Sentimentale und Pathetische vermeidet...
Es ist wahrscheinlich für Therese Giehse ein Glück, daß sie in den Texten ihrer Mitarbeiterin Erika Mann einen literarischen Inhalt findet, der ihr Talent ganz zur Entfaltung kommen läßt. Wenn man mit dieser Frau spricht – in der nüchternen Atmosphäre eines Cafés an einem frühen Morgen – merkt man alsbald: ... ein *Mensch* sitzt Dir gegenüber, der sich bewußt ist, daß Theaterspielen, und selbst das allerbeste, in vielen Fällen doch auch etwas von Prostitution an sich hat. Daß Therese Giehse diese Seite ihres ›Fachs‹ zu einem Minimum reduziert hat, merkt man deutlich an der Art, wie sie über ihre ›Lehrjahre‹ spricht. Wie die meisten deutschen Schauspieler, die später berühmt wurden, hat auch sie einige Jahre an einer ›Schmiere‹ durchgebracht...
Therese Giehse begann in ihrer ›Schmiere-Periode‹ als ›komische Alte‹. Ihre Figur eignete sich nicht für die üblichen Eitelkeitsröllchen, sie erzählt davon mit tref-

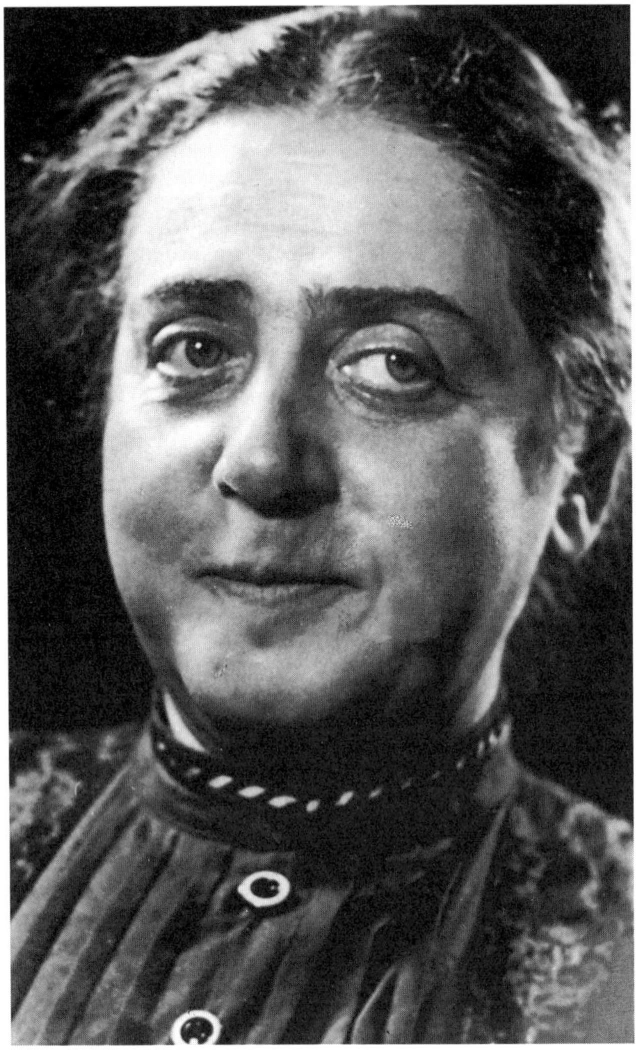

Therese Giehse

fendem Humor. Nicht das Bedürfnis nach Bewunderung und Applaus trieb sie zum Theater, sondern ein Verlangen, sich in der Poesie der Gebärde und des gesprochenen Wortes auszudrücken. Sie las und liest viel: das bedeutet an sich schon eine andere Einstellung zum Theater, als die narzistische. Über ihre Kollegen auf den Brettern (die die Welt bedeuten), mit denen sie in Deutschland gespielt hat (den charmanten Heinz Rühmann, mit seinem Flugsporthobby, den 100%igen Mann Hans Albers, Moissi, Helene Thimig, Werner Kraus und andere), spricht sie mit jener Sympathie, die das Verständnis für ihre kleinen Eigenheiten nicht ausschließt; auch in dieser Hinsicht ist sie das Gegenteil der Diva, des Stars.

Nach 4 Jahren ›Schmiere‹ kam Therese Giehse an das Theater in Breslau und darauf an die bekannten Münchener Kammerspiele, unter Leitung des Regisseurs Otto Falckenberg. Da blieb sie, bis sie im Januar 1933 zusammen mit Erika Mann und Magnus Henning ›Die Pfeffermühle‹ gründete, um dem ›Theaterspielen ohne innere Notwendigkeit‹ zu entrinnen...

Es ist selbstverständlich interessant, eine Schauspielerin von der Bedeutung Therese Giehses über ihre Ansichten sprechen zu hören: ›Auch wenn jemand vorzüglich Theater spielt, kann man, wenn man nur gut hinhört und -sieht, doch merken, ob er an seine Rolle glaubt, oder nur ein ›erstklassiger Handwerker‹ ist.‹

Auch einer Gefahr, die den Schauspieler als Persönlichkeit ständig bedroht, weil er auf die Masse des Publikums angewiesen ist, ist Therese Giehse sich bewußt: ›Wenn ich zum Beispiel das ›Wiegenlied‹ aus dem Repertoire der ›Pfeffermühle‹ spiele, denke ich an kein Publikum und spiele bei einer Generalprobe vor leeren Stühlen genau so gut, wie bei der Vorstellung vor der ›Masse‹. Natürlich ist das bei irgendeiner dummen Komödie, an die man selbst nicht glaubt, anders; da ist tatsächlich das Gelächter des Publikums die einzige Rettung.‹

Auch über die Art, wie ihre Rollen entstehen, erzählt Frau Giehse Interessantes: ›Eine Rolle wie ›Des Fischers Frau‹ sah ich sofort in der ersten Sekunde fast photographisch vor mir. Ich mußte nur noch über einige Details nachdenken. Wenn ich eine Rolle auf diese Weise als Ganzes gesehen habe, ist es mir oft beinah unmöglich, von dieser ersten Auffassung auf Wunsch eines Regisseurs abzuweichen. Die Rolle und ich sind in diesem Fall eine Einheit geworden. Aber auch hierfür ist es absolut nötig, daß es eine Rolle betrifft, für die man mit seinem Temperament und seinem Intellekt einstehen kann.‹

Auch die Regie der ›Pfeffermühle‹ ist in den Händen Therese Giehses. Man wundert sich darüber nicht nach einem Gespräch mit dieser einfachen Frau, die die Autorität der menschlichen Überlegenheit besitzt; und man begreift dann auch noch besser, warum sie in so vielen ›großen‹ Rollen so ganz sie selbst bleiben kann, und gerade dadurch die Illusion *des Anderen* (die ›Dummheit‹, die ›Hexe‹, den unstillbaren Machthunger der ›Fischersfrau‹) mit so einfachen Mitteln zu erreichen weiß.«

»Das Neue Tagebuch,
4. Jg. 1936, Nr. 16

Die Pfeffermühle
Von Menno ter Braak

...Das große Verdienst der ›Pfeffermühle‹ besteht darin, daß sie die ›Pfeffermühle‹ ist. Ich möchte nur die Aufmerksamkeit darauf lenken, daß man es hier nicht mit einem dieser snobistischen Experimente zu tun hat, wie sie in Schauspielerkreisen allmonatlich unternommen werden; nicht der Schauspieler, im Sinne des eklektischen Theaterideals, ist hier maßgebend, sondern der Text, und die Texte sind wieder nicht eine Rhapsodie von zufälligen Kabarettnummern, sondern sie stammen hauptsächlich von einem Menschen und weisen einen inneren Zusammenhang auf. Vielleicht, bestimmt sogar, hätte es diesen Zusammenhang nie gegeben, wenn die Emigration nicht gewesen wäre. Das literarische Talent von Erika Mann ist an sich freilich gar nicht unbedeutend, es hätte aber sehr leicht in literarische Spielerei ausarten können.

...Hier kann man wohl sagen, daß das Erlebnis entscheidend war, die Emigration gab einem Talent einen Sinn...

Fast jeder Text von Erika Mann hat einen naiven Unterton, den man in der Zärtlichkeit des Märchens schwerlich überhören kann, der sich aber in der Formel ›Mensch‹ oder ›Menschenfamilie‹ zur überschwenglichen Positivität steigert. Kindliche Hartnäckigkeit: auf der Erfüllung eines Wunsches zu bestehen, sogar dann, wenn die alten Leute den Kopf schütteln...

Der Erfolg der ›Pfeffermühle‹, der sich nur aus dem Vergnügen am Spiel *und* aus dem Ernst im Spiel erklären läßt, beweist, daß man nicht einmal große Schauspieler braucht, wenn man etwas zu sagen hat...

Eine Galerie von Stars ist die ›Pfeffermühle‹ bestimmt nicht; sie hat eigentlich nur eine Schauspielerin in ihrer Mitte, die sich wegen ihrer Talente zum Startum eignen würde, wenn sie nicht zuviel Verstand dazu hätte: Therese Giehse. Wir brauchen uns darüber nicht zu beklagen, denn der Star wäre hier nicht am Platz. Man kann z.B. feststellen, nach drei Spieljahren, daß Erika Mann fast immer sich selbst spielt; im Sinne der üblichen Theatertradition ist sie bestimmt keine große Schauspielerin...

Wahrscheinlich wäre sie, wenn die Emigration nichts anderes mit ihr vorgehabt hätte, eine Schauspielerin unter den vielen deutschen Schauspielerinnen der guten Mitte geblieben...

Die Einheit von Textdichterin und großer Schauspielerin ist (gesetzt, daß die Texte gut sind) natürlich schon von vornherein unwahrscheinlich; denn schreiben bedeutet wählen, bedeutet sich entscheiden für und gegen, wenn es etwas mehr sein wird als Spielerei mit Worten; und im allgemeinen liegt dem großen Schauspieler nichts ferner als Wahl und Entscheidung (wie könnte er noch den Hamlet spielen, wenn er sich schon für Posa entschieden hätte?). Daß man über große schauspielerische Begabungen verfügen kann und sich trotzdem einer Idee unterordnen, beweist immerhin Therese Giehse...

Die schöpferische Kraft des Ensembles verkörpert sich in Erika Mann, Therese Giehse und dem Komponisten Magnus Henning: das beweist das dritte (zweifellos beste) Programm der ›Pfeffermühle‹. Neue Mitarbeiter sind gekommen; die Tänzerin Lotte Goslar (deren Abwesenheit man freilich lebhaft bedauert) hat eine würdige Thronerbin gefunden in Cilly Wang. In Dr. Paul Lindenberg, Jaro Klüger, Katharina Mattern und Max Vredenburg begrüßt man Talente an einer für sie geeigneten Stelle...

Die Emigration war nun einmal eine überartistische Überraschung, und darum wird sie, so schmerzlich und scheinbar sinnlos sie sein mag, für Europa nicht vergeblich gewesen sein; jetzt schon hat sie mit dem Phänomen der ›Pfeffermühle‹ bewiesen, daß einer wirklich notwendigen schauspielerischen Leistung immer eine überschauspielerische Gesinnung zugrunde liegen muß.«

Das Repertoire der »Pfeffermühle« in ihren letzten Monaten auf europäischem Boden bestand zum einen wiederum aus bewährten Texten, zusammengefaßt zu der szenischen Revue »Agentur für Wunderliche«; zum anderen hatte Erika Mann eine Suite geschrieben, eine kleine Szenenfolge zum Thema »Familie«. Hier stellte sie eine ganz normale Familie aufs Brettl, in der Vater, Mutter, Sohn, Tochter, Dienstmädchen, Ahne und Familiengeist – stellvertretend für die Welt – streiten und klagen, intrigieren und Krieg führen, an die Vernunft appellieren, sich emanzipieren und sich als Individuen zu behaupten suchen (siehe dazu das Lied »Civil Civil«).

Der dreiaktige Sketch »Die Prophetin«, zu dem Klaus Mann eine Szene beigesteuert hatte, war schon während der letzten Schweiz-Tournee und in der Tschechoslowakei mit großem Erfolg aufgeführt worden. Auch

Dienstag den 18. Feber 1936

Städt. Kurhaus (Kaiserbad) Teplitz-Schönau

(Bei Sesselreihen)

Erika Mann

mit der „Pfeffer mühle"

Leitung: Erika Mann · Regie: Therese Giehse

Beginn:
8 Uhr abends

Vollständig neues Programm!

(Bei Sesselreihen)

PRESSE: . . . ausgezeichnete und reife Kunst — Was sie zeigen, ist 100prozentige Kunst ● Erika Mann, groß, schlank und brünett ist die Conferencieuse der Pfeffermühle! Jedes ihrer Worte ist deutlich und jede ihrer Gesten schön und vollendet ● Ein großer Teil des Programms stammt aus ihrer Feder, etwas von ihrem Bruder, der Rest von anderen . . . Die Darsteller sind Individualisten, wundervolle Interpreten ● Die bezaubernde Erika Mann mit ihrem Münchner Überbrettl unterscheidet sich von anderen Kabaretts durch ihren persönlichen Charme und durch die Art des ganzen Programms . . .

I. Abteilung:
„Agentur für Wunderliche"
II. Abteilung: **„Familie"**
An den beiden Flügeln:
Magnus Henning, Hans Winternitz

Zwei Försterklaviere: (Vertr. R. Pohl, Badeplatz)

Karten an der Konzertkassa Adler, Graupner Gasse 5, Telephon 974/II

Verlag des Bezirksbildungsausschusses Teplitz-Schönau der Deutschen sozialdemokratischen Arbeiterpartei

Flugzettelwerbung auf der 3. Tschechoslowakei-Tournee

die holländische Kritik lobte dieses Stück sehr: eine herrschsüchtige Hausmeisterin, Frau Motzknödel – dargestellt von Therese Giehse – macht Front gegen die absolut undeutsche Erfindung des Telephons, die geeignet sei, die Moral des völkischen Menschen zu untergraben. Sie gedenkt, über eine drahtlose – auch kommunikationslose – Welt zu herrschen und beschließt, alle Telephone auf einem riesigen Scheiterhaufen zu verbrennen!

Am 26. April 1936 fand die 1000. Vorstellung statt. Der Erfolg der »Pfeffermühle« bei Presse und Publikum war eine Sache, die Befürchtungen auch der holländischen Regierung, in diplomatische Komplikationen mit

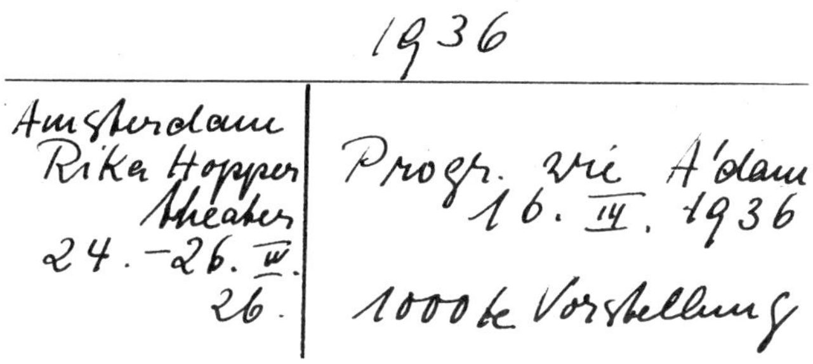
1936

Amsterdam Rika Hopper Theater 24.–26. IV. 26.

Progr. wie A'dam 16. IV. 1936

1000te Vorstellung

dem Deutschen Reich zu geraten, eine andere. Man legte Erika Mann nahe, auf die politische Linie der »Pfeffermühle« zu verzichten: »Durchaus, so ließ die Niederländische Regierung mich wissen, wünschte sie, daß wir fortführen, im Lande zu gastieren. Noch sei man eine freie Nation und lasse sich nichts vorschreiben. Leider nur müßten wir von nun an auf jede, selbst die indirekteste politische Wirkung verzichten. Unser Erfolg – und damit der finanzielle Erfolg zahlloser holländischer Unternehmer – sei so groß, daß wir der leidigen Politik gewiß entraten könnten. Auch als reines Amüsiertheater könnten wir ohne weiteres .... Wir lehnten dankend ab, und damit war unseres Bleibens in Europa nicht länger.«

Diese letzte Tournee endete am 8. oder 9. Mai 1936 in Luxemburg. Zum Ensemble gehörten zu dem Zeitpunkt – außer den Gründungsmitgliedern Erika Mann, Therese Giehse und Magnus Henning – Kitty Mattern, Jaro Klüger, Paul Lindenberg und die Tänzerin Cilli Wang, die ebenfalls aus dem an Begabungen so reichen Wien kam. Seit Dezember 1935 ersetzte sie Lotte Goslar, die in der Tschechoslowakei geblieben war.

Die vier Wiener kehrten zunächst nach Wien zurück und traten dort in verschiedenen Kabaretts auf, bis die Nationalsozialisten nach dem »Anschluß« im März 1938 die kritischen Brettl-Bühnen verboten.

Kitty Mattern und Paul Lindenberg trafen sich wieder in der »Viennese Theatre Group« in New York; im Oktober 1938 war sie von österreichischen Emigranten dort gegründet worden und hatte am Broadway außerordentlichen Erfolg mit zwei Wiener Revuen.

Jaro Klüger emigrierte nach London. Dort hatte sich – ebenfalls von österreichischen Emigranten ins Leben gerufen – das Kabarett »Laterndl« etabliert, wo Jaro Klüger zunächst weiter Kabarett machte. 1949 wanderte er nach Australien aus und gehörte in Sydney zum Ensemble der Kammerspiele. – Paul Lindenberg gab das Theaterspielen schon bald auf. Bis zu seinem frühen Tod – er soll noch vor Kriegsende gestorben sein, erinnert sich Kitty Mattern – arbeitete er als Hals-Nasen-Ohren-Arzt in New York.

Kitty Mattern blieb zunächst in New York, am Broadway, wo sie unter anderem sehr erfolgreich in der Uraufführung der amerikanischen Version von »Jakobowsky und der Oberst« spielte; S.N. Berman hatte aus dem Theaterstück von Franz Werfel eine Broadway-Komödie gemacht, die auch die Grundlage zu dem berühmten Film bildete. Schließlich folgte Kitty Mattern ihrem Mann Siegfried Arno nach Hollywood. Heute lebt sie in München und steht nach wie vor auf der Bühne und vor der Kamera.

Cilli Wang hatte es während ihres »Pfeffermühlen«-Engagements schwer gehabt, Erika Mann und Therese Giehse von ihrer Arbeit zu überzeugen, wie sich Kitty Mattern noch heute erinnert. Cilli Wang war jedoch mit ihrer großen satirischen Schärfe und ihrer Fähigkeit, sich scheinbar bis hin zur Metamorphose zu verwandeln, eine adäquate Nachfolgerin für Lotte Goslar. Sie emigrierte nach dem »Anschluß« Österreichs an das Deutsche Reich nach Holland, das sie in ihrer »Pfeffermühlen«-Zeit kennengelernt hatte; nach dem Einmarsch der deutschen Truppen dort konnte sie schließlich nur im Untergrund überleben. Nach Kriegsende wurde sie eine der berühmtesten Tänzerinnen ihres Genres. Rund um die Welt reiste sie mit ihren Tänzen, die immer wieder als »entfesselte Schauspielkunst« beschrieben wurden. Sie lebt heute, 80jährig, in Wien.

Erika Mann hatte schon längere Zeit die Befürchtung, daß Europa allmählich »deutsch wird«. Deshalb war sie im Sommer 1936 darangegangen, eine Tournee der »Pfeffermühle« durch die USA vorzubereiten. Amerika erschien ihr im Vergleich zu dem immer ängstlicher werdenden Europa unabhängiger zu sein; ein Land, in dem es für sie wieder »ein Gefühl von Sinn, Verstand und 1000 Möglichkeiten« gab, wie sie am 24. 10. 1936 ihrer Mutter aus New York schrieb.

Das amerikanische Gastspiel der »Pfeffermühle« begann jedoch in Europa: in Max Reinhardts Salzburger Barockschloß Leopoldskron. »Der väterliche Freund« – so Erika Mann – hatte selbst einmal auf einer Brettl-Bühne gestanden, zudem hatte er Erika Mann als 18jährige Debütantin an das Deutsche Theater in Berlin geholt. Er wollte ein wenig Starthilfe geben für den Ausflug der »Pfeffermühle« nach Übersee und hatte zu der Privatvorstellung am 14. August 1936 vorwiegend reiche Amerikaner aus dem Showgeschäft eingeladen. Lotte Goslar – die damals wieder dabei war, neben Therese Giehse, Magnus Henning, Valeska Hirsch und natürlich Erika Mann – erinnert sich noch gut an die Vorstellung auf Schloß Leopoldskron: »Helen Hayes mit ihrem Mann war da, und Marlene Dietrich, außer ungefähr zwanzig der berühmtesten Stars. Ich besinne mich auch noch darauf, daß das Ganze nicht in einem Theater stattfand, sondern in einer großen steinernen Halle mit steinernem Fußboden, und daß ich keineswegs glücklich war. Aber aus taktischen Gründen mußte es eben gemacht werden. Und diese Soirée führte auch wirklich zu dem amerikanischen Gastspiel.«

Und Therese Giehse sagte dazu in ihren Erinnerungen: »Das war eine schaurigschöne Angelegenheit. Wir spielten vor sechzehn geladenen Gästen, Reinhardt war sehr verschuldet und durft nicht mehr als sechzehn Leut einladen. Alles war mit Kerzenlicht beleuchtet, das wirkte überaus romantisch und stilvoll, hatte aber einen ganz profanen Grund: der nicht bezahlten Rechnungen wegen war der Strom gesperrt. –

Die Gäste, alle sehr reiche Amerikaner, wußten von der politischen Lage nicht mehr, als sie wissen wollten, eigentlich gar nichts. Unsere Darbietungen müssen ihnen höchst merkwürdig und exotisch vorgekommen sein. Aber sie haben sehr höflich geschaut. Der einzige, der uns ein bißchen verstand, war Reinhardt. Von unserem Programm und dem Sinn unserer Arbeit begriff er auch nichts, aber er hatte Kunstverstand. Ihn beeindruckte die Qualität unserer Arbeit. Er kam und erkundigte sich bei mir, wer die Masken angefertigt hätte. Daß ich sie selber gemacht hatte, imponierte ihm sehr. Er hatte da wohl schon vergessen, mit wie wenigen Mitteln er selbst einst auch gutes Theater gemacht hatte. Wir wechselten nur wenige Worte, ich kannte ihn nicht und fand diese kurze Begegnung ungemein eindrucksvoll. Während unseres Programms wurde Marlene Dietrich, die unter den noblen Gästen war, fortwährend ans Telefon gerufen: Gnädige Frau, New York für Sie, gnädige Frau San Franzisko. Ihre wunderschönen Abgänge und Wiedereintritte waren viel interessanter als unsere Darbietungen. Das Ganze war eine sehr exklusive Vorstellung. Alle meinten es sehr freundlich mit uns. Ich wußte danach mit absoluter Sicherheit, daß das amerikanische Gastspiel ein großer Unsinn war. Aber die Erika, die hat's halt gewollt.« (»Ich hab nichts zum Sagen«, 1973)

»Cabaret ist dem amerikanischen Menschen nicht bekannt«

Die »Peppermill« und das Ende in New York 1937

»Die Truppe, denk ich, wird am 4. reisen. Ob sie denn Visa haben? Und ob sie denn, – o, o und o, – englisch können, – die Giessky [Therese Giehse] müßte so nötig. Immer deutlicher wird, daß wir uns zu allergrößten Teilen werden in englisch fassen müssen, – es geht nicht anders, und dies ist der Punkt, der mir den Boden ein wenig schwankend erscheinen läßt, auf welchem ich mich produzieren soll. Man kann es doch alles ganz einfach nicht *beurteilen.* (All die kleinen Witze, Betonungen und Narreteien, an die man in der Muttersprache gewöhnt ist, – wo soll man sie hernehmen, – wohin soll man mit ihnen?) Wysti [Wystan H. Auden] hat ›Warum ist es so kalt?‹ auf englisch geschickt, der Gute, und recht poetisch übertragen. Aber sonst ist noch nicht sehr viel zu sehn vom Programm, das ängstigt einen ja denn auch wieder, – ich hatte zu viel zu tun, – ›organisatorisch‹, um mich darum kümmern zu können.« Das schrieb Erika Mann am 24. Oktober 1936 aus dem New Yorker Hotel »The Bedford« an ihre Mutter. Sie war am 19. September von Southampton aus mit der »Statendam« in Richtung New York gestartet, begleitet von ihrem Bruder Klaus.

Erika Mann war inzwischen englische Staatsbürgerin: auf Vermittlung des Bruders Klaus kam es am 15. 6. 1935 zu ihrer Heirat mit dem englischen Dichter Wystan H. Auden. Durch diese souveräne Geste verhalf er der Emigrantin zu einem neuen Paß, denn ihrer hatte kurz zuvor mit der Ausbürgerung seine Gültigkeit verloren.

Das amerikanische Abenteuer der »Pfeffermühle«, in das Erika Mann sich und ihre Mitstreiter stürzte, gehört zum Aufregendsten in der Geschichte dieses Exilkabaretts. Während die Prinzipalin versuchte, in New York die geeigneten Räume zu finden, und vor allem Geldgeber, saß »die Truppe«, auf Nachricht wartend, unruhig, untätig, in Europa: Therese Giehse in Zürich, wo sie am Schauspielhaus mehrere verlockende Rollen in Aussicht hatte; Lotte Goslar in Prag; Magnus Henning im österreichischen Ehrwald. Die Stimmung war nicht die beste. Man stand den amerikanischen Plänen Erika Manns eher skeptisch gegenüber. Im übrigen erinnert sich Magnus Henning, daß sie sich alle von Erika Mann damals schlecht behandelt fühlten. Klaus und sie waren mit einem noblen Passagierschiff über den Ozean gefahren. Ihre drei Mitarbeiter hingegen ließ Erika Mann auf einem nicht sehr komfortablen Zementfrachter nachkommen.

Nicht ohne Bitterkeit erinnerte sich Therese Giehse an diesen Ausflug in die Neue Welt. Sie hatte wohl, auch wegen ihrer sehr engen Freundschaft mit Erika Mann, kein Spielverderber sein wollen, und machte mit, obwohl die Verpflanzung der »Pfeffermühle« nach Amerika ihr als »eine ganz verrückte Sache« erschien. »Die Texte waren miserabel übersetzt, nichts war vorbereitet, nichts überlegt. Das ganze amerikanische Gastspiel eine völlig überflüssige Fahrt ins Blaue.«

Die Briefe, in denen Erika Mann ihrer Mutter schildert, wie es ihr schließlich gelang aus der »Pfeffermühle« die »Peppermill« zu machen, zeigen, daß Therese Giehse ihrer Freundin Erika *doch* ein wenig Unrecht tat mit ihrer gar so negativen Einschätzung.

»Ich habe jetzt«, hatte sie am 24. Oktober ihrer Mutter berichtet, »einen Herrn, der sich sehr lebhaft interessiert, und von dem es so aussieht, als ob er gerne etwas Geld nicht nur ausgeben, sondern auch wirklich einbüßen möchte. Fernerhin habe ich einige Häuschen zur Wahl, die recht geeignet erscheinen, – fernerhin habe ich auch noch einen großen Agenten (den größten hier!) der, gemeinsam etwa mit dem spleenigen Herrn, die Mühle übernehmen könnte. Perfekt freilich ist dies alles noch nicht ...«

Programmheft der »Peppermill« 1937 in Amerika

Erika Mann sorgte für die Übersetzung etlicher Texte. Ihr englischer Ehemann half ihr dabei, und in John Latouche fand sie einen jungen amerikanischen Dichter, der bereits für Nachtclub-Entertainer geschrieben hatte.
Er übersetzte den größten Teil der Texte, und er hatte in der »Peppermill« zudem seinen ersten Bühnenauftritt. Das Gedicht »Der Lampenputzer« von Erich Mühsam bekam in Latouches Übersetzung den Titel »The little Revolutionary« und wurde auch von ihm vorgetragen, mit der Musik von Werner Kruse, der in der Schweiz als Pianist und Komponist zur »Pfeffermühle« gehört hatte. Andere Titel lauteten: »Hans in Luck«, »The Nursie«, »The Queen of Beauty«, »Children's Song«. Und Klaus Manns »Loreley« hörte sich so an:

Lorelei

Ich weiss nicht was soll es bedeuten,
Since love has come to me,
But all of the folk in the village
Look angrily at me.

My old father threatens a beating,
Mama says her heart will break,
Because the young man I am meeting
Is old Mr. Levy's son Jake.

»But you are an Aryan German«,
Exclaims all the village vermin,
Ah, how much I hate those venomous
People whispering: »Jews are enemies,
Jews are enemies,
Jews are enemies.«

Erika Mann fand Sponsoren; darunter: Vicki Baum, Fanny Hurst, Thomas Manns amerikanischer Verleger Alfred A. Knopf, Emil Ludwig, Max Reinhardt und der amerikanische Bankier Maurice Wertheim, der »lebhaft interessierte Herr«, von dem sie ihrer Mutter geschrieben hatte, der »unermeßlich Reiche«, mit dem Erika Mann in New York sehr befreundet war.
Mit einem deutsch/amerikanischen Ensemble, zu dem auch Sybille Schloß wieder gehörte, fand die Premiere der »Peppermill« schließlich am Dienstag, den 5. Januar 1937 statt; in dem im 17. Stockwerk gelegenen Theatersaal des Chanin-Building, Ecke Lexington Avenue, 42. Straße.
Thomas Mann hatte eine Empfehlung an das Publikum für das Programm-Heft beigesteuert: »Man täte nicht unrecht, die ›Pfeffermühle‹ den Schwanengesang der deutschen Republik zu nennen. Sie war ihr letztes Lebenszeichen – und ein sehr anmutiges. [...] Ihre Spannweite reicht vom Lyrisch-Lieblichen bis zum Burlesken und Wuchtig-Grotesken; aber alles, was sich dazwischen an Witz, Übermut, Phantasie, Komik so leicht und unterhaltend hervortut, läßt für den feineren Sinn einen Fond von Schwermut, von Kummer über das Böse, über Lüge und Gewalt, von sanfter Sorge um das Bessere und Höhere im Menschen durchschimmern, der noch die Zuneigung jedes gutgearteten Publikums dem kleinen Theater gewonnen hat...
Und nun Amerika. Ich bin neugierig und nicht ohne Sorge. Die Übertragung in eine fremde Sprache muß wohl manche intime Wirkung schädigen, den farbigen Staub ein wenig von den Flügeln dieses Schmetterlings wischen. Aber getrost, das Beste, das Eigentliche und Entscheidende wird bleiben; und was bleibt, ist namentlich die initiierende Persönlichkeit. Erika hat glänzende und kraftvolle Mitarbeiter, aber Haupt und Herz des Ganzen ist eben doch sie, und ich meine, nach Haupt und Herz müßte sie etwas sein für euch Amerikaner.
Eine Frau; und so schöne Augen; und so clever dazu – I think, she will be a success.«
Sie war kein Erfolg! Die heute in Amerika lebende Lotte Goslar erinnert sich an die New Yorker Aufführung der »Peppermill« im Januar 1937: »Also, wir traten im Chanin Theatre in New York auf; die Columbia Concert Corporation hatte uns engagiert. Wir sollten erst in New York spielen und danach auf eine große Tournée durch die USA gehen. Wir waren aber ein Flop. Nach einer Woche war es aus. Unsere eigene Agentur ließ uns nicht weiter spielen. Es gab einige Gründe für den Reinfall. Erstens konnten die Schauspieler (sogar die herrliche Giehse) nicht genug Englisch, um frei zu spielen. Zweitens waren die Themen zum großen Teil nicht interessant für die Amerikaner (z.B. ein Chanson über die Grenzen, die es ja hier nicht gibt). Und drittens war Amerika damals noch sehr ›isolationist‹. Man wollte gar nicht soviel über die Schwierigkeiten wissen.
Abgesehen von allem war die ›Pfeffermühle‹ auch eine Kunstform, die es hier nicht gibt. Literarisches Kabarett war dem Amerikaner fremd.
Was aber für die Schauspieler schlimm war, war für mich kein Problem, da ich nichts mit Sprache zu tun hatte. Während alle anderen, außer Erika und Sybille Schloß, die hier verheiratet war, nach Europa zurück

gingen, konnte ich bleiben und alle Engagements, die ich in den nächsten 10 Jahren bekam, kamen aus diesem Flop.
Nach dem Debakel in New York wurden wir allerdings noch für 2 Wochen in die ›New School for Social Research‹ eingeladen, die ein schönes Theater hatte, an dem auch Piscator arbeitete. Da ging es besser, aber trotzdem konnte die Show nicht gerettet werden.
Erika und ich sind dann noch in ein paar Engagements aufgetreten: Erika als Conférenciere und ich mit meinen Tänzen in einer Broadway-Revue: ›Who's Who‹ von Leonard Sillmann und in einer Reihe von Konzerten«. (Brief Lotte Goslar, 22. 8. 1989)
Und noch einmal Erika Mann an ihre Mutter am 1. Februar 1937 aus New York: »Dann endlich kam die Première des Weges, die von einem Teil der Presse eher unfreundlich aufgenommen wurde; Cabaret ist dem amerikanischen Menschen nicht bekannt, – man war etwas betreten, dass da keine rechten girls mitwirkten, – Erimaus persönlich zwar ward allgemein gelobt, im Ganzen aber waren die Kritiken nicht eben dazu angetan, den Besuch so richtig hinaufzusteigern. Dass wir uns dann freilich auch mit unserm widerwärtigen Producer, einem Manne aus Köln, der sein Deutsch vergass, veruneinigten, setzte dem Fass die Krone mitten ins Gesicht. Wir schlossen vorübergehend, unter Hinterlassung eines ansehnlichen Defizits, und unter Hinterlassung einer Situation, die alle Ingredienzien der finanziellen Katastrophe reichlich in sich hatte. Nun war es an dem, dass der unermesslich Reiche in Erscheinung zu treten hatte, und so geschah es denn auch. Alles wurde bereinigt und aufs beste applanieret nur dass, natürlich, dann wieder meine Freundschaft mit ihm darunter ein wenig zu leiden hatte, von der freilich ohnedies niemand sagen könnte, wie weit sie zu treiben gewesen wäre, – ist doch der unermesslich Reiche einfach eine Schattierung *zu* reich, – man kann es irgendwie nicht aushalten, – es ist eine Sache mit Extrazügen und Kammerdienern, – es kommt einem ja blasphemisch vor, – zynisch und unadäquat...
Ich will solange hier sein, wie es sich eben machen läßt, – meine persönlichen Chancen sind gut, – ich verhandele über verschiedene kleine Film- und Show-Tätigkeiten und da die ›Peppermill‹ in drei Sondervorstellungen in einem grossen und ausverkauften Saal dann plötzlich reissende Erfolge hatte, bemüht so der wie jener sich um meine Mitarbeit. Therese, die arme beese, – möchte ums Sterben nicht abreisen, – was sie doch müßte, – ach, es sind der Sorgen viele.«

Erika Mann

Therese Giehse kehrte dann doch schnell Amerika den Rücken, »sehr traurig und verärgert«, wie es in ihren Erinnerungen heißt. Am 13. 2. 1937 traf sie in Zürich ein, gute vier Wochen später hatte sie bereits Premiere am Zürcher Schauspielhaus. Die »große Giehse« blieb Zürich treu. Sie stand zwar nach 1945 in München und Berlin, in Salzburg und Wien auf der Bühne; doch als sie 1975 in München starb, wurde sie in Zürich begraben. So hatte sie es gewollt.
Magnus Henning kehrte ebenfalls nach Europa zurück. Er wurde zunächst musikalischer Leiter des Münchner »Simplicissimus«. Während des Krieges war er bei der »Wehrmachtsbetreuung« beschäftigt. In den ersten Nachkriegsjahren arbeitete er als Barpianist in der Schweiz. Zurückgekehrt nach Österreich wollte er in

Ehrwald gemeinsam mit Erika Mann ein Lokal eröffnen, das »Pfeffermühle« heißen sollte. Daraus wurde jedoch nichts. Magnus Henning, Jahrgang 1904, lebt heute in Imst in Tirol. Gästen, die kommen, um ihn nach der »Pfeffermühle« auszufragen, spielt er gerne die alten Melodien vor.

Lotte Goslar blieb in Amerika und machte Karriere. 1943 landete sie in Hollywood, wo sie u.a. für die Uraufführung für Bertolt Brechts »Das Leben des Galilei«, mit Charles Laughton in der Hauptrolle, die Choreographie besorgte. 1954 gründete sie schließlich ihren »Pantomime Zirkus«, mit dem sie (Jahrgang 1907) bis heute weltweite Tourneen unternimmt.

Und Sybille Schloß, die »zartgliedrige, raffinierte, witzige« und so begabte Sybille Schloß? Sie hat nie wieder eine Bühne betreten. Sie hat in Amerika geheiratet und versuchte zunächst, in Hollywood »anzukommen«. Sie stand »under contract«, wie sie in einem Brief schreibt. »Aber da sie mich dort nur herumsitzen ließen, wurde mir das zu dumm«. Doch auch im amerikanischen Theaterbetrieb konnte sie nicht Fuß fassen.

Freunde aus München bedrängten sie, zurückzukehren, sie hätte ein Engagement an den Münchner Kammerspielen bekommen. Doch sie wollte nicht zurück in ihre Heimat: sie hatte 1934 ihren Eltern – der Vater war Jude – zur Flucht nach Holland verholfen, wo beide nach dem Einmarsch der Deutschen von SS-Schergen erschlagen worden waren.

Jahrzehntelang schlug sich Sybille Schloß in New York durch, jobbte in einem Dutzend von Berufen und kann heute, beinahe 80jährig, eine dieser kargen Renten beanspruchen, von denen es sich vor allem in New York mehr schlecht als recht leben läßt.

So erzählt es ihr alter Freund Wolfgang Koeppen, der sie einst als das schönste Münchner Mädchen in Berlin kennengelernt und auf ihre Anregung hin ein paar Texte für die »Pfeffermühle« geschrieben hatte.

Aus der Schauspielerin, Schriftstellerin und Kabarettistin Erika Mann wurde nach dem Scheitern der »Pfeffermühle« in New York der »lecturer« Erika Mann: »Am Sonntag spreche ich ja in Madison-Square-Garden, – es sind 22000 Leute da und alles wird über das ganze Land gefunkt, das regt mich auf. ›Die Frau im Dritten Reich‹, – ich werde es ihr geben.« Das schrieb Erika Mann in einem nicht klar datierten Brief Ende Februar oder Anfang März 1937 an ihre Mutter. Sie nahm an einer der ersten amerikanischen Massendemonstrationen gegen Hitler teil. Nachdem sie ein Grußwort ihres Vaters verlesen hatte, sprach sie über das Leben der Frauen in Deutschland unter den Bedingungen der Hitler-Diktatur. Damit begann ihre Laufbahn als »meistbeschäftigter weiblicher ›lecturer‹«. Mit ihren Vorträgen bereiste sie den gesamten amerikanischen Kontinent, »from coast to coast und von Süd nach Nord«. Sie klärte die Amerikaner darüber auf, daß Hitler, nachdem er in alle europäischen Länder eingefallen war, auch für Amerika zur Gefahr werden könne. Ihrem Thema blieb sie treu: Der Kampf gegen den Faschismus. »Glauben wir an eine Erfolgsmöglichkeit«, hatte sie ihr Publikum 1936 in Prag gefragt, »glauben wir an die Chance einer wirklichen Einflußnahme auf diejenigen, die uns zuhören? Man muß bescheiden sein und jeder kämpfe mit der Waffe, die ihm zur Verfügung gestellt ist. Wir haben nichts als unsere eigene Stimme und Person. Wenn diese Stimme und Person glaubwürdig wirkt auf die Menschen, wenn täglich nur einige wenige nachdenklich werden und sich besinnen – man muß bescheiden sein –: die ›Pfeffermühle‹ wäre glücklich, wenn sie ihr winziges Teilchen dürfte beigetragen haben zum Sieg der Besinnung und der Vernunft in Europa.«

Das gleiche erhoffte sie sich für Amerika. Ihre Arbeit als politische Publizistin begriff sie als Fortsetzung der »Pfeffermühle« mit anderen Mitteln.

»Was will ich mit einem Pfeffermühlen-Büchlein in solcher Zeit?«

Zurück in Europa

Kilchberg am Zürichsee, Alte Landstr. 39 – die letzte Adresse Erika Manns

»Gedenkt
Wenn ihr von unseren Schwächen sprecht
Auch der finsteren Zeit
Der ihr entronnen seid.«

B. Brecht, »An die Nachgeborenen«

Kilchberg am Zürichsee, Alte Landstraße 39. Das war einmal für die Dauer eines guten Jahres die wohl prominenteste Adresse im Zürcher Postbereich. Im Januar 1954 hatte Thomas Mann das Haus erworben, »zwecks Verbringung des Lebensabends und schriftstellerischer Betätigung«. So genau wollten es die Schweizer Behörden wissen.

Im zweiten Stock dieses »netten, vernünftigen Hauses«, unter den behütenden Schrägen des Daches, hatte sich Erika Mann eingerichtet. Erika, das »kühne, herrliche Kind«, wie der Vater sie genannt hatte, war in den Jahren des Exils zur tatkräftigen, kompromißlosen Kampfgenossin Thomas Manns geworden, und in seinen letzten Lebensjahren seine kluge, humorvolle Gehilfin.

Viele Jahre hatte sie an einer schweren Knochenkrankheit zu leiden, die sie teilweise sogar dazu zwang, regelrecht im Bett zu »leben«. Sie bot manchem Besucher, der nach Thomas Manns Tod zur Nachlaßverwalterin nach Kilchberg pilgerte, ein unvergeßliches Bild: fast bewegungslos auf ihrem Krankenlager, umgeben von Papierbergen, inmitten von Briefen, Büchern, Notizen, Zeitungen. »Fragen Sie, fragen Sie«, rief sie, immer offen und auskunftswillig, dem Eintretenden entgegen. »Sie haben nicht mehr lange Zeit!« So erinnerte sich Martin Gregor-Dellin an Erika Mann, der zu Beginn der 60er Jahre nach Kilchberg kam; nicht »in Sachen TM«, sondern wegen des Werkes ihres Bruders Klaus.

Ihr Bruder, mit dem sie innerhalb der Familie am innigsten verbunden war, bis der Krieg sie trennte, hatte sich im Mai 1949 in Cannes das Leben genommen. Das Deutschland, in das er 1945 als amerikanischer Soldat zurückgekehrt war, hatte ihn maßlos enttäuscht. Er fand hier »keine Spur einer Empfindung von Verantwortung«. Er stand nicht allein mit diesem Eindruck. So wie er hofften viele der emigrierten deutschen Schriftsteller, daß das Ende des Krieges auch das Ende des Exils bedeuten würde; daß sie mit dem, was sie zu sagen hatten, als Schriftsteller wieder gefragt sein würden in Deutschland. Sie hatten sich getäuscht. »Es gibt keine Bücher der Emigrationsautoren in diesem Land!« stellte Klaus Mann 1947 traurig fest. Und daß es keinerlei Interesse an ihm gab, hatte er deutlich zu spüren bekommen. Für keines seiner Werke fand sich noch zu seinen Lebzeiten im Nachkriegsdeutschland ein Verleger.

In den 60er Jahren regte sich in der Bundesrepublik Deutschland Interesse für Klaus Manns Schriften. Erika Mann bemühte sich sehr, einige Titel des umfangreichen, ganz eigenständigen Werkes des Bruders – Romane, Erzählungen Essays, Briefe – bei den Verlagen unterzubringen. Viel lieber noch hätte sie ein »Pfeffermühlen«-Buch gemacht. »Aber läßt man mich denn«, schreibt sie am 13. September 1963 einem Freund. »Ich bin ein bleicher Nachlaßschatten und darf hienieden nichts mehr tun, als Briefbände, Anthologien und dergleichen meiner lieben Toten herausgeben.«

Das schien gar kein Ende zu nehmen, denn am 3. Mai 1966 klagt sie Lotte Walter, der Freundin aus den Kindertagen: »... aber jetzt muß ich erstmal was machen, das nicht mit Nachlaßdingen zu tun hat. Ohnedies steht der Verlag von Klaus mit der Pistole hinter mir und verlangt Briefbände von ihm. Ich verbiestere ja noch ganz und darf *nur noch* in der Vergangenheit leben, und da ich mich im ›Heute‹ ohnedies nur auf zwei Krücken mühsam und schmerzhaft bewegen kann, muß ich doch ›arbeitsmäßig‹ gelegentlich wegstreben vom ›Einst‹.«

Kurz bevor sie diesen Stoßseufzer tat, hatte sie sich zwar nicht vom »Einst« befreit, sie begann jedoch, sich mit ihrer *eigenen* Vergangenheit zu befassen.

Anfang April 1966: Angeregt durch Casper van den Berg – er hatte als Filmcutter an einigen Thomas-Verfilmungen mitgewirkt – schreibt sie einen ersten Drehbuchentwurf für einen Film über die »Pfeffermühle«.

28. Mai 1966: Der in München lebende Regisseur, Dramaturg und Fernsehproduzent Günther Sauer kommt in Begleitung seiner Frau Ursula nach Kilchberg. Er will den Film über das Exilkabarett für das Fernsehen der Bundesrepublik Deutschland produzieren. Er erinnert sich, daß Erika Mann ein ernsthaftes Interesse daran hatte, die abenteuerliche Geschichte dieses »wirkungsvollsten, theatralischen Unternehmens der Emigration« nicht in Vergessenheit geraten zu lassen. Er fährt nach diesen ersten Verhandlungen mit der Gewißheit nach München zurück, daß der Film zustande kommen würde.

29. Mai 1966: Einen Tag nach diesem Besuch schreibt Erika Mann einen Brief: »Sehr verehrter Herr Sauer, [...] Ihrer beider Besuch gestern bleibt mir eine wahre

Freude. Nicht häufig – Sie wissen es – versteht man sich heutzutage mit den Herrschaften, die in lieb Heimatland zuhaus sind. Umso wohltuender die Ausnahmen [...] Ihre Kommentare zu den Ihnen übermachten Probenummern haben mich völlig davon überzeugt, daß all die Dinge, die dem hellhörigen Europa von damals so viel bedeuteten, dem Bundesbürger von jetzt ganz einfach nichts zu sagen haben. Und während ich im Prinzip durchaus bereit gewesen wäre, nach Kräften zu ›popularisieren‹, sehe ich gar keine Möglichkeit, aktuelle Wirkungen zu erzwingen vermittels eines Materials, das längst historisch geworden ist. Sehr zu Recht, verehrte gnädige Frau, haben Sie darauf hingewiesen, daß die junge Generation in der Vorstellung lebe, Nazismus und Krieg seien 300 Jahre her. Die Zeit ist schnellebig, – eine Platitüde, gewiß, – doch deshalb nicht weniger wahr. Und wenn schon Kästner, der große ›Innerdeutsche‹, kaum mehr zählt bei den Mitbürgern, wenn schon Finck, der Liebling der ›Stillen im Lande‹ von anno Tobak, bitter über Echolosigkeit klagt, wie sollte da der ›Mühle‹, die nur 2 Monate lang überhaupt dort existent gewesen, die geringste Erfolgsmöglichkeit lachen. Überall sonst haben wir Spuren hinterlassen, die ans Licht zu heben ein Leichtes wäre. Selbst in der ach so neutralen Schweiz wimmelt es von Menschen, zu deren liebsten Jugenderinnerungen die ›Mühle‹ zählt. [...] Auch hier sind wir ›Geschichte‹, aber doch nicht fremde oder gar ›feindliche‹ wie in Deutschland, sondern eigenste, da wir rechtens als Urheber gelten des ganzen schweizerischen Cabarets. Ein anderes Beispiel ist Holland [...], – unsere leidenschaftlichen Wünsche während des Krieges waren identisch mit denen des niederländischen Volkes, dessen ältere Generationen uns noch heute die Treue wahren, während sogar die Jungen so viel von uns haben singen und sagen hören, daß sie froh wären, unsere Bekanntschaft zu machen. Blutet doch auch in fast jeder Familie dort noch die Wunde aus der Besatzungszeit, von der niemand wähnt, sie sei dreihundert Jahre her [...] Erst im Gespräch mit Ihnen wurde mir sonnenklar, was mich vorher ahnungs- und augenblicksweise angeflogen haben mochte: es gibt keine Verständigung zwischen den deutschen Fernguckern und Leuten wie mir, – keine jedenfalls zwischen der ›Pfeffermühle‹ und den Beschauern da drinnen...«

Was war geschehen? Woher dieser plötzliche Sinneswandel? Die Münchnerin Erika Mann, die da in einer Zürcher Villa saß, war ganz bewußt in der Emigration geblieben; trotz ihrer Anhänglichkeit an die »bayerische Urheimat«, wie Golo Mann sich erinnert. »Sie war die einzige von uns, die mit Gusto Münchnerisch sprach.« Als sie Anfang der 50er Jahre durch die bis ins Privateste gehenden Schnüffeleien des »Ausschusses zur Untersuchung unamerikanischer Umtriebe« des Senators McCarthy aus ihrer neuen Heimat vertrieben worden war, hatte sie sich nicht entschließen können, in ihre alte Heimat zurückzukehren. Sie wollte – wie sehr viele der vor Hitler in alle Welt Geflohenen – im Deutschland der Adenauer-Zeit nicht leben.

Sie verfolgte die politische Entwicklung in der jungen Bundesrepublik sehr aufmerksam. Sie hatte sich hier wenig Freunde geschaffen, war unverhohlen als »Agentin Stalins« geschmäht worden, denn sie hielt fest an der These von der »Kollektivschuld« aller Deutschen an den Verbrechen des Dritten Reiches. Unversöhnlich plädierte sie für die »re-education«, die Umerziehung des deutschen Volkes, wie sie es schon 1941 anläßlich des Internationalen PEN-Kongresses – nicht unumstritten – in London getan hatte.

Hellsichtig, wie sie war, wurde ihr bewußt, daß ein wirklicher Neuanfang, den ja nicht nur sie für dieses Land gewünscht hatte, in der Bundesrepublik nicht stattfand. Zu viele der Täter von einst saßen in Amt und Würden, während viele der Opfer noch zwanzig Jahre nach Kriegsende um die offizielle Anerkennung ihrer Leiden und um Wiedergutmachung kämpfen mußten. – Mißtrauisch geworden gegenüber den Bundesbürgern dieser Jahre hatte sie die traurige Absage an Günther Sauer verfaßt.

Und im Juli 1966 schreibt sie, knapper und eindeutiger, an ihre ehemalige Mitstreiterin Kitty Mattern, wie es um das offenbar noch nicht ad acta gelegte Filmprojekt steht: »... nach reiflicher Überlegung wollte und will ich nicht [...] Hauptgrund meines Nein in obiger Sache: der penetrante Neonazismus – der in Wahrheit ganz der alte ist – dort drinnen.«

Im Herbst 1966 bekam die Bundesrepublik dann auch noch einen Kanzler Kurt-Georg Kiesinger, bekanntermaßen NDSAP-Mitglied von Anfang an und dienstbeflissener Opportunist während der gesamten zwölf Jahre des 1000jährigen Reiches.

Die wiederholte Anregung von Freunden, doch endlich die Geschichte der »Pfeffermühle« aufzuschreiben, beantwortet Erika Mann im November 1966 mit unerbittlicher Konsequenz: »Was will ich mit einem ›Pfeffermühlen‹-Büchlein in solcher Zeit. Wetten, daß es am 20. die NPD in Bayern auf 11 % der Stimmen bringen wird? Da aber selbst die SPD der ungeheuerlichen

Erika Mann

Notstandsgesetzgebung zustimmt, ist schon alles schnurzegal.« Die NDP kam auf 7,4 % und 15 Sitze im Landtag bei dieser Wahl.

In dem ursprünglich geplanten Film über die »Pfeffermühle« hatte Erika Mann beabsichtigt, zu 60 bis 65 % die wichtigsten Texte wieder aufzuführen. Die restlichen 30 % sollten dem Dokumentarischen vorbehalten bleiben, auf das sie besonderen Wert legte; in ihrem Drehbuchentwurf vom April 1966 hatte sie gesagt warum: »Es geht um Zeitgeschichte nicht nur, sondern auch und besonders um die damit untrennbar verbundene Geschichte der ›Pfeffermühle‹ in all ihrer Abenteuerlichkeit, mit ihren erstaunlichen, anhaltenden Erfolgen und ihrer ständigen und ständig wachsenden Bedrohtheit [...] Was geboten wird, ist noch heute – oder heute schon wieder (!?) – hochaktuell, oder aber es ist zeitlos und heute nicht weniger wirksam, als ›damals‹.«

Damit hatte sie recht. Ihre Texte – geschrieben gegen den übersteigerten Nationalismus und die aggressive, ressentimentgeladene Politik der Nationalsozialisten – waren im Jahre 1966 schon wieder hochaktuell. Seit 1964 gab es in der Bundesrepublik die NPD, die Nationaldemokratische Partei Deutschlands, gegründet mit der Absicht, die »nationalen Kräfte der BRD zu sammeln«. In den Jahren 1966 bis 1968 war diese Partei in fast allen Landtagen vertreten zwischen Schleswig-Holstein und Bayern. Bei der Bundestagswahl 1969 gelang es der NPD nicht mehr, die 5 %-Hürde zu überspringen. Der Machtwechsel in Bonn, von der »Großen Koalition« hin zur sozial-liberalen Koalition aus SPD und FDP, mit dem Emigranten Willy Brandt als Bundeskanzler und seinem programmatischen »Mehr Demokratie wagen!«, nahm den Rechtsradikalen die Luft zum Überleben. Sie verschwanden vorerst fast aus dem politischen Leben der Bundesrepublik.

Schade, daß Erika Mann ihren Film 1966 nicht gemacht hat. Er hätte damals aufklären können über eine Seite des Widerstandes, die noch kaum bekannt war: wie viele Menschen mit Mut und Einfallsreichtum den Kampf gegen den Faschismus aufgenommen hatten, ständig bedroht vom langen Arm des Deutschen Reiches, für das sie »Vaterlandsverräter« waren. In der »Pfeffermühle« allein fochten neben Erika Mann, immerhin vierzig Schauspieler und Musiker mit der Waffe der Satire gegen Hitler. – Doch die Bundesrepbulik hatte – und hat – es schwer im Umgang mit dem antifaschistischen Widerstand.

Erika Mann empfand sich ohnehin als »gebranntes Kind«: mehrfach war sie ihrer politischen Ansichten wegen verfolgt und diffamiert worden. Die Kraft zu einer *öffentlichen* politischen Auseinandersetzung fehlte ihr wohl in den letzten Lebensjahren. Dabei war sie seit dem Tag im Januar 1932, an dem sie erstmals auf einer politischen Protestveranstaltung auftrat, nicht müde geworden, sich einzumischen, beispielsweise 1958, kurz nach dem ersten »Ostermarsch«, mit einem leidenschaftlichen Aufruf gegen die Errichtung von Abschußrampen für Atomwaffen auf europäischem Boden.

Die »Pfeffermühle« hat es in ihrer knapp vierjährigen Existenz auf 1034 Vorstellungen gebracht. Immer wieder fragte sich Erika Mann, was sie sich und ihren Mitstreitern da eigentlich zugemutet habe. Hatten der Einsatz, die enorme Anstrengung, die Mühen und Gefahren, denen sie alle ausgesetzt waren, einen Sinn gehabt? Über die Wirksamkeit von politischem Kabarett und Satire ist immer wieder geschrieben und gestritten worden. Sie läßt sich wohl nicht messen. *Daß* politisches Kabarett Wirkung hat, beweisen die zahllosen Fälle von Zensur, die beinahe 100jährige Geschichte des Brettls ist voll davon. Vor dem scharfen Blick und der spitzen Zunge des Satirikers haben sich Politiker zu allen Zeiten gefürchtet; und nicht nur jene mit totalitärem Machtanspruch.

»Wer sich getroffen fühlt, ist gemeint.« So hatte Werner Finck den Mechanismus von Satire beschrieben. Seine Berliner »Katakombe« wurde 1935 geschlossen. Er lebte in Deutschland weit gefährlicher, als Erika Mann und ihre »Pfeffermühle« im Exil. Für seinen kaum gedrosselten Sarkasmus wurde er von denen, die er meinte, in »Verwahrung genommen«: sechs Wochen Konzentrationslager Esterwegen; später dann folgte das endgültige Auftrittsverbot. Satire durfte eben in Deutschland nicht alles; sie darf es bis heute nicht.

In diesem Sinne hat auch die »Pfeffermühle« Wirkung gezeigt, denn auch sie wurde – sogar über Grenzen hinweg – von den nationalsozialistischen Wächtern über Humor und Satire verfolgt und schließlich verboten.

Aber die »Pfeffermühle« hatte eine weitere, ganz konkrete Wirkung. Erika Mann erfuhr davon 1940 in London. Nachdem Hitlers Truppen in ganz Europa eingefallen waren, fanden sich unter denen, die sich in das relativ sichere England gerettet hatten, auch viele holländische und tschechische Emigranten. Von diesen erhielt Erika Mann das überzeugendste Zeugnis für die Wirksamkeit ihrer »Pfeffermühle«, wie sie in ihrem

Rückblick erzählt: »Die ›Pfeffermühle‹ konnte nicht dazu führen, daß in Deutschland die Revolution ausbrach, sagten mir diese Emigranten; sie konnte auch nicht dazu führen, daß die Länder Europas sich so betragen hätten, daß eine entscheidende Wendung zum Besseren herbeigeführt worden wäre. Aber die ›Pfeffermühle‹, das was wir gemacht haben, hatte sie bewogen, ihr Land rechtzeitig zu verlassen. ›Wir sind weg‹, sagten sie, ›weil wir die Pfeffermühle‹ kannten, und weil wir daher wußten, was Nazismus ist. Keine Zeitung, kein Radio, nicht einmal die Stimme des ›Führer‹, die doch eigentlich alles gesagt hat, hätten uns zu zeitiger Abreise genötigt. Die Schreckensbilder die *ihr* uns gezeigt habt, haben dazu geführt, das wir weg sind aus unserem Land. Die ›Pfeffermühle‹ hat ein paar Menschenleben gerettet. Das ist viel wert.‹«

Erika Mann hat die »Pfeffermühlen«-Zeit stets als die schönsten Jahre ihres Lebens betrachtet. Und in ihren letzten Lebensjahren bekräftigte sie es immer wieder: »... ich muß sagen, von allen meinen Existenzen – ich hatte sehr viele verschiedene Existenzen: ich habe als Schauspielerin angefangen, ich war Rennfahrerin, ich habe für Ford einen 1. Preis gewonnen, ich war Schriftstellerin, ›lecturer‹ in Amerika – aber von allem, was ich je getan habe, erinnere ich mich am liebsten an die ›Pfeffermühle‹.«

Auch viele, die die »Pfeffermühle« sahen, erinnerten sich noch über dreißig Jahre später intensiv daran. So schrieb Franz Theodor Csokor, der 1935 in Mährisch-Ostrau im Publikum saß, im Dezember 1964 an Erika Mann: »Vor mir an der Wand hängt Dein Bild, das Du mir in Mährisch-Ostrau gabst, der weiße Pierrot mit den großen schwarzen Knöpfen«, und er denkt daran zurück, wie die »Pfeffermühle« sich »als Patrouille der Menschlichkeit entlang der Front der Bestialität mutig herumgetrieben hat, ihr mit Gottfried Kellers großartigem Gedicht von den ›Öffentlichen Verleumdern‹ die Kriegserklärung zugeschleudert hat, aussichtslos scheinend in Eurem Kampf und dann doch Sieger geblieben, traurige Sieger – weil die Besiegten doch nicht zu ändern waren, sondern nun die gekränkte Miene der ungerecht Behandelten sich aufstülpen...«

Erika Mann starb am 27. 8. 1969 im Zürcher Kantonsspital. Anläßlich der Trauerfeier in der Kirche zu Kilchberg sagte Martin-Gregor-Dellin, die »Pfeffermühlen«-Zeit sei »die große Zeit ihres Talents« gewesen.

Freilich, viele der Texte sind spontan entstanden; auf den Tourneen, abends nach den Vorstellungen, während der Proben, das Hotelbriefpapier auf den Knieen, zum sofortigen Gebrauch am nächsten Tag bestimmt. Die Wirksamkeit der Texte beruhte wohl auf dem, was Thomas Mann mit »Reinheit« und »Gesinnungsernst« einfühlsam beschrieb. Fast alle Texte wandten sich mit einem nachdrücklichen Appell an das Publikum, ohne Umschweife formuliert in dem Lied »Kälte«: »Beteiligt euch, – es geht um eure Erde! Und ihr allein, ihr habt die ganze Macht!«

1966 hatte Erika Mann in dem Drehbuchentwurf zur Verfilmung der Geschichte ihrer »Pfeffermühle« geschrieben: »Was geboten wird, ist noch heute – oder heute schon wieder (!?) – hochaktuell, oder aber es ist zeitlos und heute nicht weniger wirksam als ›damals‹.«

Erika Mann hatte »damals« – wie einige wenige Mutige auch – die Dinge gesagt, die gesagt werden mußten.

Schon wieder sehen wir heraufziehen, wogegen die »Pfeffermühle« zu Felde gezogen war: Ausländerfeindlichkeit, Rassismus und ein nationales Pathos, das für ein »friedliches, geeinigtes, geistig regiertes Europa« zur Gefahr werden könnte. Dumpfe Stammtischparolen halten Einzug bis in so manches Parteiprogramm!

Das Programm der »Pfeffermühle« mit seinen hellsichtigen Texten gegen die Dummheit der Herrschenden, gegen Heuchelei und Lüge, sollte die Sinne schärfen für die Gefahr, die vom Nationalsozialismus ausging, der schließlich zur erschütterndsten Katastrophe unseres Jahrhunderts führte.

Das Programm der »Pfeffermühle« war ein Plädoyer für Vernunft und Aufrichtigkeit in Politik und Alltag. Viele der alten Lieder haben heute verblüffende Aktualität gewonnen.

Anhang

Weitere Einzeltexte 1935–1937

Wiegenlied

(Ein Globus wird gewiegt)

Schlaf ein, mein Kind, – mein Kind, schlaf ein, –
Ich will schon für Dich beten, –
Lass doch die dummen Sorgen sein, –
Man soll nicht drüber reden.

Verschliess die Augen und das Ohr, –
Verschliess die Fensterläden, –
Der Butzemann steht vor dem Tor, –
Man soll nicht drüber reden.

Wo Angst und Schweigen Wache stehen,
Da lädt er sich zu Gaste, –
Da kann man ihn regieren sehn,
Als ob ihn keiner hasste.

Das Schweigen brütet und es spinnt
Wohl seine zähen Fäden.
Die Kugel trifft, schlaf ein, mein Kind,
Man soll nicht drüber reden.

Ist irgendwo der Himmel rot?
Schreit jemand: »Angetreten!«?
Starb irgendwer den Hungertod?
Man soll nicht drüber reden!

Schlaf ruhig, mein Kind, wenn Du erwachst,
bist Du schon flach getreten, –
Dass Du mir dann kein Aufsehen machst, –
Man soll nicht drüber reden?

Nach Deinem Tod, vielleicht, kann sein,
Verwandeln sich die Dinge, –
Sie werden neu und leicht und rein, –
Hörst Du noch, was ich singe?

Text: Erika Mann. Musik: Magnus Henning. Dargestellt von Therese Giehse. März 1935, Den Haag

Die Gesangslehrerin

(Halblange blonde Perücke, Hängekleid, – Wagnerschmuck, – äusserst wallend, »wertvoll« und abstossend.)

Guten Tag, mein Kunstgeweihter, –
Heute woll'n wir emsig sein, –
Ja, wir kommen stetig weiter, –
Denn ich flöss' es Ihnen ein.

Klar und stählern wie ein Messer
Ström' die Stimme frei dahin.
Sagen Sie nicht Frau Professor, –
Sondern ganz schlicht Meisterin.

Nicht gequetscht und nicht zu offen, –
Tönchen sei aus einem Guss, –
Den, der dieses As getroffen,
Lohnt die Meisterin mit Kuss.

Voller, voller, heller, heller,
Liebeswerben soll das sein?
Hilfeschreie aus dem Keller,
Ausgeübt von einem Schwein.

Knödeln Sie nicht in die Ferne, –
Geben Sie den Knödel her.
Ich persönlich ess das gerne, –
Doch beim Singen stört es sehr.

Wagners Dämon allumfassend,
Wie das wallt und wogt und webt, –
Sehn Sie, Kindchen, es ist passend,
Wenn man ganz darinnen lebt.

Pause, – siebenundsechzig Takte, –
Arm geht fort und Fuss bleibt hier.
Sehn Sie, – das ist das Vertrackte, –
Richten Sie sich ganz nach mir.

Das Erlebnis will gestaltet, –
Die Gestaltung ethisch sein.
Wenn Ihr hier den Atem haltet,
Drückt Ihr Euch die Leber ein.

Hier muss es erzittern, Bester, –
Hoch die Nasenresonanz.
Sehnend tönts aus dem Orchester, –
Wieviel Wollust, wieviel Glanz.

Aber nein!!! Mit solchem leisen
Zartgetön verdirbt man viel.
Denn selbst Wagners hehre Weisen
Sind erst Vorspiel für das Ziel!!!

Welch ein Ziel, mein Freund, erklimme
Es und aller Ruhm ist mein.
Ziel ist die Kommandostimme, –
Brust heraus und Bauch hinein.

Etwas schnarren, etwas brüllen, –
So mit wütendem Organ
All die Leere auszufüllen, –
Damit fängt die Kunst erst an.

Wenn ich mich so schreien höre,
Überkommt mich erst der Geist
Das macht Freude, das bringt Ehre,
Wenn Sie wissen, was das heisst?!.

Wollten gern Gesang studieren?
Hier will niemand, ausser mir.
Sollten Sie nicht gleich parieren,
Schnalle ich Sie aufs Klavier.

Ihr privates Stimmchen pflegen?
Etwas meckern, arm und dünn?
Stillgestanden! Niederlegen!
Hier ich bin die Meisterin.

Ruhe!!! Was? Das ist ein Wille!
Hu und Ha. Das imponiert.
Kommt dann eine kleine Stille,
Ist man um so mehr gerührt.

Und aus der geschulten Kehle
Klingt es schliesslich kurz und barsch:
Achtung! Wartet der Befehle:
Ganze Erde, Rechtsum, marsch!

Text: Erika Mann. Musik: Magnus Henning. Dargestellt von Therese Giehse. September 1935, Bratislava

Zwei Kinder dieser Zeit

(Der mit dem umgehängten Mäntelchen führt den mit den Scheuklappen.)

MÄNTELCHEN Hier führt der Weg, ich weiss genau, –
Weil ich nach allen Seiten schau.
Von dieser Seite kommt der Wind,
Weil dort die besten Chancen sind.
Pass auf, pass auf und sei geschickt!
Damit dir jede Wendung glückt!
SCHEUKLAPP Am besten schaut man nicht viel um, –
Stiert vor sich hin und stellt sich dumm.
Was geht denn mich das alles an?
Solange ich noch leben kann?
Ich hör nicht zu und schau nicht hin,
Damit ich unbehelligt bin.
MÄNTELCHEN Hör, wie das Gräschen wächst
von ungefähr, –
Rechtzeitig, rechtzeitig, etwas vorher, –
Rechtzeitig, rechtzeitig, schlau und geschwind
Häng ich mein Mäntelchen ganz nach dem Wind.
SCHEUKLAPP Scheuklappen trag ich gern, die
sind bequem, –
Machen das Leben leicht und angenehm.
Was geht denn mich das an, was euch erhitzt?
Scheukläppchen halten mich kühl und geschützt.
BEIDE Wir sind zwei Kinder dieser Zeit!
MÄNTELCHEN Bin stets alert und sprungbereit!
SCHEUKLAPP Leb unbeteiligt vor mich hin, –
Ich bin genau so wie ich bin.
BEIDE Wer anders fühlt, der tut uns leid, –
Wir sind die Herren dieser Zeit!
MÄNTELCHEN Wie war denn hier die letzte Wahl?
Ganz recht, ganz recht, das war die Zahl!
Der Mehrheit schliesse ich mich an,
Weil man dort reussieren kann.
Gesinnung? Aber lieber Freund!
Sie sind ein Tollpatsch, wie mir scheint!
Rechtzeitig, rechtzeitig, schlau und geschwind,
Häng ich mein Mäntelchen ganz nach dem Wind!
SCHEUKLAPP Ich lass die Wahlen Wahlen sein, –
In sowas misch ich mich nicht ein.
Die Dinge gehn so wie sie gehn,
Mir selber wird schon nichts geschehn, –
Warum soll ich mich alteriern?
Mir selber wird schon nichts passier'n.
Was geht denn mich das an, was euch erhitzt?
Scheukläppchen halten mich kühl und geschützt!

MÄNTELCHEN Schau mal, wer steht denn dort am Zaun?
SCHEUKLAPP Lass mich in Ruh, – ich will nicht schaun.
MÄNTELCHEN Ich grüsse jedenfalls mal hin,
Damit ich schlau und wendig bin! (Verneigt sich bis zur Erde)
SCHEUKLAPP Lass uns doch aus dem Wege gehn!
Ich hab das Ganze nicht gesehn!
MÄNTELCHEN Ach, jetzt erkenn ich, was es ist, –
Ne Vogelscheuche auf dem Mist! (Bricht zusammen!)
SCHEUKLAPP Ha ha und die hast du gegrüsst,
Weil du so schlau und wendig bist!
Dagegen ich hab nichts gesehn!
Kann voller Würde weitergehn! (Er stolpert über die Scheuche, fällt)
MÄNTELCHEN (indem sie sich gegenseitig aufhelfen)
Arm in Arm mit Dir, so ford're ich mein Jahrhundert in die Schranken!
BEIDE (hinkend, aufeinander gestützt)
Wir sind zwei Kinder dieser Zeit, –
Sie zu bestehn, ist Kleinigkeit!
MÄNTELCHEN Man wende sich nur hin und her, –
SCHEUKLAPP Man kümmre sich um gar nichts mehr!
BEIDE Wers nicht vermag, der tut uns leid, –
Wir sind die Herren dieser Zeit!

Text: Erika Mann. Dargestellt von Jaro Klüger und Paul Lindenberg. November 1935, Luzern

Der Civilist

(*Sohn*, nach kurzer Auseinandersetzung mit dem Vater!)

Civil, Civil,
Zuviel Civil, –
Mein Vater mag das gar nicht.
Civil, Civil
Zuviel Civil, –
Das taugt in der Gefahr nicht.
Wie mausgrau wirkt der Civilist,
Civil und mausgrau wie er ist, –
Und krümmt dem Feind kein Haar nicht.

Darin bin ich komisch.

Ich habe dieses Leben gern
In Arbeit und in Ruhe, –
Ich möcht ihn friedlich, unsern Stern, –
Mir liegt halt das Geklirre fern
Und heldische Getue.

Darin bin ich drollig.

Ich hasse nicht mal den Verstand,
Er scheint mir nicht verächtlich, –
Was ich in alten Büchern fand, –
Und was ich selber so erkannt:
Verstand macht klug und rechtlich.

Darin bin ich ulkig.

Mir scheint, dass jede grosse Tat
Und das, worauf wir stolz sind,
Im Grund civilen Ursprung hat, –
Dass Kirchenbank und Mühlenrad
Aus ganz civilem Holz sind.

Darin bin ich witzig.

Ich lieb mein Vaterland,
Die Menschen und die Bäche,
Die Bücher und den hellen Sand,
Die Dörfer, klein und ungenannt,
Die Sprache, die ich spreche.

Darin bin ich spassig.

Doch ruf ich nie: Mein Land allein
Ist herrlich sondergleichen!
Was kann schon an den andern sein, –
die, ruhmlos, mickrig und gemein,
Vor Neid und Angst erbleichen?!

Darin bin ich schnurrig.

Tritt aber einer mir zu nah
Im ganz civilen Leben,
Dann bin ich höchst persönlich da,
Ganz ohne Helmbusch und Trara,
Die Antwort drauf zu geben.

Darin bin ich neckisch.

Gehts gegen Ungerechtigkeit,
Und gilt es auszumisten,
In dieser höchst beschmutzten Zeit,
Bin ich mit Kopf und Herz bereit,
Gewaltig aufzurüsten.

Darin bin ich albern.

Wär ich so reich, wie Krösus war,
Und von Odysseus Schläue, –
So stark, wie Mussolini gar,
Ich hielte trotzdem immerdar
Meinem Civil die Treue.

Darin bin ich putzig.

Civil, Civil,
Zuviel Civil, –
Das glitzert und das blinkt nicht.
Civil, Civil,
Zuviel Civil, –
Man jubelt und man winkt nicht.
Was bin ich schon? Ein Civilist,
Der auch noch stolz deswegen ist, –
Mich zu bekehrn, gelingt nicht!

Darin bin ich: komisch, drollig, ulkig, witzig, spassig, schnurrig, neckisch, albern, putzig *und* scherzhaft!!!

Lied des Sohnes aus der Suite »Familie«
Text: Erika Mann. Musik: Magnus Henning. Dargestellt von Paul Lindenberg. November, 1935, Luzern

Don Quixote

(Hastiger Auftritt mit entblösstem Schwert. Er ficht gegen einen Schatten, der sich an der Wand bewegt.)

Ich erkenn' Dich, Satan, Satan!
Du willst mich als Schatten necken!
Möchtest Dich in arger Schlauheit
Klein und bös vor mir verstecken!

Aber ich durchschau Dich immer
Mit untrügbarem Gefühle:
Heute foppst Du mich als Schatten, –
Gestern warst Du eine Mühle.

Ja, ich kämpfte mit der Mühle,
Einer Mühle auf dem Hügel!
Aber welcher Geist bewegte
Ihr die schauerlichen Flügel?:

Teufelsgeist!

So litt er, stritt er
Gegen grässliche Gewalt, –
Hiess deshalb der mutge Ritter
Von der schrecklichen Gestalt.

Ich, der Freund des Edlen, Schönen,
Habe nur mein reines Wappen
Und mein Streitross Rosinante,
Und den dicken, braven Knappen.

Als der Holden ich begegnet,
Die ich Dulcinea nannte,
Spürte ich mit zartem Schrecken
Wie mein Herz für sie entbrannte.

»Deine Braut ist eine Stallmagd!«
Während man uns so verhöhnte,
Beugte ich mich vor der Süssen,
Die ein Zaubergeist verschönte.

Göttergeist!

So liebt er, litt er
Für die reizendste Gewalt.
Betet für den armen Ritter
Von der traurigen Gestalt!

In der stillen Bücherstube,
Bei Romanen und Traktaten
Wurde mir die schönste Weisheit
Und sie rief mich zu den Taten.

Haus und Hof musst ich verlassen,
Rastlos dieses Land durchreiten,
Um das Böse auszurotten,
Für Gerechtigkeit zu streiten.

»Er hat weder Geld noch Waffe!«
Hör' ich spotten, – »nur ein Leben!«
Aber wisst Ihr nicht, Ihr Narren,
Welche Waffe uns gegeben?

Menschengeist!

So kämpft' er, stritt er
Gegen jegliche Gewalt.
Kämpfet mit dem starken Ritter
Von der menschlichen Gestalt!

Text: Klaus Mann. Dargestellt von Paul Lindenberg. November 1935, Luzern

Ich weiss nicht, was soll es bedeuten

Ich weiss nicht, was soll es bedeuten –
Er hat es mir angetan.
Aber im Städtchen, die Leute,
Schauen mich böse an.

Und mein Vater droht, es setzt Hiebe,
Und die Mutter schickt mich davon:
Denn der Jüngling, welchen ich liebe,
Ist vom alten Levy der Sohn.

Du bist doch ein arisches Mädchen!
Schreien die Leute im Städtchen.
Ach, wie ich sie hasse!
Den ganzen Tag hör' ich: Rasse!
Rasse – Rasse – Rasse....
Ich weiss nicht, was soll es bedeuten.

Meine Stellung hab' ich verloren,
Eine neue finde ich nicht.
Mir werden die Haare geschoren,
Und ich komme vors Reichsgericht.

Die Zeitung hat schon geschrieben,
Der ganze Fall sei horrend,
Unsittlich sei es, zu lieben
Ein artfremdes Element.

Du pflichtvergessenes Mädchen!
Lärmen die Leute im Städtchen.
Ach, diese keifende Bande!
Den ganzen Tag hör' ich: Schande...
Schande – Schande – Schande...
Ich weiss nicht, was soll es bedeuten.

Ich will ihn in Schanden gebären,
Meinen Sohn mit gemischtem Blut –
Und wenn sie ihn unrein nennen,
Mir gefällt er drum doppelt so gut...

Ach, wäre mein Haar doch nicht golden,
Wie die Haare der Loreley –:
Dann liebte ich, wen ich möchte,
Und keiner fänd' was dabei.

Ach, wär' ich kein arisches Mädchen!
Dann schwiegen die Leute im Städtchen.
Das ist ein Geschwätz hier im Lande!
Ich hör immer nur: Rassenschande!....
Rassenschande – Rassenschande!
Wer weiss denn, was soll es bedeuten???

Auf der Gedankenflucht

Komm, wir müssen uns beeilen, –
Wenn uns bloss hier keiner sucht, –
dürfen rasten nicht, noch weilen, –
Sind auf der Gedankenflucht.

Fliehe ich vor den Gedanken?
Fliehn die Feiglinge vor mir?
Habt Ihr's eilig? Freilich, freilich, –
Stillgestanden, bleibt doch hier!

Ueber Dächer, Meere, Berge, –
Seht Ihr mich gedankenspringen, –
Drunten wimmeln sie wie Zwerge, –
Dumpf verhaftet ihren Dingen.

Sie betrügen sich nach Noten, –
Noten, – Noten, – ohne Not.
Not lehrt beten, – angetreten!
Und dann kommt der Heldentod!

Vieles darf man nicht mehr sagen, –
Da verwirrt sichs im Gehirn, –
Freilich, freilich, – ich habs eilig, –
Hinter meiner Denkerstirn.

Wenn der Lärm mich überflutet,
Bleibt mir doch mein Ohropax, –
Pack's beim Wickel, Dein Geschickel, –
Formen lässt es sich wie Wachs.

In Tyrannos wirst Du schrein, –
Geben Sie Gedankenfreiheit, –
Wie gewagt, und welche Neuheit.
Wird das für die Leute sein!

Die Revolte wirst Du leiten, –
Tötest die brutalsten Ritter
Schon nach kurzem heissen Streiten
Leicht mit dem Gedankensplitter.

Komm, – man tut's uns sonst zu leide, –
Und man findet, was man sucht, –
Man erschiesst uns alle beide, –
Glatt auf der Gedankenflucht!

Text: Erika Mann
nicht aufgeführt

◁ Text: Klaus Mann. Musik: Magnus Henning. Dargestellt von Sybille Schloss. Januar 1937, New York

Friedenskonferenz

DER MANN (sitzt am Tisch in einer kleinen Gartenwirtschaft, summt irgendwas, sein Sweetheart betreffend)

WIRTIN (stellt Wein und zwei Gläser auf den Tisch)

MANN Raus jetzt, – ich höre Sweetheart kommen.

WIRTIN Viel Spass. (Während sie sich, durch die linke Tür, zurückzieht, kommt, beschwingten Schrittes, *Erika*, einige Zeitungen unterm Arm, zur rechten Tür herein.)

MANN Endlich!

E O, – ich bin so glücklich!

MANN Weil Du hier bist?!

E Auch, – aber, vor allem, – die Zeitungen, – hast Du gelesen?

MANN (schüttelt den Kopf)

E Alles steht zum Besten, – wirklich zum allerbesten!

MANN Tatsächlich?

E Ja, – alle wollen den Frieden. Hitler und Mussolini haben *je* eine *herrliche* Rede gehalten, – nun ist kein Missverständnis mehr möglich.

MANN Buchstäblich?

E Sag einmal, – Du bist wohl *vollkommen* stumpfsinnig, – Du interessierst Dich wohl für gar nichts?

MANN Ich interessiere mich für Dich, – etwas.

E (flüchtig), – das ist fein, – aber es gibt nichts Interessanteres als Politik, Liebling. Und es ist alles so herrlich eingerichtet. Nun wieder diese Reden, – und jetzt werden gewiss sämtliche Aussenminister entsandt zu einer Konferenz, auf der die wichtigsten Dinge zur Verhandlung kommen und die entscheidendsten Entschliessungen in Sachen des Friedens…

MANN (rezitiert ohne Verstand die Überschriften in den Gazetten), – Der Krieg in Spanien, – Italien entsendet neue Truppen, Madrid von Deutschen Flugzeugen bedroht, Enttäuschung in England *und* leichte Besserung im Befinden des Papstes, – zt zt zt, – ei ei ei.

E (nimmt ihm die Zeitungen weg) Hat gar keinen Sinn, dass Du die Zeitungen liest. Du verstehst einfach zu wenig davon, mein Affe.

MANN Ich verstehe gar nichts davon, meine Ziege. Du solltest es mir beibringen.

E (trostlos) Dir etwas beibringen! Doch, warte, – ich bringe es Dir bei. Wir spielen jetzt Friedenskonferenz. Du musst Dir vorstellen, dies ist eine herrliche, luxuriöse Halle im Friedenspalast im Haag, – und, –

MANN Warum?

E Das Friedenpalais *ist* im Haag!

MANN Aber warum ist es herrlich? Ich meine: weshalb so luxuriös? Könnte man nicht auch irgendwo in einem einfachen Raum, – ?

E Trottel. Also, – wir sitzen hier versammelt zur Friedenskonferenz.

MANN Ist der spanische Krieg denn zu Ende?

E *Nein!* Was hat das damit zu tun? Wir sitzen hier zur Friedenskonferenz versammelt. Du bist der italienische Aussenminister.

MANN *Was* bin ich?

E Der italienische Aussenminister. Ich bin der Englische.

MANN Wieso?

E (eifrig) Du wirst gleich sehen. Jetzt meldest Du, als italienischer Aussenminister, die Forderungen Deiner Regierung an.

MANN Wen melde ich an?

E Die Forderungen Deiner Regierung. Du stehst auf und sagst, dass Du, – Deine Flotte verdoppeln und einige neue Kolonieen haben möchtest, und dass dies von grösster Wichtigkeit ist, – für den Frieden. Steh jetzt auf und sag das zu mir.

MANN Aber ich kann nicht italienisch!

E Das ist doch ganz gleich. Steh jetzt auf und sag es.

MANN Dass ich nicht italienisch kann?

E Nein!!!! Das mit der Flotte und den Kolonieen und dem Frieden, – und ich werde Dir dann schon gebührend antworten!

MANN Du wirst antworten, dass ich ins Irrenhaus gehöre.

E (zeigt auf ihre Stirn) Ich bin doch der englische Aussenminister! Wie werde ich dem italienischen Aussenminister *dergleichen* antworten!?

MANN (lacht blödsinnig) a, ja, glänzend, – Du bist ja der englische Aussenminister. Also, – go ahead, Herr Aussenminister (er küsst sie!)

E (indigniert) Bei aller Freundschaft zwischen Ihrer Regierung, Exzellenz, und der meinen, darf ich Ihre Exzellenz doch bitten, massvoll zu bleiben. Das Europäische Gleichgewicht…

MANN Ich hatte gerade solche Lust…

E Auf Kolonieen, – gewiss, – wir begreifen, – Ich kann jedoch, im Auftrage meiner Regierung, nur sagen, dass meine Regierung alles dazu beitragen wird, um die Spannung zu mildern, die bedauerlicherweise noch immer dazu geeignet ist, den Frieden im Schosse der Völkerfamilie, wenn nicht zu gefährden, so doch vorübergehend zu trüben.

MANN (erzürnt) Das ist keine Antwort!

E Was aber die Frage der Flottenverdoppelung angeht...

MANN Das ist keine Frage, – ich verdoppele meine Flotte.

E Die Regierung seiner Majestät des Königs wird zu bedenken geben, –

MANN (trinkt den Wein aus, schlägt auf den Tisch) Da ist nichts zu bedenken, – ich verdoppele meine Flotte!

E Schrei mich doch nicht so an, – schliesslich und endlich, – Du hast doch gar keine Flotte!

MANN Ich habe keine Flotte, Herr Aussenminister? Ich habe keine Flotte? Und womit bin ich nach Abessinien gesegelt? He? Ich werde die Vorherrschaft im Mittelmeer...

E Vorsicht, um Gottes Willen, Exzellenz – Englands vitalste Interessen, –

MANN Lasst mich meine Flotte erst mal verdoppeln und dann her mit den Kolonieen!

E Das ist nicht gut, – das ist nicht die Sprache des italienischen Aussenministers!

MANN Das ist nicht gut, – das ist nicht die Sprache??!! Abwarten und Thee Trinken, Exzellenz, – Sie werden noch Ihre blauen Wunder erleben!

E Warum, um Gottes willen, sagst Du denn immerfort Exzellenz zu mir, –

MANN (schreit weiter) Meine Regierung und die Deutsche Regierung sind gewiss friedliebend, – aber *wenn wir nicht bekommen, was wir wollen*, –

E (fasst ihn am Arm) So beruhige Dich doch, ich bitte Dich!

MANN Fassen Sie mich nicht an, Exzellenz, – und warum ist der deutsche Aussenminister nicht hier, um meine Forderung zu stützen? Was ist das für eine Schweinerei? Wo steckt Hanfstengel, – wo ist Putzi?

E Putzi ist doch gar nicht deutscher Aussenminister, – ausserdem ist er in Ungnade.

MANN In Ungnade, oder nicht, – Putzi wäre gewiss sehr dafür, dass ich meine Flotte verdoppele. Sie wird verdoppelt. Verdreifacht wird sie, – verdreifacht, Exzellenz! (Geht auf sie los)

E (wehrt sich verzweifelt) Hör doch auf, – Du bist wahnsinnig geworden!

MANN (schleudert sie auf einen Stuhl) Sieg Sieg! (Holt zwei andere Stühle, wirft mit Gläsern nach ihnen) Das ist die Vorherrschaft im Mittelmeer! Beng! beng! (Schlägt zwischendurch nach E., – schaut wirr um sich) Und wo sind meine Kolonieen?

E (bewirft ihn ihrerseits mit Puder) Da hast Du Deine Kolonieen!

MANN (nimmt ein Gewehr von der Wand, schiesst mehrmals. Auf den Lärm und E's Hilfegeschrei kommt die Wirtin hereingestürzt, blickt ratlos in den Tumult)

WIRTIN Ja, Du heilige Güte, was ist denn hier los??

MANN (tobt weiter)

E (mit letzter Kraft) nichts, – o gar nichts. Beruhigen Sie sich nur liebe Frau, – wir spielen Friedenskonferenz.

Text: Erika Mann

Sommer 1936
nicht mehr aufgeführt

Sketch

(Sie sitzen im Kreise,die Rückseiten der Clubsessel dem Publikum zugewendet (?) das Tippfräulein etwas beiseite;)

Chor

Wie Gottes Mühlen mahlen
Wir langsam,ohne Hast.
Die andern müssens zahlen,
Sie tun,was wir befahlen,
Wir mahlen,wies uns passt.

1.)

Und ob die Völker schiessen
Wir konferieren fort,-
Mag Blut in Strömen fliessen,-
Wir sitzen und beschliessen,-

Dame

Ich melde mich zum Wort.

Chor

Sie meldet sich zum Wort.

Dame

(Plappert,begleitet vom Geräusch eines Chronometers und der Schreibmaschine.) Im Namen des Weltbureau's zur Bekämpfung der Schändung von Krokodilen gebe ich einer hohen Kommission zu bedenken,dass die Krokodile sowohl in geschäftlicher,als in moralischer Hinsicht..(Ihre Rede geht in den klappernden Geräuschen unter)

Tippfräulein

Das geht morgen in fetten
Lettern durch alle Gazetten
Das erfährt man per Telephon
In Helsingfors und in Lissabon
Morgen schon,-
Gott sei Dank!

Die Gestalt(Springt herein)

So,da bin ich,wie erfreulich,
Endlich bin ich hier am Ziel,-
Ich bin unterwegs seit neulich
Schwierig war mein Weg und greulich,-
Wer viel wagt,gewinnt auch viel!

O,wie schätze ich mich glückklich,
Hier und im illustren Kreis,-
Solcher Anblick ist erquicklich,-
Nun beginn ich augenblicklich,
Auszupacken,was ich weiss.

Tippfräulein

Ein neues Gesicht,ich muss eilen,
Es der Presse mitzuteilen.
Damit sie es meldet per Telephon
Nach Helsingfors und nach Lissabon,-
Heute schon
Gott sei Dank.

Gestalt

Werte Herrn,verehrte Damen,
Unserer Erde geht es schlecht,-
Nennen wir das Kind bei Namen,-
Und wieso wir dahin kamen,-
Das,-das wissen wir nicht recht.

Sie sind aus verschiednen Ländern,
Sie sind ein Konsortium,-
Also los,-wir wollen ändern,
Was in den verschiednen Ländern
Alt und schlecht ist,oder dumm.

1.)

Zur Geschäftsordnung!

Dame

Ich bitte die höchste Kommission in der Angelegeneheit der gefährdeten Krokodile zu einem Beschluss kommen zu wollen

2.)

Ich schlage vor,die Sitzung zu vertagen..

3.)

Jedenfalls lehnen wir es strikte ab,uns in die Angelegenheit eines fremden Staates zu mischen....

Gestalt

Missverständnis ,meine Schönen,-
Nein,Ihr wisst da nicht Bescheid,-
Oder wollt Ihr mich verhöhnen?
Oder mit der Welt versöhnen?
Jedenfalls:Es tut mir leid.

1.)

Wir stellen fest,dass die Weltlage sich während der letzten Wochen um ein Erhebliches gebessert hat.

2.)

Um den Weltfrieden zu gewährleisten wird in allen europäischen Ländern von nun ab ein Gas hergestellt,in Millionen von Ballen, von welchen einer imstande ist,die Einwohner einer Millionenstadt mit Mann uns Maus umzubringen.

3.)

Friedliche Besprechungen über die Verwendung des Gases,sowie über dem Schlüssel,nach welchem es den Grossmächten gestattet sein soll,es herzustellen,sind in vollem Gang.

4.)

Wie denn überhaupt die Arbeitslosigkeit in allen Ländern in stetigem Abnehmen begriffen ist.

Dame

Es besteht sogar Aussicht,dass ~~HHHHHHHHHH~~ der Weltverband zur Bekämpfung der Schändung von Krokodilen.....

Gestalt

Halt,Moment mal,Sie verzeihen,-
Wovon sprechen Sie denn bloss,-
Was auch Ihre Zwecke seien,-
Sie sind dunkel für den Laien,-
Und der Aufwand ist so gross!

Die Maschine ist doch richtig,-
Gut instand und hochmodern,-
Nur die Mannschaft scheint nicht tüchtig,-
Und das wäre doch so wichtig
Und entscheidend,liebe Herrn!

Fünfundzwanzig kluge Leute,-
Willensstark und voller Mut,-
Wirklich,die genügten heute,-
Und die Erde,die erneute,
Würde angenehm und gut!!!

1.)

Ihre wertvollen Anregungen könnten der Gegenstand eines Notenaustausches zwischen den Regierungen mehrerer Länder werden,-

2.) Eine Kompromissformel wird gefunden werden, die sowohl in Neuseeland, als in der Wilhelmstrasse befriedigen und am Quai d'Orsay nur wenig verschnupfen dürfte,-

Dame jedenfalls haben unsere Besprechungen einen r e i n informativen Charakter und können, oder sollen, zu k e i n e r l e i praktischem Ergebnis führen,-

Gestalt

Sind wir denn nicht soviel weiter,-
Als die Leute früher warn,-
So viel ~~er~~ reicher und gescheiter,-
Soviel freier und bereiter,
Als das Volk vor hundert Jahrn?

Psychologisch sind wir helle,-
Wir erkennen und durchschaun,
Jedermann in Blitzesschnelle,-
Dürfen drum auf alle Fälle
Unsrer Wissen schaft vertraun.

Alles haben wir erschlossen,
Aus der Erden, aus der Luft,
Aus dem Nichts kommt unverdrossen
Grosser Reichtum angeflossen,
Der dann irgendwo verpufft.

Wir verstehn ihn nicht zu nehmen,-
Er verkommt und er verfällt,-
Sollte man sich da nicht grämen HHHZ
Und sich ganz gewaltig schämen,
In der reichen Bettlerwelt?

1.)

Ich stelle den Schlussantrag.

2.) Ich stelle den Gegenantrag.

3. Ich stelle den Dringlichkeitsantrag.

4.) Ich erkläre die Discussion für abgeschlossen.

5.) ~~Der Herr Vorredner konnte sich offenabr nicht versagen,-~~

Gestalt

Riesengross ist das Versagen,-
Die Blamage ist enorm,-
Dass mit Zittern undmit Zagen
Wir nicht mal zu handeln wagen,
Bringt uns völlig aus der Form.

Tief im Dreck steckt unser Karren,-
Höhnisch surrt ein Aeroplan,-
Während wir zur Hölle fahren,-
Staunen wir wie arme Narren
Unsren eignen Fortschritt an.

Nein, wir sind nicht auf der Höhe,
Die wir selber aufgebaut,-
Und wenn ich aus solcher Nähe
Euere Gesellschaft sehe,
Dann gesteh ich, dass mir graut.

Also Ihr,-Ihr seid so mächtig,-
Also Ihr,- Ihr habt das Amt,-?
Seht Ihr,das ist niederträchtig,-
Na,dann schlaft nur weiter prächtig,-
Und erquicklich allesammt!

Dame

Wir stellen fest,dass die Aussprache sich in ausserordentlich herzlichen Formen und in einer Atmosphäre vollkommener Gegenseitiger Offenheit und Sympathie vollzieht,-

1.) Von Meinungsverschiedenheiten zwischen den Partnern kann kaum noch die Rede sein,- die kollektive Sicherheit ist fast garantiert,-

2. Die Kompromissformel befriedigt allgmein,-die Organisation des Friedens,-

Dame Kurz und gut,-

Alle (dröhnend) Wir gründen ein Comité!!! (Sie erheben sich und dringen drohend auf die Gestalt ein)

Gestalt Nein,kein Comité,-zu Hilfe!!!

1.) Das Diner ist für den zweiten Tag der Tagung,-

2.) während bereits am dritten der Jagdausflug,-

Dame Der Empfang auf der Botschaft dürfte am 4. Tag,-

1.) Das Gespräch zwischen den Bevollmächtigten,-

Gestalt Ein Diner,-eine Jagd,-

Die andern Hat er noch was gesagt?

Gestalt Eine Jagd ein Diner,-

Die andern, Wer A sagt,sagt B.

Gestalt Ein Gespräch,ein Empfang,-

Die andern Was gut wird,währt lang,-
Ein Empfang,ein Gespräch,-

Gestalt Hab'n wir wiedermal Pech!

Alle (Mit der Gestalt,die sie umringen,ganz nach Vorne kommend) Wiederholen

Ein Diner,eine Jagd,-
Hat er schon was gesagt,
Eine Jagd,ein Diner,
Wer A sagt,sagt B.
Ein Gepsärhc,ein Empfang,
Was gut wird,währt lang.
Ein Empfang,ein Gespräch,-
Ham wir wiedermal Pech!

.-.-.-.-.-.-.-. .-.-.-.-.-.-.-.-.-.-.-.-.-.-.-.-.-.

Text: Klaus Mann
nicht aufgeführt

Register der Programmnummern

Ensemble der »Pfeffermühle«

Mitwirkende:	Zeitraum des Engagements:
Edwin Demby	1. 1. – 31. 1. 1933
Claire Eckstein	1. 1. – 31. 1. 1933
Peter Eysoldt	1. 1. – 28. 2. 1933
Albert Fischel	1. 1. – 28. 2. 1933
Herbert Franz	1. – 28. 2. 1933
Therese Giehse	1. 1. 1933 – Januar 1937
Karl-Thedor Glock	1. 1. – 28. 2. 1933
Lotte Goslar	1. 1. 1934 – September 1935 und 14. 8. 1936 – Januar 1937
Magnus Henning	1. 1. 1933 – Januar 1937
Valeska Hirsch	30. 9. – Dezember 1933 und 14. 8. 1936
Jaro Klüger	1. 8. 1935–8. 5. 1936
Marie Eve Kreis	1. 11. – 7. 12. 1933 und 16. – 30. 11. 1935
Werner Kruse	1. 1. – Mitte Dezember 1934
Caird Leslie	30. 9. – 31. 10. 1933
Paul Lindenberg	1. 8. 1935 – 8. 5. 1936
Erika Mann	1. 1. 1933 – Januar 1937
Kitty Mattern	1. 8. 1935 – 8. 5. 1936
Heinrich Ortmayr	16. 4. 1934 – 23. 5. 1935
Igor Pahlen (Pruzan)	30. 9. 1933 – 23. 5. 1935
Fritz Pfister	30. 9. 1933 – März 1934
Sybille Schloß	1. 1. 1933 – 23. 5. 1935 und Januar 1937
Max Schreck	1. – 28. 2. 1933
Hans Sklenka	3. 10. – 30. 11. 1934 und 18. 1. – 23. 5. 1935
»Dotz« (Hans-Joachim) Sohn-Rethel	17. 2. – Ende April 1934
Robert Trösch	30. 9. 1933 – 15. 2. 1934
Cilly Wang	1. 12. 1935 – 8. 5. 1936

Außerdem sehr kurz und manchmal nur für einzelne Abende:

Schauspieler:	Merita Cassis-Henning, Fritz Kobler, Lotte Koch, Miklas, Mosor, Otto Stein, Oskar Willner
Pianisten:	Albert Kaiser, Meesters, Walter Süßkind, Max Vredenburg, Hans Winternitz
In New York:	John Beck, John Latouche, Wallace Rooney

Lebensdaten Erika Mann

1905 Am 9. November wird Erika Julia Hedwig Mann in München, Franz Joseph-Straße 2, geboren.

1912 Besuch der Privatschule Institut Fräulein Ebermayer mit dem Bruder Klaus.

1922 April–Juli. Besuch des Landerziehungsheims Bergschule Hochwaldhausen mit dem Bruder Klaus.

1922–24 Besuch des »Luisen-Gymnasiums« in München. Abitur im März 1924.

1924 Schauspielstudium in Berlin.
1. September. Engagement an den Reinhardt-Bühnen in Berlin.

1925 Engagement am Bremer Schauspielhaus.
20. Oktober. Uraufführung von Klaus Manns Stück »Anja und Esther« in den Hamburger Kammerspielen mit Klaus und Erika Mann, Pamela Wedekind und Gustaf Gründgens, der auch Regie führt.

1926 Uraufführung von Klaus Manns Stück »Revue zu Vieren« am 21. April im Leipziger Schauspielhaus mit Klaus und Erika Mann, Pamela Wedekind und Gustaf Gründgens, auch als Regisseur. Anschließend Tournee durch Deutschland.
24. Juli. Heirat mit Gustaf Gründgens, Oberregisseur an den Hamburger Kammerspielen, in München.

1926–30 Verpflichtet an den Kammerspielen, am Staatstheater und am Volkstheater in München. Engagements auch in Berlin, Frankfurt und Hamburg.

1927 7. Oktober. Beginn der Weltreise mit Klaus Mann.

1929 »Rundherum. Das Abenteuer einer Weltreise«, in Zusammenarbeit mit Klaus Mann. Scheidung von Gustaf Gründgens am 9. Januar. Erste schriftstellerische Versuche als Journalistin für das Berliner Unterhaltungsmagazin »Tempo«.

1931 Veröffentlichung von »Plagiat. Komödie«. Uraufführung von »Jans Wunderhündchen« am 14. Dezember im Hessischen Landestheater in Darmstadt. »Das Buch von der Riviera. Was nicht im ›Baedeker‹ steht«, in Zusammenarbeit mit Klaus Mann.

1932 »Stoffel fliegt übers Meer«.

1933 1. Januar – 28. Februar. Eröffnung des Cabarets »Die Pfeffermühle« in München.
13. März. Emigration in die Schweiz.
April. Heimliche Rückkehr in das Münchner Haus Poschingerstr. 1 und Rettung wichtiger Manuskripte Thomas Manns, u. a. der Handschrift des Joseph-Romans.
30. September Wiedereröffnung der »Pfeffermühle« in Zürich.

1933–36 1034 Vorstellungen in der Schweiz, CSR, Holland, Belgien, Luxemburg.

1934 »Muck, der Zauberonkel.«

1935 Juni. Aberkennung der deutschen Staatsangehörigkeit.
15. Juni. Heirat mit dem englischen Dichter Wystan H. Auden. Britische Staatsbürgerin. Am 20. 5. 1936 heiratete Therese Giehse den englischen Schriftsteller John Frederick Norman Hampson-Simpson und wurde ebenfalls britische Staatsbürgerin.

1936 Oktober. Überfahrt nach Amerika.

1937 5. Januar. Eröffnungsvorstellung der »Peppermill« in New York.
Abbruch der amerikanischen Tournee. Auflösung des »Pfeffermühlen«-Ensembles.
März. Auftritt auf einer Massenveranstaltung des »American Jewish Congress« im New Yorker Madison Square Garden. Anfang einer erfolgreichen Lecturer-Laufbahn.
Juni. Europareise.
Juli. Offizielle Einwanderung in die USA.

1938 Vortragsreisen durch die USA.
Mai–Oktober. Europaaufenthalt.
Juni. Mit Klaus Mann als Presseberichterstatterin in Spanien: Madrid, Barcelona, Valencia.
Veröffentlichung von »Zehn Millionen Kinder« (»School for Barbarians«).

1938/39 Vortragsreisen durch die USA.

1939 Veröffentlichung von »Escape to Life« in Zusammenarbeit mit Klaus Mann.
Juni–September. Europareise.

1939/40 Vortragsreisen durch die USA.

1940 Veröffentlichung von »The Other Germany« (in Zusammenarbeit mit Klaus Mann), »The Lights go down« und »Don't make the same Mistakes«.
August – Oktober. Aufenthalt in London: Mitwirkung an den Deutschland-Sendungen der BBC.

1940/41 Vortragsreisen durch die USA.

1941 Juni – Oktober. Zweiter Londoner Aufenthalt als Mitarbeiterin der BBC.

1941/42 Vortragsreisen durch die USA.

1942 Ab Januar im Amt des »Coordinator of Information« in New York tätig.
Veröffentlichung von »A Gang of Ten«.

1942/43 Vortragsreisen durch die USA.

1943–44 Als Kriegsberichterstatterin mit der »Ninth US-Army« in Ägypten, Persien, Palästina, Frankreich, Belgien, Deutschland.

1944 Dezember. Rückkehr nach New York.

1945–46 Als Kriegsberichterstatterin in Europa. Auch bei den Nürnberger Kriegsverbrecherprozessen anwesend.

1947 Beginn der Zusammenarbeit mit Thomas Mann.

1947/48 Vortragsreisen durch die USA.

1949 Europareise.
21. Mai. Selbstmord des Bruders Klaus in Cannes.

1951 Europareise.

1952 Übersiedlung in die Schweiz mit Thomas und Katia Mann. »Unser Zauberonkel Muck«.

1953 Beginn der Mitarbeit an den Verfilmungen der Romane Thomas Manns: Königliche Hoheit (1953), Felix Krull (1957), Buddenbrooks (1959).
»Christoph fliegt nach Amerika«.

1954 Einzug in das Haus in Kilchberg, Alte Landstraße 39.

1955 Besuch beider deutscher Staaten als Begleiterin Thomas Manns. 12. August. Tod von Thomas Mann.

1953–55 »Zugvögel«-Kinderbuchserie.

1956 »Das letzte Jahr. Bericht über meinen Vater«.

1958 Erster Unfall in Kilchberg.

1960 Zweite Knochenverletzung in Kilchberg; mehrere Krankenhaus- und Kuraufenthalte. Daraus resultierende Gehbehinderung.

1961–65 Dreibändige Ausgabe der Briefe von Thomas Mann. Intensive Beschäftigung mit dem Nachlaß von Thomas und Klaus Mann.

1969 Im März erstes Anzeichen einer neuen, schweren Erkrankung. Am 27. August im Kantonsspital, Zürich, gestorben.

Nachbemerkung

Kabarett lebt vor allem durch die Personen, die es machen, durch die Musik, durch die Präsentation. Die Veröffentlichung von Texten, Fotos und Dokumenten allein läßt ein Kabarett noch nicht lebendig erstehen. Hier wird an die Vorstellungskraft und Phantasie des interessierten Lesers appelliert!

Um dem Leser zu vermitteln, wie ein »Pfeffermühlen«-Abend gestaltet war, habe ich aus den gut 100 im Klaus- und Erika-Mann-Archiv noch vorhandenen Texten – 25 davon stammen von Klaus Mann, fünf von anderen Autoren – fünf Programme zusammengestellt. Diese sind in den Jahren 1933 und 1934 entstanden.

Dies war mir möglich, weil ich mich bei der Nummernabfolge nach dem – weitgehend von Therese Giehse geführten – Aufführungsverzeichnis richten konnte, das ebenfalls im Erika-Mann-Nachlaß liegt. Meine Idee war, daß diese Programme vollständig – soweit im Archiv vorhanden – abgedruckt sind, ohne literarische Bewertung der einzelnen Texte. Im handschriftlichen Programmverzeichnis sind einige Titel aufgeführt, deren Texte heute nicht mehr auffindbar sind; sie wurden mit einem Gedankenstrich gekennzeichnet.

Ab 1935 stellte die »Pfeffermühle« keine kompletten neuen Programme mehr auf die Bühne, sondern nahm vielmehr nur noch einzelne neue Texte in die aus alten Nummern zusammengestellten Revuen auf, wie z. B. – »Agentur für Wunderliche« oder »Professor Doofschütz' Bekehrung«. Von diesen Texten findet sich eine Auswahl im Anhang.

Aus dem schon erwähnten Aufführungsverzeichnis geht hervor, daß auch innerhalb der hier veröffentlichten Programme hin und wieder abendliche Änderungen vorgenommen wurden. Wenn sie – wie es vor allem in der Exilzeit notwendig war – aus politischen Rücksichten erfolgt sind, wurde dies von mir erwähnt.

Mit Hilfe von Magnus Henning konnten einige der Musiken rekonstruiert werden. Aus Platzgründen wurde in diesem Rahmen auf ihre Veröffentlichung verzichtet, sie haben aber in meinem Filmportrait über Erika Mann »Ich bin ein sehr gebranntes Kind« Aufnahme gefunden, den das Bayerische und das Österreichische Fernsehen 1984 produziert haben.

Die eigenwillige Interpunktion und Schreibweise Erika Manns sowie ihre oft saloppe Ausdrucksweise wurde in den Briefen und Texten beibehalten; in schwer verständlichen Mundartverbindungen wurde gelegentlich zur besseren Lesbarkeit ein Apostroph eingefügt.

Fast alle hier abgedruckten und zum Teil faksimilierten Programmnummern, Fotos, Zeitungsartikel und andere Dokumente entstammen dem Erika- und Klaus-Mann-Archiv in der Handschriftenabteilung der Münchner Stadtbibliothek. Für die Abdruckgenehmigung des Textes »Megaphon« von Hans Sahl und »Komplexe« von Wolfgang Koeppen ist den Autoren zu danken; für die Texte »Der Emigrantenchoral« und »Vogelscheuche« – vollständiger Titel: »Die alte Vogelscheuche« – von Walter Mehring ist dem Econ Verlag zu danken. Trotz intensiver Recherchen des Verlages konnten für einige Fotos die Urheberrechte nicht geklärt werden. Berechtigte Ansprüche werden selbstverständlich abgegolten.

Für weiteres Material, das Eingang gefunden hat in diese Publikation, und viele wertvolle Informationen danke ich: Reinhard Hippen, Deutsches Kabarett-Archiv, Mainz; Lotte Goslar, New York; Magnus Henning, Imst/Tirol; Jacques Klöters, Nederlands Theater Institut, Amsterdam; Irmela von der Lühe, Berlin; Kitty Mattern, München; Anita Naef, München; Sybille Schloß, New York; Gertrud Schwarzwald, Zürich; H.U. von Allmen, Schweizerisches Cabaret-Archiv; Anna Zanco Prestel, München.

Mein besonderer Dank gilt den Mitarbeiterinnen Ursula Hummel und Gabriele Weber des Klaus- und Erika-Mann-Archivs, München, sowie Casper van den Berg, Sezze-Romano/Italien, von dem ich das Tonbandprotokoll mit Erika Manns Rückblick in die »Pfeffermühlen«-Zeit erhielt.

Helga Keiser-Hayne

Literatur

Giehse, Therese: Ich hab' nichts zum Sagen. Gespräche mit Monika Sperr. Gütersloh 1973
Gisel-Pfannkuch, Susanne: Die Pfeffermühle in der Schweiz 1933–1936. Unveröffentlichte Maschinenschrift in der Handschriftenabteilung der Münchner Stadtbibliotheken
Hermsdorf, Klaus u. a.: Exil in den Niederlanden und in Spanien. Leipzig 1981
Hippen, Reinhard (Hrsg.): »Sich fügen heißt lügen«. 80 Jahre deutsches Kabarett. Mainz 1981
Klein, Mars: Literarisches Engagement wider die totale Dummheit. Erika Manns Kabarett Die Pfeffermühle 1935 und 1936 in Luxemburg. Sonderdruck. Galerie 3, 1985
Kühn, Volker: Deutschlands Erwachen. Kabarett unterm Hakenkreuz. Weinheim, Berlin 1989
– Hoppla, wir beben. Kabarett einer gewissen Republik. Weinheim, Berlin 1988
Mann, Erika: Briefe und Antworten. Hrsg. A. Zanco Prestel. 2 Bd. edition spangenberg, München 1984/85
Mann, Klaus: Tagebücher 1931–1933, 1934–1935. Hrsg. J. Heimannsberg, P. Laemmle, W. F. Schoeller. edition spangenberg, München 1989
– Der Wendepunkt. edition spangenberg, München 1989
Mann, Thomas: Briefe. Hrsg. E. Mann. Frankfurt 1961–1965
– Gesammelte Werke. Hrsg. P. de Mendelssohn. Bd. X, XI. Frankfurt 1974
– Tagebücher 1933–1937. Hrsg. P. de Mendelssohn. Frankfurt 1977–1979
Mertz, Peter: Und das wurde nicht ihr Staat. München 1985
Mittenzwei, Werner: Exil in der Schweiz. Frankfurt 1981
Nolte, Ernst: Die faschistischen Bewegungen. München 1969
Petzet, Wolfgang: Die Münchner Kammerspiele 1911–1972. München 1973
Schneider, Hansjörg: Exil in der Tschechoslowakei. Frankfurt 1981
– Exiltheater in der Tschechoslowakei 1933–1938. Berlin 1979
Walter, Hans-Albrecht: Deutsche Exilliteratur 1933–1950. Bd. 2. Darmstadt 1972

Ensemble der »Pfeffermühle«